中央编译局文库出版工作领导小组(编委会)

主　　任：贾高建
副 主 任：俞可平　魏海生　陈和平　柴方国　杨金海
委　　员：崔友平　沈红文　杨雪冬　季正聚　陈家刚
　　　　　赖海榕　郗卫东　张文成　刘明清

中央编译局文库出版工作领导小组办公室

主　　任：薛晓源
成　　员：徐向梅　苗永姝

中央编译出版社文库编辑中心编辑小组

刘明清　薛晓源　谭　洁　董　巍　贾宇琰
冯　章　曲建文　苗永姝　邓　彤　盛菊艳
李媛媛　薛迎春　董　妍

马克思主义研究资料

第23卷

主　编　杨金海
副主编　冯　雷（常务）薛晓源

马克思主义综论 Ⅰ

本卷主编　马　瑞

中央编译出版社

《马克思主义研究资料》顾问委员会

贾高建　俞可平　宋书声　殷叙彝　詹汝琮　张钟朴

李洙泗　冯文光　赵家祥　严书翰　梁树发　郭建宁

《马克思主义研究资料》编辑委员会

主　编：杨金海

副主编：冯　雷（常务）　薛晓源

编　委　（按姓名拼音排序）

陈喜贵　冯　章　黄晓武　江　洋　李百玲　李义天

李媛媛　林进平　刘仁胜　刘　英　刘元琪　吕增奎

马　瑞　苗永姝　彭萍萍　盛菊艳　史清竹　武锡申

姚　颖　苑　洁　郑　锦　郑天喆　周艳辉

参加本卷编辑出版工作的有

苗永姝　翟民刚　薛晓源

总　序

呈献给读者的这套《马克思主义研究资料》丛书，旨在服务于我国正在实施的马克思主义理论研究和建设工程，积极吸收和借鉴国外马克思主义研究成果，对改革开放以来中央编译局编译的有关国外学者研究马克思主义的成果，以及少量相关的国内学者的研究成果整理出版，为我国马克思主义研究提供基础性的参考资料。本丛书计划出版37卷，三年内陆续完成编辑和出版工作。

编译国外学者关于马克思主义的研究成果，并对相关问题展开深入探讨，是马克思主义经典著作编译研究的基础性工作。中央编译局作为马克思主义经典著作编译研究的专门机构，历来十分重视这项工作。20世纪50年代以来，特别是改革开放以来，中央编译局的同志们编译了大量国外学者关于马克思主义的研究文献，也发表了不少自己的相关研究成果。这些成果曾经在中央编译局编辑的《马列著作编译资料》、《马列主义研究资料》、《马克思主义与现实》等刊物公开发表，或在内部刊物《马克思恩格斯研究》、《列宁研究》等刊载。这些成果对于推进马克思主义经典著作的编译和研究工作发挥了重要作用，时至今日，一些学者仍然把它们当做研究马克思主义的珍贵资料。

然而，随着近年来中央实施马克思主义理论研究和建设工程的深入推进以及马克思主义学科建设的快速发展，这些研究资料的留存情况已经远远不能适应形势发展的需要了。《马列著作编译资料》和《马列主义研究资料》早已停止出版，很多人难以找到原有资料；《马克思恩格斯研究》等内部刊物刊载的文章没有公开面世，也难以为人们广泛使用；而新编译的文献资料又很零散。因而，希望中央编译局提供马克思主义研究资料的呼声越来越高。

为了继承前辈的事业，适应学界的需要，尽可能全面系统地收集整理中央编译局近几十年来编译的国外学者关于马克思主义的研究成果以及相关的国内学者的研究成果，中央编译局专门成立了《马克思主义研究资料》丛书课题组，并对该项工作提供了基金资助。课题组不仅在局内组织力量进行工作，而且争取到社会力量的支持。经过课题组同仁两年多努力，已经形成一批编辑成果，还将继续补充、完善并陆续推出。这套《马克思主义研究资料》丛书就是这些成果的集中体现。

本丛书力求体现如下四个特点，这也是丛书编辑工作所力求遵循的四条原则：第一，保证文献性。本丛书主要收集改革开放以来中央编译局刊物发表的有关马克思主义理论编译和研究方面的成果，这些刊物包括公开出版的《马列著作编译资料》、《马列主义研究资料》、《马克思主义与现实》、《当代世界与社会主义》、《经济社会体制比较》、《国外理论动态》等，也包括内部刊物《马克思恩格斯研究》、《列宁研究》、《斯大林研究》、《马克思恩格斯列宁斯大林研究》等；少量收集其他杂志发表的中央编译局学者编译或撰写的有关文章；个别收集与中央编译局长期合作的其他学者的相关文章；对所收商榷性文章涉及的其他学者的成果，也作为附文收入，以示对相关学者的尊重，也便于读者在阅读正文时参考。收集整理这些学术成果的目的主要是为学界研究马克思主义提供参考资料,同时帮助人们了解马克思主义研究的历史进程和思想脉络。因此,本丛书所收文献力求保持其历史原貌,包括其中的人名、地名、术语、引文等,都不作改动,以便读者进行文献考证之用,只对个别错漏文字等进行校正,对于文中可能产生歧义的地方,以"本丛书编者注"的方式加以说明。其中读者特别应当留意的是译名、术语的不统一问题,例如关于《马克思恩格斯全集》历史考证版,就有多种表达方式:原文版、国际版和MEGA版,其中,往往又以"老"、"新"、"MEGA^1"、"MEGA^2"、"MEGA1"、"MEGA2"等来区分历史考证版第1版和第2版。第二,突出编译性。本丛书所收文献中,以国外学者的成果为主,包括国外学者关于马克思主义经典作家的著作、思想、生平事业,乃至书信往来、工作生活等方面的研究文献,凡比较有资料价值的,均在收集之列。如上所述,国内学者的相关考证性成果,包括经典著作翻译、版本、传播、重要术语考据等文献,凡具有资料价值的,也一并收入,但这部分内容所占比例较小。第三,力求系统性。上述几十年来形成的这些编译研究资料繁茂芜杂,十分零散,使用起来很不方便,编辑整理就更为困难。为把这些宝贵文献整理面世,使之更好地发挥作用,编辑人员下了很大功夫。在收集整理中,我们力图分门别类,尽可能将同类资料按照一定逻辑顺序编排,使之呈现一定的系统性,以便读者全面掌握有关资料。第四,力争权威性。本丛书力争选编国内外在相关研究领域具有一定权威性的专家学者的具有代表性和影响力的文献。为保证文献的权威性和准确性,我们对文献的引文进行了校订,特别是对有关马克思主义经典著作的引文进行了原版原文核对,并对注释尽可能地作了规范化处理,以便读者更准确地了解引文及其出处。

基于上述考虑，本丛书的编排体系大体分四个部分。第一部分是经典著作研究，包括关于《共产党宣言》、《资本论》等手稿、创作、版本、传播诸方面的研究文献；第二部分是基本理论研究，包括哲学、政治经济学、科学社会主义以及政治学、法学等方面的研究文献；第三部分是版本和传播、编译以及生平事业研究；第四部分是国外马克思主义研究。每一部分包括若干卷。每一卷都有本卷编辑说明，对本卷编辑的思路、内容和有关技术问题作简要交代。各卷内容按照逻辑顺序进行编排，在此基础上再按照时间顺序编排。各卷内容一般要作分类，并加分类标题，以便读者阅读研究。

需要说明的是，由于本丛书是整理编辑已有的文献，而且主要限于整理编辑中央编译局学者编译和研究的部分成果，这就决定了本丛书不可避免地存在一些缺憾。一是这些文献中有的观点不一定正确。选编这些文献并不意味着编者赞同其中的观点，我们的目的仅仅在于为人们研究马克思主义提供参考资料，其中正确的思想成果可以作为我们研究借鉴的思想资源，而错误的观点可以作为我们研究批评的对象。例如，对有关马恩对立论的观点，我们是不赞成的，但为了让研究者了解、研究和批评这种观点，也收入了相关文章。所以，谨请读者在使用这些文献时注意辨别是非。二是这些文献存在质量参差不齐的情况。由于这些文章的作者、译者水平不同，写作时间、背景、针对的问题、产生的影响以及发表的刊物等不同，其质量也就有一定差别。例如，有的概念和译文在今天看来不一定科学、准确，有的文献曾经很有价值而在今天看来最多只有学术史的价值。在选编过程中，我们尽量收入那些分量较重、影响较大的文献，但为了比较全面地反映学术史的原貌并提供尽可能详细的研究参考资料，也收入了一些篇幅较短、影响不大但有一定资料或史料价值的文献。另外，有少量比较重要的文献，由于作者或译者不同意收入，也不得不忍痛割爱。三是这些文献的系统性、规范性不太强。尽管我们努力按照上述编辑原则工作，对这些文献进行了分类整理，力求全面系统地提供给读者相关方面的文献资料，但由于这些资料十分繁杂，彼此之间的关联性不强，有的方面资料较多，有的较少，且发表的刊物、时间等不同，体例也很不统一，整理起来难度极大，加之各位编者的研究角度不同，水平各异，所以，每一卷书的结构、篇章、内容、观点等都不尽相同，其规范程度也不尽一致。对本丛书存在的以上不足或缺憾，谨请读者鉴谅；对其中可能存在的疏漏和错误之处，谨请读者批评指正。

本丛书在编写和出版过程中，得到了各个方面的大力支持。中央编译局对此项工作高度重视，始终给予鼎力支持。国家出版基金将本丛书列入2013年度资助项目。中央编译出版社为本丛书申报国家出版基金项目并最终立项，以及为丛书出版做了大量工作。本丛书所收文献的译者、作者和出版者，凡已联系上的，均给予我们大力支持，同意使用这些文献；对尚未联系上的，我们将尽力联系，也请相关同仁主动联系我们。丛书顾问委员会的专家对丛书的编写工作给予热情指导，编委会成员和课题组同仁为丛书的编写付出了辛勤劳动。在此一并致以衷心的谢意！

《马克思主义研究资料》
编辑委员会
2013年12月10日

编辑说明

本卷收录了马克思主义综论方面的研究文章共 31 篇，分为两个部分。

第一部分共有文章 16 篇，涉及的问题包括什么是马克思主义，其产生发展以及经发展而形成的不同形态的马克思主义，它们彼此间的争论及其所具有的不同影响。第二部分共有文章 15 篇，内容涵盖马克思主义发展的过去、现在和未来，马克思主义的当代意义所在，马克思主义在不同国家的发展历程和现状，以及马克思主义在学术研究领域的发展演变。

为保持文献性，本丛书的注释尽量保持原貌，不作改动；但对原注释有错误或有遗漏的，我们尽可能查阅了有关文献，作了必要的规范和完善；对有些查找不到的，保留原来的内容和格式。

目 录

什么是马克思主义?
　〔美〕《每月评论》编辑部 …………………………………… 1
论马克思主义作为完整学说的产生和发展
　〔苏〕尼·伊·拉宾 …………………………………………… 8
两种马克思主义的社会起源
　〔美〕阿·古尔德纳 …………………………………………… 23
作为意识形态的马克思主义 …………………………………… 42
在马克思、马克思主义和种种马克思主义之间
　——马克思理论的几种解读方式
　〔德〕英格·艾尔伯 …………………………………………… 52
奥伊泽尔曼论马克思主义与空想主义 ………………………… 69
奥伊泽尔曼谈列宁对马克思主义的阐释 ……………………… 78
奥伊泽尔曼谈列宁对马克思主义的阐释(续) ………………… 87
马克思主义与布尔什维主义
　〔俄〕B.M.梅茹耶夫 ………………………………………… 96

为列宁主义的不宽容辩护

〔斯洛文尼亚〕斯拉沃热·齐泽克 …………………… 115

马克思主义和无政府主义

〔美〕保罗·布莱克利奇 ……………………………… 141

国外学者关于毛泽东思想与经典马克思主义关系的争论（上）

〔澳〕保罗·哈里 …………………………………… 167

国外学者关于毛泽东思想与经典马克思主义关系的争论（下）

〔澳〕保罗·哈里 …………………………………… 189

当代马克思主义研究：从理论走向现实

〔英〕肖恩·塞耶斯 ………………………………… 203

英国学者论马克思与马克思主义研究之今昔 ……………… 221

乌拉圭学者谈马克思主义研究的新课题 …………………… 229

* * *

马克思主义在今天的意义

〔波〕亚当·沙夫 …………………………………… 234

马克思主义如何改变世界？

——霍布斯鲍姆访谈 ………………………………… 246

马克思列宁主义的社会理论过时了吗？

〔俄〕弗·萨普雷金 ………………………………… 255

关于马克思主义的三种观点：1953，1968，1995

〔美〕阿拉斯代尔·麦金太尔 ……………………… 264

德学者海宁格谈当今马克思主义的革新 ……………………… 279

马克思主义理论的过去和现在
　　〔俄〕弗拉基米尔·哈尔拉缅科 ………… 283
俄学者谈马克思主义的过去和现在 ………… 298
俄学者科索拉波夫谈马克思主义理论的过去和现在 ………… 305
马克思主义：衰亡还是复兴
　　〔美〕赫伯特·阿普斯科 ………… 311
马克思主义在爱尔兰
　　〔爱〕科诺尔·科斯蒂克 ………… 316
荷兰《东欧思想研究》谈马克思主义和社会主义
　　思想在今日俄罗斯 ………… 330
以色列学者谈马克思主义、资本体系与社会革命 ………… 334
美国高校里的左派和马克思主义 ………… 341
占领运动、左翼复兴和今日马克思主义：对话齐泽克
　　〔荷〕哈西卜·艾哈迈德 ………… 347
俄罗斯学者诺维科夫认为必须坚持马克思列宁主义
　　基本理论 ………… 364

什么是马克思主义？[*]

〔美〕《每月评论》编辑部

你们会怎样回答这个问题：什么是马克思主义？我们的一个求知欲非常旺盛的年轻朋友有一天向我们提出这个问题。她从报纸上看到中国最近的发展情况，越读越感到迷惑不解。她说，中国人现在承认，并不是他们所有的问题都能在马克思著作中找到答案，因此他们正在放弃马克思主义，这是真的吗？马克思是否真的曾要给世界上的所有问题，不仅他那个时代的，而且未来一切时代的问题都提供答案呢？如果是这样的话，她想他必定是某种神秘莫测、甚至古里古怪的人。中国人的口号

---

[*] 本文选自《马列主义研究资料》1985年第6辑。

原题注：1984年12月7日，《人民日报》发表评论员文章《理论与实践》，其中提到"不要拘泥于［马克思主义经典著作的］个别字句和某些具体的论断"，"不能要求马克思、列宁当时的著作解决我们当前的问题"，这在美国左派中掀起了轩然大波，他们围绕着什么是马克思主义的问题展开了一轮新的讨论，这里选译《每月评论》杂志的一篇未署名文章供研究者参考。看来，他们对我们所说的"实事求是"还不够了解。我们所说的"实事求是"，是从实际出发，理论联系实际，把马列主义普遍原理同中国革命具体实践结合起来。可是译成英文，它是"Learn truth from facts"，即"向事实学习真理"，如果单从字面理解，很容易产生误解，得出错误的结论。因此，关于这类问题应该向国外多做启蒙工作。——译者注

"实事求是"① 是怎么回事？那是不是马克思教导的探求知识（对她说来，真理和知识是一回事）的途径呢？

这些是相当容易的问题。当然，马克思从未妄想给所有的问题提供答案。说他曾想这样做，只不过是马克思主义的敌人为了诋毁马克思主义而进行的无数歪曲之一。中国人否认这一点，根本不能证明他们是坚持还是放弃马克思主义。至于"实事求是"，则是另一回事。中国人显然是把它作为他们自己对马克思（和毛泽东）的教导的理解提出的。我们解释说，这不是我们的理解，按照我们的观点，事实本身并不说明任何问题，即使真的有可能从一大堆事实中抽出某一件事实来加以说明。然而，马克思和毛泽东确实说过某种可能听起来很相似的话，即"向实践学习真理"，也就是向历史、向经济和政治、向最广义的文化学习真理，向与启示录和纯思维的想象世界不同的社会关系和阶级斗争的现实世界学习真理。也许这就是中国人的"实事求是"的意思。但是，假如这不是中国人的意思，那么在我们看来，这个口号正好表明当今中国领导人至少在一个十分重要的方面正在背离马克思主义。

我们本以为这点说明已能使我们的朋友感到满足，但我们很快就发现自己错了。她还要问，背离马克思主义意味着什么？到底什么是马克思主义？至少你们认为它是什么意思？毫无办法，我们只能尽可能给她提供一个诚实的答案。下面就是我们对她说的话的简短摘要，我们在谈话中常说，我们不打算代表任何人而只是代表自己说话，这些插话在这里都略去了。

马克思主义首先是一种全面的世界观，即德国人所说的 Weltanshauung，也就是一系列哲学的、经济学的、政治的、社会学的、科学

---

① 原文是"Learn truth from facts"，即"向事实学习真理"。——译者注

的原理或原则，它们彼此相互关联，共同形成一个独立的和大体自足的思想结构。有些原理或原则是基本的，另一些是次要的。马克思主义者虽然拥有共同的观察世界和对世界作出反应的方式，然而在许多解释和评价的问题上相互不同。当然，这种思想结构随着认识和理解的进展而发生变化，而且必然要发生变化。

也许最重要的是，马克思主义有一种关于历史和人类命运的理论，这种理论就其基本轮廓而论很简单，然而含义却极为深刻。它是一种理性主义的而不是神秘主义的理论；但是它也像所有这类理论一样，永远不能用任何精确的或科学的方式来加以证明。它是生活和社会实际的指南，归根到底它的正确性只能按它的成果来判断。

这种理论认为，迄今为止，全部文明都是建立在对人的剥削之上，同时也被对人的剥削所败坏。"堕落"的开始，不是在亚当和夏娃被赶出伊甸园的时候，而是在劳动生产率变得足以使一个人奴役另一个人有利可图的时候。那时社会就被分裂成为剥削者和被剥削者，两者的心灵都遭到了毒害。然而，马克思主义并不追求原始共产主义的失去的天堂。没有剥削是不可能有文明的。除非有少数人站在多数人的脊背上，不然我们就永远不可能有学术、艺术和文化。但是原罪是一直在起作用的：文明必然是被污染了的。社会不可避免地变得四分五裂，人也不可避免地被非人化。

这一切都是不可避免的。就是说，只要人类劳动的生产率还不高，因此只有社会剩余产品集中在少数人手中，使得必然一极是奢侈、财富和文明，而另一极则是贫穷、苦难和堕落时，文明才能够繁荣，这一切就都是不可避免的。

资本主义就是诞生在这样一个世界里。资本主义是剥削的阶级社会的最后的和最发达的形式，它不是建立在奴隶制而是建立在自由的雇佣劳动的基础之上,社会的剩余产品被生产资料所有者以利润、利息和地租的形式所占有。由于马克思花了他的大半生所研究的原因,这个资本主义是世界上从未见过的生产率最高、因此也是最进步的社会。的确,它有史以来第一次使得有可能产生出一个这样的社会,在那里,剥削和剩余产品集中在少数人手中不再是文明的必要条件。

于是人类面临着重大的抉择。它将走向一种新的和更高级的、非剥削的文明形式呢,还是将失去展现在它面前的新的机会?换个比喻的说法,奴役的原罪将被赎还呢,还是少数人对多数人的剥削将继续是人类生活的方式?

马克思本人对答案毫无疑义。从他(以及他的亲密朋友恩格斯)最早的著作开始,他就相信,虽然资本主义在发展社会的生产力方面正在创造奇迹,但是它决不能够利用这些生产力为他认为将成为多数人口的工人谋福利。在迅速增长的生产力和建立在生产资料私有制基础之上的社会生产关系之间存在着一种固有的矛盾。这种矛盾采取越来越严重的,使工人愈益处于不安全和苦难境地的经济危机的形式。迟早(马克思曾倾向于认为更早一些),工人会意识到自己真正的阶级利益,组织成为强大的革命力量,从资本家手中夺取政权,并开始向将最终消灭剥削和阶级的共产主义社会过渡。

但事情没有这样发生。发达资本主义国家中的工人能够通过制度内部的斗争谋取足够的利益,从而阻碍了革命意识的产生。这些利益的很大一部分是靠牺牲第三世界的附属的和被剥削的国家取得的,这些国家为此不能够把它们的资源用于它们自己独立的发展。结果,革命斗争的中心就从资本主义世界的先进地区转向了落后地区。这可以说明二十世纪所有重大革命的来源和一般性质。在这些发生革命的国家中,没有一个国家有马克思所说的人数较多或政治上较成熟的无产阶级来领导革命或组织革命后的社会。这些任务都由严格组织的革命党所承担，而革命党包含不同阶层的居民成分，并没有任何明确的阶级基础。在以后的发展过程中，产生出带有越来越像阶级的特征的新统治集团。这些新政权不再受过去剥削者的经济力量和狭隘阶级利益的限制，能够通过实行有利于群众而又不损害它们的特权地位的基本改革（涉及土地所有制、就业权、社会保险、教育、卫生等方面）来使它们的统治合法化。很清楚，如果我们按照上面描述的马克思的世界观来考察这些革命后的社会，那么它们与以前的社会相比代表着进步，不过仍然越来越不像许多马克思主义者曾一度设想俄国革命会证明是的那种与过去的彻底决裂。

因此资本主义所提出的根本难题仍然没有解决：人类已有手段消灭它作为剥削者和被剥削者的古老划分，然而看来它与以往任何时候一样不可能达到这个难以捉摸的目标。在先进国家中根本没有产生清一色的无产阶级多数的迹象；停滞和道德败坏在加深；新的革命激情还有待出现。而在不发达国家中，革命变革的绝对需要在不断增长（最能说明问题的征候，是世界三大宗教中都出现了解放神学），体现这种需要的各种运动正在形成。如果许可按照它们的内部逻辑发展，那么这些运动很快（这个很快是按历史标准说的）就会产生出一系列相互关联和相互影响的彻底改变世界面貌的革命。

但是这些革命运动目前得不到的，正是按照它们的内部逻辑的自由发展。给它们设置障碍并且使这种障碍不断增大的，自然是那些能够从目前剥削关系的继续中得到好处的顽固而强大的阶级，特别是在核心的资本主义国家中。

这就是今天统治着世界舞台的基本形势。任何事情和任何人都已卷入进去，甚至那些以为自己能够袖手旁观的人们：他们只不过是以维持现状的消极方式卷入罢了。我们作为马克思主义者应该如何作出反应呢？

正像中国人不能够指望在马克思著作中找到对他们的特殊问题的答案一样，我们也不会在马克思著作中找到答案。但是我们相信，问一问如果马克思还活着，他本人会如何做出反应，是有好处的，也许这甚至是作为一个马克思主义者的本质。正如我们所看到的，这个答案就是，我们必须尽一切力量援助和支持这些正在为推翻全球资本主义剥削制度而奋斗的革命力量。既然在目前情况下这种力量实际上只存在于不发达国家，既然正在阻碍它们的发展的——而在许多情况下是威胁着它们的存在本身的——是先进国家的统治阶级、首先是我们美国自己的统治阶级的反革命政策，这就意味着我们要尽一切力量来挫败这些政策（短期目标），并且最终改变这些政策。这也意味着：（1）要全心全意地与任何地方（先进国家、不发达国家和革命后社会）的任何赞同我们短期目标的人们进行策略性的联合；（2）要坚决努力使我们所能联系上的任何人支持我们的长远目标。

说到这里我们停住了，问我们的年轻朋友，是否还有她想到的什么问题我们没有谈到。她说，有。你们常常在《每月评论》上写到美国经济的各种毛病及其造成的不必要的苦难。即使我们假定，只要我们生活在资本主义制度下，这些问题就会存在下去，能否设法改进那些受害者的命运呢？

办法的确是有的。但是我们需要明白，什么样的行动和目的能行得通。决不可能使资本主义反对剥削。但是剥削的受害者下定决心并且很好地组织起来，就能够对剥削加以限制，迫使剥削者作出让步。强大的工会能给工人带来真正的好处。资产阶级民主并不完全是骗局。有些时期，例如在本世纪三十年代，资产阶级民主能被用来迫使政府至少满足大多数人对工作、住房、医药等的某些最迫切的需要。这是不容易的，而且正如里根政府的做法所表明的那样，这种成果在资本主义制度下总是不可靠的。但是它们是重要的，当然必须成为奋力争取的目标。承认这一点对一个马克思主义者说来是基本的要求，应该把这种努力看作正在世界范围进行的把人类从剥削制度下解放出来的斗争的组成部分。

（原载美国《每月评论》杂志1985年3月号）

（莫立知 译）

论马克思主义作为完整学说的产生和发展*

〔苏〕尼·伊·拉宾

马克思列宁主义是关于世界发展以及认识和改造世界的普遍规律的学说,特别是关于由资本主义向社会主义和共产主义过渡的规律和形式的学说。正如在苏联共产党纲领新的修订本中所指出的,这是"完整严谨的哲学观点、经济观点和社会政治观点体系"。① 由于这种完整性,马克思列宁主义在社会思想史上具有一些独特的性质:

——马克思列宁主义依据的不是人类思想的某一个领域,而同时是其三个领域——即哲学、政治经济学和关于未来的社会政治学说——中堪称典范的成就;

——马克思、恩格斯和列宁把这些知识领域中的每一个领域都加以改造,同时综合为在质上新的整体,在这里每一个领域只是作为整体的一部分才具有相对的独立性,而每一部分经常地、有机地同其他各部分发生相互作用,这就使整体不仅具有多面性,而且具有能动性;

——这个整体的主要任务不单单是要认识客体的特性和规律,而是

---

* 本文选自《马克思恩格斯研究》1989 年总第 1 期。
① 《苏联共产党第二十七次代表大会主要文件汇编》1987 年人民出版社版第 372 页。

要在认识的基础上改变客体,而且这种改变要以实现工人阶级和全体劳动人民的利益为目的;

——马克思列宁主义的多学科性质以及它要求实际改变现实的目的性决定了它具有不断实现自我发展的能力;马克思列宁主义各个组成部分彼此之间以及它们同许多专门科学之间的相互作用不允许它们把自己封闭起来,而同变化着的现实的相互作用又促使它们对生活提出的新而又新的问题作出回答;

——辩证法,或者说,最全面而深刻的关于发展的学说是作为发展着的整体的马克思列宁主义的方法论核心、活的灵魂;

很自然出现这样的问题:作为完整学说的马克思主义是怎样产生的?将到当时为止独立的各个知识领域综合成为在质上新的整体,而同时又把这个整体分成为就内容来说都同作为其来源的知识领域有原则区别的各个组成部分的规律、阶段和具体的机制是怎样的?

本文所要考察的不是这些问题的全部,而主要是其中与马克思的名字有直接联系的那些方面。不过,这些方面的阐述将很简要,而在《青年马克思》一书中作者对其中的一些方面作了更详细的阐述。

作为完整学说的马克思主义的产生

科学的无产阶级世界观只能是总体性的、进行综合的学说,因为历史向无产阶级提出的任务即改造整个社会关系体系以及改造社会和自然之间的关系的任务的性质就是这样的。

到19世纪40年代,形成了完整的世界观产生的两种前提:客观前提和主观前提。作为客观前提的首先是资本主义在欧洲各个最发达国家变为一个有机的体系,这个体系的对抗性矛盾已经达到极其尖锐的程度。随着这些矛盾的发展,对全部社会关系实现全面彻底变革的要求日趋成熟,这一变革应该结束史前史(那时,私有制和一些阶级压迫、剥削另一些阶级的各种形式占统治地位)并且开创人类真正历史的新时代(那时,构成每个人自由发展的主要条件的社会所有制将占统治地位)。同时,进行这种彻底变革的物质力量——无产阶级也正在成熟。然而,那时无产阶级既没有组织,对他们所要解决的历史任务的实质和范围又没有正确的认识。要获得这种认识就要创立在质上新的世界观。

　　同时,也具备了产生这种世界观的主观前提。这种前提就在于,社会科学的三个主要领域(哲学、政治经济学、社会主义)达到了当时堪称典范的发展,在此之后它们就开始被庸俗化了。但是其中每一个知识领域都是相当独立地发展的,同其他领域很少发生相互作用。还应该指出,哲学在德国,政治经济学在英国,而空想社会主义主要在法国达到堪称典范的发展。将所有这些知识领域综合起来的要求日趋成熟,但不是作为对现有知识的综合(人们曾做过这种尝试,但全都收效甚微),只有作为对每个领域质的改造的结果,这种综合才能实现。换句话说,需要在社会科学的所有基本领域实行变革,同时把所有这些领域综合成为在质上新的整体。

　　这样的任务只有那些具有全面才能、真正天才的人才能胜任。卡尔·马克思和弗里德里希·恩格斯就是这样的人。马克思主义是这两位天才的创造。不过,正如恩格斯自己多次强调指出的,在他们的创作同盟中,马克思的作用毕竟是主要的——他们共同创立的学说理应以马克思的名字命名。

　　马克思集伟大的理论家和实践家兼组织家的品格于一身,既有擅长抽象思维的杰出才智,又有对日常现象进行缜密研究的卓越才能,既对劳动人民怀有满腔的热爱,又对一切压迫者充满强烈的仇恨。他的这些品质很早就表现出来，并且为他的同时代人（不仅为志同道合者，而且也为敌人）所承认。

在大学时代，马克思起初研究了法的问题。后来他给自己提出一个任务，就是使某种哲学体系贯穿整个法的领域，并很快就专心致志于哲学研究。1842年，马克思走上政治斗争的道路，担任了《莱茵报》的编辑。在这个舞台上不仅表现出他的组织才能，而且获得了发展他的理论潜力的新的强大动力：由于把激进的哲学应用于实际政治问题，终于使马克思成了一个革命民主主义者，并且将他的注意力转向了共产主义；这一点又反过来对他的哲学观点产生影响：开始用具体的事实论证来补充抽象的逻辑论证，与此同时唯物主义因素也渗透到（起初是自发地）马克思的唯心主义立场中去了。

1848年春天，马克思开始怀疑唯心主义的真理性。为了解决这个疑问，他对黑格尔的法哲学作了批判性的分析，在这个过程中他自觉地站到唯物主义立场上。在《黑格尔法哲学批判》手稿和《克罗茨纳赫笔记》（1843年）中，他就发表了这样的见解，认为正是私有制是国家同市民社会相异化的主要原因，从而也是消除这种异化并建立不是以私人利益而是以社会利益作为基本原则的新型社会的主要障碍。在《德法年鉴》的文章（1843年底到1844年初）中，马克思得出结论说，正是无产阶级，即那个已经丧失了财产的阶级，必然要消灭一切私有制，这就是工人阶级的世界历史使命。

可见，各个不同的理论领域（法、哲学、历史、政治学说）的结合，以及与实际政治问题、与生活的联系正是马克思向唯物主义和共产主义转变的条件和形式。在这个阶段上，这种结合主要表现为相互作用，这种相互作用促使马克思的思想由一个领域转向另一个领域，把他分析生活问题的方法变为多方面的、综合性的、因而更富有成效的方法。

然而在这里,所有这些领域还没有融合成为在质上新的更高的综合体。

这种综合是在马克思思想发展的下一个阶段即在《1844年经济学哲学手稿》中开始实现的。但是在这里,这个过程经历了几个阶段,其中每个阶级都具有特殊的形式。

向唯物主义和共产主义的转变第一次使马克思有可能估价他所面临的各种新问题的全部极端复杂性。同时他也感到需要继续进行批判黑格尔法哲学的工作,需要研究国民公会史,他认为国民公会史对当时的革命运动有许多有教益的东西,同时需要研究一个对他来说是崭新的领域——政治经济学。从1844年春天起,他就非常紧张地进行工作,有时几天几夜都不睡觉。

不久,马克思就对他所遇到的纷繁复杂的问题有了一定的认识。在研究了恩格斯的《政治经济学批判大纲》以后,他特别清楚地意识到,正是在政治经济学领域蕴藏着人类关系的根本问题,从唯物主义和共产主义立场出发系统地研究这些问题将是大有可为的。

马克思是从分析收入的三个来源即工资、资本利润和地租开始这种研究的。对照原稿的照相复印件①从内容和文献学角度对手稿的相应片断所作的分析使我们能够得出结论:马克思使用了独特的具有启发意义的方法——对所研究的对象进行比较分析。这种方法使他发现,收入的所有三个来源的基础是某种包含在私有制条件下劳动的实质本身之中的一般的东西。在对收入来源进行比较分析的第一个阶段结束时,马克思

---

① 苏共中央马克思列宁主义研究院中央党务档案馆全宗第1号目录第1号保管单位第130号。

提出了一个非常重要的问题:"把人类的最大部分归结为抽象劳动(即归结为片面的、摧残和奴役劳动者的劳动——引者注),这在人类发展中具有什么意义?"① 为了弄清这一点,马克思继续对收入的来源进行比较分析,结果,由于进行这种专门的经济研究,提出了异化劳动的哲学思想。

"异化劳动"范畴的启发性意义主要在于它的综合性功能,即它能够成为相当数量彼此截然不同的范畴、问题和知识领域的统一的方法论基础。它的这个功能可以说是通过两个方面,即理论逻辑方面和历史预测方面实现的。

在理论逻辑方面,"异化劳动"范畴的综合性功能首先通过把它运用于政治经济学而表现出来。这个范畴涉及马克思那个时代的社会的一切经济过程并且在这个意义上成为这些过程的公分母。就是说,它能够使人们达到比资产阶级经济学家已经达到的更高度的抽象。同时,这个范畴表现了经济过程中最常见的东西——劳动,而且是从最本质的方面,即劳动的异化现象这个方面来表现的;就这种意义上说,它又是极其具体的,它的直接目的是要阐明劳动人民首先是无产阶级的利益。

"异化劳动"范畴的历史预测方面就在于它的本身包含的否定的否定:现在存在异化劳动是以过去不存在而将来不应该存在异化劳动为前提的。异化劳动原来是经验上现存的一个关节点,在这里过去、现在和将来联结在一起了。分析这个现象使人们可以同时回答两个基本问题:人是怎样使自己的劳动异化的?消除这种异化的途径是什么?马克思在下面的论点中表述了这两个问题的相互关系:"自我异化的扬弃同自我

---

① 《马克思恩格斯全集》第 1 版第 42 卷第 56 页。

异化走的是一条道路"。① 这就是：从异化和消除异化的客观形式（私有财产）到主观形式（政治和精神生活），最后到普遍形式。

由于具有综合性功能，1844年"异化劳动"范畴在马克思的世界观中占据了中心位置：对待任何哲学问题、经济问题、政治问题、历史问题他都是从这个范畴的角度出发的。而且，围绕这个范畴还形成了一整套与之有逻辑联系、也是发挥综合性功能的概念，如"货币"、"自我意识"等等，这就使上述知识领域在马克思观点中越来越相互接近。而马克思由于从各种不同科学的立场出发来研究复杂的客体。不仅更深入地认识了这些客体，而且第一次直接把当时独立的各门科学加以比较，发现了它们有相互关联的长处和弱点。马克思观点的各个组成部分这样便综合成为与一切过去的世界观有本质区别的完整的世界观。

然而，在《1844年经济学哲学手稿》中，正在产生的科学世界观还不具备稳定的结构，这种结构是在马克思观点发展的下一个阶段形成的。

随着马克思的各种观点综合成为完整的学说，这种新的完整性也就开始越来越按照它自己的规律发展，而"异化劳动"和"异化"这两个范畴也开始大大改变了自己的内容和对整体的功能。

例如，在撰写《德意志意识形态》的最初阶段马克思和恩格斯就认为，自我运动的现实源泉不是人的自我异化，而是劳动的物质工具，因此，他们把分工在人类历史上的作用的问题提到了首位。他们从各个不同的方面研究这个问题，在下一个阶段得出了关于生产力和生产关系（"交往形式"）之间存在辩证的相互联系的基本结论。在这里，分工问题失去了它原来刚刚占据的中心位置，退到了在完整的世界观中与其实

---

① 《马克思恩格斯全集》第1版第42卷第117页。

际意义比较相符的地位。在第三个阶段，即最后撰写费尔巴哈章的阶段，马克思和恩格斯注意的中心是所有制的基本形式，说明这些形式的性质是经济社会形态学说的出发点。①

关于生产力和生产关系的辩证法是历史自我运动的源泉和社会经济形态是这个运动的"细胞"的思想是马克思主义的基础，这些思想把马克思主义的所有组成部分联结成为一个完整的世界观。从这时起，马克思主义就作为完整的学说而存在，因为现在马克思主义的每个基本要素都在整体的结构中找到了自己的位置（当然这个位置并不是永远一成不变的）。这就是说，像"异化"和"异化劳动"这样的范畴在马克思主义结构中的地位和功能发生了变化。这些范畴的某些具体的、科学的方面用更加确切的概念如分工、私有制等等来表达了。上述范畴的哲学内容本身不仅没有失去，而且还在一系列成熟的马克思主义著作中，特别是在《资本论》中得到了进一步发展。然而在这里，这些范畴已经不再像在《经济学哲学手稿》中那样是占统治地位的范畴了，而是在马克思主义的其他一系列结构构成的范畴中找到了自己的位置。

在《德意志意识形态中》，马克思主义毕竟还不具有完整性的发达形式。在马克思的《哲学的贫困》（1847年）中，马克思主义就更加成熟了，而在马克思和恩格斯的《共产党宣言》中，马克思主义作为完整的学说已经获得了具有理论体系和实践纲领的形式。根据列宁的含义丰富的评价，"这部著作以天才的透彻而鲜明的语言描述了新的世界观，即把社会生活领域也包括在内的彻底的唯物主义、作为最全面最深刻的发展学说的辩证法、以及关于阶级斗争和共产主义新社会创造者无产阶

---

① 详见 Г. А. 巴加图利亚《马克思和恩格斯〈德意志意识形态〉第一章手稿的结构和内容》，载于《哲学问题》杂志1965年第10期。

级肩负的世界历史性的革命使命的理论。"①

而无产阶级在1848—1849年欧洲革命中的最初几次大的战役证明，马克思主义的根本原理是正确的、合乎真理的，这些原理符合工人阶级和全体劳动人民的根本利益，因此，是有生命力的。

马克思主义完整性形式的发展

因此，到1848年，作为完整学说的马克思主义的形成过程结束了。这里产生了一个问题：如果还没有作出第二个伟大发现——还没有创立剩余价值学说，能不能说这样就结束了？

我们认为，在研究这个问题的时候，重要的是把成熟的马克思主义的完整性的最初形式和它后来的一些形式区别开来，看到马克思主义的发展不仅是个别原理和原则的变化，而且是它的完整性本身的变化。恩格斯在读到费尔巴哈在哲学史上的地位时，提出了下面两个原理，而人们通常只引用其中的第一个原理："随着自然科学领域中每一个划时代的发现，唯物主义必然要改变自己的形式；而自从历史也被唯物主义地解释的时候起，一条新的发展道路也在这里开辟出来了。"② 换句话说，辩证唯物主义和历史唯物主义，整个马克思主义也应该随着自然科学或社会科学中，尤其是人类生产实践和社会实践中的每一个划时代的发现，而改变自己的形式。

我们认为，作为完整学说的马克思主义的内容在其不同的历史阶段上的重大变化是它的完整性形式的变化。这些变化表现在：把注意的中

---

① 《列宁全集》第2版第26第50页。
② 《马克思恩格斯全集》第1版第21卷第320页。

心从马克思主义的一个组成部分转到另一个组成部分,加速发展另一个组成部分;个别原理在马克思主义结构中的功能发生变化——它们从这个结构的"外围"转到它的"核心",或者相反:产生了被列入学说的结构"核心"的新原则,以及其他的变化。所有这些变化都必须以保存作为出发点的"核心",把它加以深化和发展为前提,而不是像形形色色的机会主义者、修正主义者、新马克思主义者以及其他没有领会或者不愿意领会马克思主义根本标准的理论家们过去和现在所作的那样,以"深化"和"发展"为借口抛弃这个"核心"。

正因为如此,在弄清了马克思主义在1848年就已经达到的完整性的最初的成熟形式之后,还必须看到这种完整性后来又会产生新的形式,必须揭示这些新形式的特点。

把马克思主义完整性的这种新形式同马克思《资本论》的创作,确切些说,同他的三个经济学手稿——《资本论》的三个草稿(1857—1858年手稿、1861—1863年手稿、1863—1865年手稿)以及《政治经济学批判》第一分册(1859年)和《资本论》第1卷的出版联系在一起,看来是正确的,这首先是对整个资产阶级社会形态的经济学的,而且也是综合性的研究。其结果是:

——在价值规律的基础上揭示了获得剩余价值的秘密;

——弄清了并且在理论上再现了资本主义生产、交换和分配运行和发展的全部规律和机制以及它们的相互联系;

——彻底形成了关于社会经济形态的学说;而且用"堆积如山的事实"证明了以前提出的唯物史观的真理性;

——共产主义的必然性获得了在全部社会主义和共产主义学说史中最有说服力的、全面的经济论证;

——所以能达到这一点。在很大程度上是由于制定了辩证唯物主义认识论的新原理和方法、对复杂客体进行科学研究的逻辑和方法论：制定了逻辑的东西和历史的东西相一致的原理，由抽象上升到具体的观点，分析存在和认识的转化形式的方法论以及其他一些观点。

结果，马克思主义的所有组成部分，当然，首先是政治经济学，还有科学共产主义以及辩证唯物主义和历史唯物主义，都提高到在质上新的阶段。在马克思主义的每个组成部分发展的同时，它的各个组成部分的相互制约性和内在统一性也不断加深。马克思主义学说的经济学内容被提到了中心地位。

马克思主义完整性的这个新形式的最重要的前提和特点之一，是提出并制定了与马克思所面临的综合地再现客体的任务相适应的系统性原则。马克思证明了作为"第二类"质（有别于第一类"可触摸的"质）的社会系统的综合的质的实在性，价值就是这样的质。他指出，在第二类的系统的质中表现了社会形态的特点；他还揭示出，在各种形态的依次更替中社会系统整体性不断增强，乃至在资产阶级社会条件下出现有机的整体性，而在社会主义这个高级社会整体性的条件下则出现了"现实的社会共同性"。①

这样一来，系统性原则就表现为辩证唯物主义方法论的发达形式的不可分割的要素。

在《资本论》中一种社会形态即资本主义表现为一个整体。在马克思的晚年，所有同时存在的社会形态相互作用的问题引起了他的注意。对这个问题的意义怎么估价也是不会过高的：要知道，人类的现实历史（除了它的最初阶段以外）正是两种、三种甚至四种形态的相互

---

① 见 В.П.库兹明《马克思理论和方法论中的系统性原则》1980年莫斯科第二版。

作用。

在1881—1882年间，马克思仔细研究了有关世界史和分国史的基本著作，并且产生了横跨近二千年的《编年摘录》。这部摘录的篇幅达100印张以上，基本上是由日期和事件分栏组成，有时加了一些简短的注释。这是马克思最后的手稿之一。

这部手稿的意图何在呢？迄今为止专家们对这个问题尚没有统一的看法，而且总的来说对这部手稿仍然研究得不够。据 Б.Ф. 波尔什涅夫推测，[①] 马克思编撰的不单单是按时间顺序的大事年表，而是概述世界史上同时发生的事件的综合对照年表。所以，他的思路集中在不同国家和社会同时或略有先后发生的那些事件和过程的相互联系的问题上。

看来，在这后面有一个想要在唯物史观方面迈出新步伐的打算。马克思力图描绘出整个世界史的图景，即说明不同类型社会的相互作用，展示这些社会的生命活动的一切领域（经济领域、社会领域、政治领域、意识形态领域）。使他特别感兴趣的是关于社会进步的"中心"和"外围地带"的相互作用，关于殖民地国家以及所有落后国家在即将来临的工人阶级革命斗争中，在世界范围的由资本主义向社会主义过渡的过程中所起的作用的问题。

在这个时期，马克思对俄国——它的过去、现在和将来——的兴趣，由于俄国与那些具有世界史性质的过程紧密相连而达到了高潮。在给维拉·查苏利奇的复信（1881年1月3日）中，他强调指出，在《资本论》中对以个人劳动为基础的私有制转变为以剥削别人的劳动、以雇佣劳动为基础的资本主义私有制的历史必然性的证明只局限于西欧

---

① Б.Ф. 波尔什涅夫《马克思晚年的历史兴趣和〈编年摘录〉的创作》，载于《历史学家马克思》1968年莫斯科版第404—432页。

各国,在这些国家,私有制早已成为社会关系的统治形式。至于谈到公社所有制的各种形式向资本主义过渡的必然性问题,仍然是悬而未决的问题,特别是在它们在农业中还保存着相当影响的一些国家里更是如此。这个问题的解决将取决于具体的历史状况。

马克思根据他所进行的专门分析,得出结论说,农业公社具有"内在的二重性":在公社中,土地是公有的,但每个农民都单独地耕种自己的土地。这里就表现了由原生的社会形态向次生的社会形态过渡的历史过程的辩证法:农业公社既然是原生的社会形态的最后阶段,所以它同时也是向次生的形态过渡的阶段,即以公有制为基础的社会向以私有制为基础的社会过渡。不言而喻,次生的形态包括建立在奴隶制上和农奴制上的一系列社会。

但是,这是不是说,农业公社的历史道路必然要导致这种结果呢?绝对不是的。农业公社天生的二重性使得它只可能是下面两种情况之一:或者是私有原则在公社中战胜集体原则,或者是后者战胜前者。一切都决于它所处的历史环境。①

在这段话中集中表达了辩证唯物史观的实质:把各种所有制形式作为发展的决定因素加以考察;揭示一般历史规律性及其矛盾性,而这种矛盾性使发展可能有各种选择方案;把各个历史过程都包括在内的全球性并考虑这些过程在不同区域的特点。

马克思的思想不断向历史的广度(直到全球范围)和深度发展,考虑到历史的起源,又从历史的起源考虑到现代。这也表现在马克思对人类学和民族学的兴趣不断增长上面。同时,他一边研究地租问题,一边深入研究化学、农业化学、生物学、地质学和自然科学的其

---

① 《马克思恩格斯全集》第1版第19卷第450页。

他方面。他对有助于作出重大发现的各种不同科学的相互作用越来越感兴趣。

马克思的思想正在走向一个新境界,即研究作为完整学说的科学世界观的问题的境界,然而他的打算已经不一定能够实现了:病魔和失去亲人大大地缩短了他的生命。

创造性发展是马克思主义存在的方式,而辩证法则构成了作为发展着的整体的马克思主义的核心。同时,这也是最难于领会的"硬核桃"。它成了许多研究马克思的学者的拦路虎决不是偶然的:如果不掌握唯物辩证法,他们接受的就只能是马克思学说的个别方面,而不是作为整体的马克思主义。在这种情况下,马克思主义就会失去方法的启发特性,变成各种现成结论的总和,把这些结论运用于变化着的现实是很少能获得成功的。

马克思和恩格斯强烈反对这样来领会他们的学说。1894年5月,恩格斯在写给弗·左尔格的信(从英国寄往美国)中怀着痛苦的心情写道:"这里的社会民主联盟同你们在美国的德国社会主义者一样著名,都只是把马克思的发展学说变成死板教条的党派……因此,两个政党仍然只是宗派集团,并且像黑格尔所说,它们从无通过无到无。"①

列宁的不可磨灭的功绩在于,他从一开始就把辩证法当作马克思主义的革命灵魂来理解。他不仅理解了,而且在研究和解决新的历史时代理论上和实践上的中心问题时成功地应用并发展了辩证法。由于列宁作出了全面的、具有革命化作用的创造性贡献,马克思主义不仅获得了完整性的新形式,而且进入了它发展的新时代——产生了马克思列宁主义。

---

① 《马克思恩格斯全集》第1版第39卷第236页。

在当代，作为完整学说的马克思主义就是马克思列宁主义。而马克思列宁主义本身不是更不需要，而是更加需要根据生活所提出的新任务创造性地发展。

（原载苏联《哲学史年鉴》1986年卷第9—20页）

（邢艳琦 摘译　刘卓星 校）

两种马克思主义的社会起源[*]

〔美〕阿·古尔德纳

马克思主义与宗教

马克思主义起着双重作用：提出短期的政治改革或与政治改革结盟，以便为推翻整个制度寻求立足点，通过许诺一个长期的但是不可避免的普遍革命，为拯救现世提供希望。马克思主义还包含有均变说和灾变说的因素。马克思主义是反对均变说的，因为它坚持认为庸俗政治经济学关于资本主义政治经济学的规律是永恒的论断是意识形态的玩意。然而，与此同时，马克思主义还主张资本主义经济的历史规律不可避免地要导致这个制度的灭亡。后者是以一种空想的灾变论形式出现的，因为超越现在和实现向一个更为优越的未来世界过渡的机制，被认为是资本主义经济的盲目规律所固有的，据说这些规律将肯定使资本主义走向毁灭。这种崩溃理论同一种潜在的千年王国灾变论是共鸣的。

---

* 本文选自《马列主义研究资料》1988 年第 2 辑。

原题注：作者是美国著名社会学家马克思学家，他的《两种马克思主义》一书在马克思主义研究者中引起很大反响，本刊 1982 年第 3 辑和 1987 年第 1 辑曾介绍过该书中的部分内容，本文是该书中引起议论较多的第 5 章的节译。

马克思主义还明确地暴露出那种在当时极为典型的介于抛弃宗教信仰和迫切需要信仰之间的模棱两可态度，当马克思主义发展到科学的马克思主义时更是如此。一方面，科学的马克思主义从现代科学文化和战斗无神论的观点出发，对宗教进行了批判。但另一方面，它又把自己构造为一种可以控制由产业革命所带来的不安全感的新事物。它与新兴的有威望的科学结成联盟，来同统治阶级与教会的联盟相抗衡，以为这种科学的铁的规律能保证它的现世愿望的实现。

科学的马克思主义关于科学的确定性的言论及其对社会主义必然胜利的强调，使后世的意义显露出来，作为正衰退着的信仰的替代物，作为与仍然完整无损的教会相抗衡的力量，而起着自己的作用。因此，马克思主义向科学的马克思主义的进化，不只是简单地表现了工人阶级的"经济主义"的压力与诱惑，而且也表现了在工业主义冲击下工人阶级的精神危机和心理痛苦。

这样，科学的马克思主义就是两种相互冲突着的趋势的妥协：一方面，是用科学取代旧的宗教的趋势，另一方面，是发挥与正在被废弃的宗教相类似的作用的趋势。但是，需要看到这里有一种矛盾的情况，它使得科学的马克思主义难以满足宗教和科学的特殊要求，同时却又使宗教和科学达到某种综合。

因此，马克思主义与宗教之间的联系不能简单地表述为，"它只不过是另一种宗教。"马克思主义由于否认有一个至高无上的上帝而不能被看作一种宗教，由于信仰铁的历史规律又同这种神圣存在物相一致。重要的问题不是马克思主义与宗教在形式上的相像，而是宗教与马克思主义，特别是科学的马克思主义，发挥着某些类似的功能。马克思主义认为，它所允诺的未来是必然的，社会主义不只是一个比资本主义更为优越的社会，而且是一种历史的必然，它不以任何阶级的意志为转移，更不用说以他们的善良愿望为转移了。它是由资本主义发展的不可抗拒的规律所保证的。

因此,关键不在于宗教是马克思主义的秘密"本质",而在于马克思主义,特别是科学的马克思主义,是对当时构成宗教的背景的某些相同势力的反映;是对刚刚被传统的制度和组织、被工业主义和世界市场强化了的焦虑情绪的反映。马克思主义的"隐藏着的本质"不是宗教本身,而是宗教所起到的某些作用。

尤其是,科学的马克思主义关于无产阶级是当代苦难中心的论述,表明了它与基督教具有某些相似性——基督教是下层被压迫者的一种宗教,是关于一个受难的上帝的宗教,体现着结束苦难的希望。因此,马克思主义与马克斯·韦伯所说的"救世的宗教"是一致的,这种"救世的宗教"的中心思想是通过兄弟友爱来恢复人类的统一。**由此可见,科学的马克思主义是一种融合的东西,它把科学同基督教关于千年王国的诺言结合起来,以克服所有苦难,实现兄弟友爱。因此,它是宗教与科学的伟大的现代综合。**

但是,马克思主义是以一种特别的、隐蔽的方式这么做的。因此,马克思主义既不是人们通常了解的宗教,也不是人们通常了解的科学,而是一种与特殊的精神考古学杂交的产物:在对科学大为崇信的形式下面有一种与宗教的潜在联系。马克思主义所作的就是把宗教的明显的神学上层建筑同宗教对苦难的关心明确地区分开来。

与此同时,马克思主义由于包含着"科学的"性质而限制了它对苦难的关心:它宣称在解除苦难之前,必须首先使一定的社会经济条件得到发展,需要解除的只是不必要的苦难,因为只有这样的苦难才能被解除;尤其是,它宣称只靠单纯的意志是不能解除苦难的。马克思不断告诫那些在他看来过于夸大了"意志"力量的人,批评他们是伤感主义者和空想主义者。

上面的情况还不能说明，宗教因素是如何被逐渐地注入马克思主义中去的，特别是如果我们考虑到马克思主义是出身中产阶级的世俗知识分子的教义的话。难道我们可以设想，这些因素被注入马克思主义中去，是因为马克思主义的奠基人由于同情工人阶级的苦难而表达了在别处所激起的宗教感情吗？实际上，说马克思主义是建立在当时工人阶级的苦难的基础之上的，同认为马克思本人表现了对工人阶级苦难的伟大个人同情，是很不相同的。我不知道有什么能证明马克思表现了这种同情。如果没有表现这种同情，那么马克思是怎样把那些与宗教情感共鸣的因素注入自己的理论中去的呢？这些因素是怎样渗透到马克思主义中去的呢？要考察这些问题，我们需要考察一下一般有教养的知识分子特别是对马克思思想的形成有很大影响的那个文化阶层，即青年黑格尔派对宗教的态度。

千年王国与青年黑格尔派

1837年，当19岁的马克思到柏林大学继续攻读法律时，他很快就被置于博士俱乐部的庇护之下。该俱乐部的成员大部分都比他年长，他们向他解释和传播黑格尔主义。主要是通过他们的影响，马克思本人——尽管对黑格尔的"离奇古怪的调子"开始就不甚喜欢——开始为青年黑格尔主义的发展出力。尤其是，就是在那里，马克思受到了青年黑格尔主义者布鲁诺·鲍威尔的强烈影响，众所周知，后来马克思希望与他一起到波恩大学执教。

鲍威尔相信，当前的时期是历史的伟大转折点，直到那时为止的全部历史只不过是人类完全解放的一个准备，他相信这个解放已经迫近。

1840年，鲍威尔描述了在黑格尔死了9年之后青年黑格尔派的精神状态："门徒们像一家人一样和睦地待在他们的导师留给他们沉思的观念王国之中，所有关于千年王国之梦似乎已变为现实。"

在致马克思的一封信中，鲍威尔写道，与人类敌人的决战正在逼近："灾变将是可怖的，它必将是一次巨变，而我甚至可以说到这样的程度，即这次巨变将比基督降临到世界上时的变化要大得多。"戴维·麦克莱伦评论说，"鲍威尔的影响不是……马克思忽略而过并置诸脑后的某些东西：它被永久地溶进了他的思维方式之中。"麦克莱伦特别提到了"鲍威尔关于观念历史的'灾变'观点和马克思关于阶级历史的灾变观点"之间的相像，"尽管人物迥然不同'情节却是一样的。"而且，麦克莱伦评论道，正像鲍威尔把自我意识描绘成"所有谜语的答案"一样，马克思也如此这般地谈论共产主义："共产主义是存在和本质之间，客观化与自我确证之间，自由和必然之间，个体与类之间的冲突的真正答案。它是历史之谜的答案并自知是这个答案。"

麦克莱伦还证实，莫泽斯·赫斯——是他最先把恩格斯引向共产主义——也谈到了在英国所面临的"灾变"，同时，在1842和1844年，布鲁诺的兄弟埃德加·鲍威尔也像马克思本人一样讲到了灾变的逼近："在国家的最深处，将要打开一个裂口，伴随着一次行将毁灭我们的官僚结构的震荡，它将推动被压迫的人们去反对受法律保护的利己主义。"而且，"批判不再只用观念反对观念，它将进入人反对人的领域……正是无财产者负有结束特权的使命。在旧政权统治下受苦最深的那些人——无财产者中，我们找到了进行变革的现实力量的现实起点。"这样，历史就将在共产主义中达到自己的顶点："在那里，一切都由公共占有，在那里，精神产品将平等分配，财产也必须公有。"

埃德加·鲍威尔的上述评述弄清楚了从宗教意味的灾变论到无财产

者自我解放的革命政治之间的小小环节:"正是无财产者负有结束特权的使命。"莫泽斯·赫斯的下述评论无论如何是非常正确的:"宗教和政治盛衰与共。"

千年王国的激情是那个产生出马克思主义的社会环境的一个组成部分,在马克思最接近的社会圈子里表现得很清楚。然而,这种激情的最富救世主意味的表现,与其说是存在于中产阶级的青年黑格尔派当中,倒不如说是存在于像威廉·魏特林这样的真正工人阶级激进分子当中。魏特林曾和马克思及其夫人有过联系,马克思曾想保持这种联系,但是后来终于和他断交。

因此,我的结论是,马克思的思想是对黑格尔与费尔巴哈哲学发展的延续和继承;除非把这些哲学理解为至少部分地是基督教的世俗翻版,不然是不能完全理解它们的。马克思主义和基督教作为一种对人类存在的解释在很大程度上具有同样的内容和功能。

向社会主义过渡的进化论和灾变论

正是马克思主义这种从根本上的模棱两可状况,也就是既与科学文化结合在一起,又和千年王国保持隐蔽联系的状况,揭示了科学的马克思主义和批判的马克思主义之间的区分的某些最深的根源。它们分别反映和产生了关于一般社会变革、特别是关于向社会主义过渡的截然不同的概念。在科学的马克思主义中,变革被看作是有机的,是新社会的胚胎在旧社会的母体内的一种缓慢增长。资产阶级从封建社会的城市结构以及后来的旧政权中的兴起,就是这种变化的一个缩影。

然而,在马克思主义中还有另外一种关于社会改造的概念,更具有批判的马克思主义的特征。这就是关于突然的和暴力的转变的概念。这种转变,像一道闪电一样把正常的社会世界劈开来,"这是人类从必然王国到自由王国的飞跃"(恩格斯语);这是把那个其生产力已为占统治地位的生产关系和财产关系所窒息的旧社会秩序一举推翻,把"人类的史前史"撇在后边,能做到这一点的只能是一次导向普遍解放的暴力性颠覆。《共产党宣言》仍然是激烈宣扬革命突变的富有鼓舞性的源泉:"共产党人不屑于隐瞒自己的观点和意图。他们公开宣布他们的目的只有通过暴力推翻一切现存条件才能达到。让统治阶级在共产主义革命面前发抖吧。无产阶级失去的只是锁链,他们得到的将是整个世界。"

可见,马克思主义一开始就有两种关于社会变革和向社会主义过渡的观点。科学的马克思主义的特征,是均变主义的,它倾向于渐进主义甚至议会主义;而且可以说是更为世俗化的。批判的马克思主义则更富于带灾变性的暴力革命的幻想。如果说第一种观点是建立在18世纪末19世纪初的新兴科学的基础之上,那么第二种观点则与千年王国日见衰退的激情共鸣。

可是,在这一点上,我们需要非常谨慎,不要宣布第一种观念因此就毫无疑义地更为先进、现代和合理,而第二种观念只和不合理与落后相联系。这里丝毫没有这种意思。正如已经指出的,早期的科学和神学有一个结合点,并极力促使和神学的和解,而且科学本身也准备着把千年王国论升华为一种"世俗的"空想主义。况且,千年王国论本身并不能简单地被看作是逃避主义的一种绝好形式或粗野的政治冒险主义的基础。它可能是那样,但也可能是那些经受过无数痛苦和灾难、一次又一次陷于政治失望的人们借以振作和团结起来,而不是各自无望地消沉下去的途径。千年王国的幻想,像巫术的仪式一样,能使人们摆脱由常规解决方法的无能所产生的失望。不管怎样,19世纪科学用均变说来否定灾变说,很可能是一种夸大,是由于要反驳宗教奇迹的创造者。如果说突然的灾变性变化发生在自然界是可以争辩的话,那么,它们发生在社会和历史中则是确定无疑的。

科学和科学的马克思主义

尽管考察了马克思主义的某些方面与千年王国论之间的连续性,但我主要强调的,不是马克思主义只不过是宗教的回声,而是它是宗教和新兴科学的综合物。然而,我指出这一情况,并不是要说马克思主义不适当地使科学屈从于自己的目的,没有对它作正确的理解,或者歪曲了它。马克思对科学的理解与当时某些科学家本人对科学的理解相比,如果说有什么区别的话,那也是马克思的理解常常更为深刻。马克思主义,尤其是科学的马克思主义之所以能成为它所成为的东西,主要是由于它接受了新的科学的前提。马克思主义是通过和新兴的自然科学结合而发展起来的。它对于社会科学之本质的考察,反映了新的科学前提,即意志和意识是派生的东西。马克思主义一方面包含有对新科学的大量内容的未加批判的接受,另一方面又把新科学的前提不加批判地转移到社会科学上去。因此,马克思主义需要一种要求把社会关系融合于和还原于自然科学的动力,科学的马克思主义就是为这种动力所驱使。这意味着,科学的马克思主义的前途是和它所接受的早期自然科学的范例密切联系在一起的。由于它所接受的科学是一种在历史上短暂的成就,19世纪中叶以后,当旧科学的范例发生变化时,科学的马克思主义本身便处在必须变化的压力之下。

马克思所依赖的基本科学范式是对大约 19 世纪中叶为止的科学的观点。在麦克斯韦的场理论出现后,情况便开始慢慢变化,而在 1905

年发表狭义相对论后,情况发生了根本性的转变。与旧的观点不同,麦克斯韦的场理论并不企图把事变归结于物质微粒之间的作用力。而爱因斯坦的相对论增加了这样一项前提,即观察总是从某种参照系中作出的,总是从某一坐标系的角度作出的,因而,能够观察到的东西将因其所选择的用作参照系的坐标系的不同而异,并从而因观察者所处的地位而异。

在狭义相对论中,曾经是"物质"的典型例证的"质量",变得可以用能量来代替了。这样,随着强调粒子运动的重要性的场理论的出现,随着强调观察活动对于参照系的依赖性的相对论的出现,以及随着质量与能量互换理论的出现,科学不再植根于"物质"的形而上学之上了。被观察的东西现在被看作是依赖于观察者所处的位置或他所选定的立场;因此,事态的任何合乎规律的或不可避免的后果只是相对于某一有限的参照系来说才是真实的,从而也只有在这个范围之内而不是在其他范围里,才是"必然的"。

因此,马克思的"唯物论"借以立足的科学观就有了根本改变。在这个时候,由于科学不再是一个必然的源泉,那些处于科学的马克思主义范围的人自然而然地开始受到冲击了,就是这样在同科学内部发展的联系中——以及在科学的社会地位中——开始了从科学的马克思主义向批判的马克思主义的运动。批判的马克思主义强调意志、选择、意识、观念、行为者决策、主动性和参照系的重要性。

由于科学日益同资本主义的工业和军事技术及其上层人物相结合,于是就有了日益增长着的把对资本主义的批判同对科学的批判结合起来的趋势。由于资本主义、技术、工业主义、军事和科学所有这一切都在制度上融为一体,对资本主义的批判就慢慢开始同对科学和技术本身的批判结合起来。

对旧科学范例的日益深入的内部批判，也为19世纪初期西欧浪漫主义的复活提供了一个基本源泉，这种浪漫主义总是在政治上极为模棱两可，对现代主义的左的和右的批判持不甚稳定的怀疑态度。浪漫主义现在可能会沿着两个方向发展：（1）向批判启蒙运动的方向发展，即赞美非理性和蒙昧主义，最终将造成纳粹主义和法西斯主义。或者是：（2）作为一种政治理论，它也可能发展成为一种带有卢卡奇的"革命救世主义"色彩的批判的马克思主义。批判的马克思主义，用一种更学究气的调子，会发展成为由法兰克福学派的批判理论所进行的对科学和工具主义理性的批判。

由于人们认为科学与工业和技术相结合，而技术又被认为和失业及工厂日常生活的毫无情感的非个性化相一致；由于科学和技术还同破坏性的社会变革和粗俗的唯物主义相联系，对科学的广泛的不安慢慢扩散开来，其范围远远超出了有教养的人道主义者。在19世纪末，科学不再像它在起初那样是一个温和的宗教神性的象征，而是日益同工业实力阶层和国家政权发生联系。它们开始被看作是国家权力的享有特权的仆人（"纯粹的技术专家"），或者是书生气地远离社会其他阶层，不愿为科学创新的社会后果承担责任。这些势力汇集在一起，扩大了科学本身范围内的危机，并引起了对科学的纯粹理性的更为广泛的信任危机。

显然，科学和科学观正在经历一次多方面的变革，随着这个变革，科学的马克思主义的知识基础被削弱了。科学和科学的马克思主义的危机，似乎是更大规模地向具有多种表现形式的唯意志论转变的各种征兆。

批判的马克思主义兴起的政治经济学

然而,科学的马克思主义和批判的马克思主义的命运决不只是同科学内部的发展、公众对它的态度的改变或哲学的发展有关。在马克思主义团体中和在更大的社会范围内,还有一些重要的经济的和政治的转变,也对科学的马克思主义的衰退和批判的马克思主义的兴起发生了作用。

虽然丝毫不能假定马克思主义的性质可以被看作是经济状况的反映,但是,在变革的经济状况和马克思主义的发展(特别是它从科学的马克思主义到批判的马克思主义的发展)之间的确存在着一种联系。应当注意的关键时期是 19 世纪后半叶和 20 世纪初叶,在这个时期中,出现了伯恩施坦的修正主义和从唯意志论出发对科学马克思主义的一种更为广泛的批判。

当马克思和恩格斯定居英国时,他们在 1848 年之前所经受过的萧条结束了。随之而来的是马克思在政治经济学领域完成成熟理论著述的关键时期。在 1850 年到 1873 年之间在欧洲出现了长期的经济回升,在这期间,马克思抑制了自己的灾变观点,而日益转向经济主义的结构主义观点。

在巴黎工人起义失败之后,1850 年 7 月,马克思和恩格斯提出了这样的观点,即在可以预见的最近的将来,革命是不可能的,不能指望很快会有回复,必须重新制定共产主义者同盟的任务,相应地把教育、研究和发展革命理论的工作提到首位。这就像是浇在流亡者幻想之火上的一盆冷水⋯⋯大多数流亡者甚至工人都反对他们。马克思和恩格斯退出了有组织的和实际的政治活动；恩格斯到曼彻斯特去挣钱维生，马克思则到不列颠博物馆重新开始他的经济学研究。

1857年，马克思开始把这些研究初步综合成一套7本的笔记，即所谓的《政治经济学批判大纲》，为他的《资本论》作了准备。虽然1857年发生了第一次纯粹的资本主义危机，这一年经济危机广为扩散，使得马克思一家蒙受很大的经济困难，但是，它确实也是在一个经济大幅度增长的时期之后到来的。1858年10月8日，马克思从伦敦致书恩格斯，讲到了"在这个时候世界贸易的有利转机。"同年，马克思开始写作《政治经济学批判》，第二年发表了该书的第一部分。1860年，他从事第二部分的写作，这一部分到最后也没有完成。还是在这一年，马克思读到了达尔文的著作，并在11月19日致恩格斯的一封信中写道："这是一部包含有我们哲学的自然历史基础的著作。"1862年，马克思从事《剩余价值理论》的写作；1865年，他撰写并作了《工资、价格和利润》的演讲，并于一年以后开始准备出版《资本论》第一卷，该书于1867年9月问世。

次年，他开始写作第二卷。爱·伯恩施坦指出，第二卷的某些章节必定是完成于1870年和1878年左右，而第三卷的某些章节则写于更早的1864年到1865年。简言之，《资本论》几卷的许多也许是大部分材料似乎是在"长期萧条"（开始于1873年）开始之前，即在1850到1873年的大回升期间写成的。的确，他的《法兰西内战》发表于1871年，这是一部关于当年巴黎公社起义的著作，对于这次起义，马克思曾极力反对。恩格斯的《反杜林论》（马克思为之写了第十章的第一部分）写于"长期萧条"开始之后的1877年，但是，恩格斯这部著作的主要背景毫无疑问地是马克思最后27年的经济学研究和在马克思指导下的那些出版物。

仅仅在巴黎公社战士遭到大屠杀一年之后,在 1872 年,马克思在海牙出席了第一国际的最后一次代表大会,在这次会议期间——在他的正式讲话和后来报纸的陈述中——他重申:"你们知道,必须考虑到各国的制度、风俗和传统;我们也不否认,有些国家,像美国、英国——如果我对你们的制度有更好的了解,也许可以加上荷兰,——工人可能用和平手段达到自己的目的。"

可见,后来第二国际的渐进的社会主义,实际上是对先前马克思本人的某些思想发展的延续;继 1883 年马克思的逝世和后来恩格斯对伯恩施坦和考茨基的影响之后,这种渐进的社会主义在 1873 至 1896 年的"长期萧条"期间滋生出来。正是在这个时期、指望资本主义将由其自身必然的内在矛盾所毁灭的观点,在德国社会民主党人中间占了上风。然而,长期萧条结束后几年,从 1898 年到 1899 年,伯恩施坦向灾变说展开了进攻:"我反对这样的观点,即我们必须在短期内指望资产阶级经济的崩溃,并用这样一个临近的、巨大的社会变动的前景来诱使社会民主党使自己的策略适应于这样一种假想"。

伯恩施坦补充说,已在几年前即 1895 年逝世的恩格斯本人就"彻底认识到,基于大变动假想之上的策略已经过时了。"伯恩施坦关于社会主义算不了什么、社会主义运动就是一切的论点,显然带有反对千年王国论的色彩:"我从不对未来抱有过分的兴趣……我的思想和我的努力所关心的是当前的任务。"

我指出伯恩施坦的反对灾变论的修正主义出现在大萧条结束后不久,并不是要说它是同德国社会主义政党的先前发展的决裂。至少从 1887 年开始,德国工人的实得工资或实得货币工资都有所增加——尽管当时是大萧条——，一直到大约1909年左右。在这一期间，德国的总产品和单位资本的物质产量大大增长了。与此同时，随着成为一个合法政党和在选举中得到日益增多的支持，德国社会党人的议会成员增加了。这样，到1891年爱尔福特大会时，一大批社会党人被吸引到了议会改良和渐进主义方面。

因此，伯恩施坦只是最公开地表述了先前的一项发展。特别是，伯恩施坦把这一经济和政治发展的理论结论纳入到他对马克思的公开批评中。伯恩施坦注意到阶级斗争远没有达到像《共产党宣言》所预言的那种程度，坚决反对主张自发的经济崩溃会导致社会主义的灾变论。尽管有许多社会主义者同他观点一致。但是他还是被否定了，因为当时人们都不能使自己公开同马克思决裂。

于是，关键就在于，全欧洲的社会主义者当时都看到了几次经济衰退的周而复始并没有导致经济的总崩溃。他们看到工人阶级的苦难不是日益增长了，而是随着资本主义经济的扩张实际工资增加了，劳动时间减少了。简言之，经济并没有像马克思所预言的那样两极分化。富人的确更富了，财富有了大的集中，但是工人阶级并没有变得越来越穷，而是生活状况稳步地得到改善。正是在这一背景下，在许多欧洲社会主义者中间出现了这样一种观念，正如乔治·索列尔所指出的那样，马克思主义中的某些东西出了严重的问题，正是由于这样一个政治的和经济的发展过程，在更大的社会范围内及在马克思主义团体的争论中，像卢卡奇这样的左派社会主义者开始对马克思主义作唯意志论的重新解释，把它看作是对"总体"的研究，并准备丢弃"经济的"优先地位。

唯意志论，温和的和革命的

大概是由于殖民主义的扩张，长期萧条于 1895 年结束了，其后的资本主义经济好像获得了新生。这时，旧的灾变理论甚至比在大萧条时期更不适合日常生活。随着资本主义的成长和稳定，某些马克思主义者开始怀疑现在革命是否必要，而另一些马克思主义者则怀疑它是否可能。资本主义的发展和稳定引起了马克思主义团体内部的危机，其集中表现就是伯恩施坦对科学社会主义关于资本主义经济的内在矛盾将导致无产阶级苦难的日益加剧，导致经济崩溃和社会主义革命的假说的挑战。罗莎·卢森堡以她一贯的洞察力接触到了伯恩施坦在马克思主义内部引起的问题的根子，她指出，他"是通过放弃资本主义崩溃的理论开始修正社会民主党的"。问题在于，"资本主义崩溃的理论……是科学社会主义的基石"。

按照卢森堡的观点，伯恩施坦所作的是攻击相信社会主义不可避免性的根据，特别是这些根据在马克思那里是一种经济的必然性。伯恩施坦问道："为什么要把社会主义说成是经济强制的结果呢？为什么要贬低人的理解力、人对正义的感情、人的意志呢？"可见，伯恩施坦的修正主义是建立在一种温和的唯意志论基础之上的。

不能把由于修正主义的挑战和左派对它的斗争而发生的事情，看作是对旧的科学马克思主义的一次成功的捍卫或者是科学马克思主义的复兴。击败伯恩施坦是一回事，要恢复过去的正统却完全是另一回事。左派只是在第一件事上取得了胜利，而没有在第二件事上取得胜利。

相反，列宁在他所挽救的科学马克思主义中加进了先锋党的政治主动性,这同样是一种唯意志论。这样,继伯恩施坦向科学马克思主义挑战之后所发生的事情,就是两种唯意志论的分裂:修正主义的社会民主党的温和的唯意志论和革命的列宁主义的普罗米修斯式的唯意志论。如果说列宁主义者虽然反对伯恩施坦对于资本主义崩溃和社会主义兴起的不可避免性的批评,但他们还是采取了诸如组织布尔什维克党这样的步骤,以便使他们不必等待资本主义的崩溃,因为他们注意到他们自己的经济还不成熟,离成熟的资本主义的致命性矛盾还远得很。

所以说,列宁和伯恩施坦一样是修正主义者,而伯恩施坦也和列宁一样是唯意志论者。的确,两人由于几乎同样的原因而转向了唯意志论。伯恩施坦是由于不再认为资本主义不可避免地导致工人阶级的"日益增长的苦难"并从而不可抗拒地导致革命;而列宁则是由于不相信资本主义必然会把工人阶级引向社会主义的意识并从而引向革命。两人都不再认为革命是植根于经济必然性之中的。两人有共同的设想(批判的马克思主义也与他们一样),即认为社会状况不是在自发地向人们渴望的社会主义的结果演化,这和科学的马克思主义宣扬"历史站在我们一边"的那种乐观主义的形而上学的情绪,恰恰相反。批判的马克思主义者怀疑等待只能削弱自己而使敌人更强大,他们不愿把向社会主义的进军推迟到经济条件成熟之后(像科学的马克思主义所主张的那样)。因此,他们对于那些工业落后的发展中地区的激进分子来说,是有吸引力的。

因此,当马克思主义被纳入到强大而有组织的工人阶级的活动轨道上时,它的千年王国论的因素和空想的因素就被削弱了。由于创造了达到工人阶级目标的有组织的工具,马克思主义的空想的千年王国论的冲动便让位于在资本主义范围内改善工人阶级处境的更加经济主义的关心。由于工人阶级自己的组织形式是在一个日益扩张的经济内部发展起来的，又由于这些组织形式使它在改善自己的状况方面能取得某些成功的经验，工人阶级开始不怎么指望通过它自身之外的机制来获得改善。他们学着依靠自己，于是向一种肯定他们自己努力的重要性的理论靠拢，向一种反映他们自己的努力与他们不断增强的自信心的适度成功的唯意志论靠拢。这种温和的唯意志论也适合他们的知识分子同盟者的胃口，这些人能够在新闻出版界、在议会政治中以及在政党和工会组织中有所作为。

当马克思主义传播到没有什么强大的工人阶级、只有小规模工会运动的不发达地区时，它所包含的千年王国论和空想的因素又重新抬头。不发达国家为一种不同的马克思主义所吸引，这种马克思主义强调意识和受意识指导的决定性斗争——不只是道义选择——的力量和主动性。这种马克思主义反映了知识分子天生具有的唯意志论的观念，即强调思想的力量的观念。在知识分子未受到成熟的和有组织的无产阶级、发达的资产阶级、有活力的土地贵族的限制的地方，这种观念又焕发了新的活力。在这种情况下，如果知识分子谋求从事一项革命事业，他们必须、也能够更加彻底地使自己的活动公开化。这里的知识分子，按照列宁主义的方式把自己定义为"职业革命家"，定义为革命进程的最核心的部分，定义为社会主义意识的真正源泉，并发展出一种更直接的独裁的唯意志论。

小　结

马克思主义的灾变说形成于 1848 年之前，它受到了当时经济萧条的巨大灾难的影响，受到了存在于工人阶级和"有教养的"阶级中间的正在衰落的今世千年王国论复兴的影响。马克思早期的灾变说是如此之强烈，以至于在某些表达方式中它被认为是一种总体的普遍的革命。

当马克思移居伦敦后，在马克思主义面临1850—1873年的根本回升时，对即将来临的革命的预期便消逝不见了。马克思后来对政治经济学的研究一定是用新的经济增长和繁荣调整了他先前的灾变说，因为新的经济增长和繁荣是与革命即将来临的预言相矛盾的。关于资本主义的力量在增强的观点反映在《资本论》的结构中和它所转述的关于经济结构的力量的偶然因素之中。与此同时，《资本论》也为先前的灾变说提供了一个新的"科学"依据。因此，如果说1850—1873年的繁荣对于革命者来说是一个不好的消息的话，那么《资本论》则可以看作是对他们的安慰：《资本论》实际上说，这种繁荣，不会把革命者压倒，因为它只是暂时的。革命者不必丧失革命的希望，但是必须等待时机为革命做好准备，因为资本主义的基本经济结构及其矛盾保证会有一次新的巨大的崩溃。因此，繁荣只能使革命暂时离开自己的进程。资本主义结构性矛盾的真正本质将不可避免地导致工人阶级日益增长的灾难，导致资本主义生产关系对生产力的窒息。因此，目前的稳定只是一种暂时没有爆发的火山的稳定。

于是，科学的马克思主义就是：它是为克服由1848年革命的失败所产生而又被1850—1873年的繁荣所扩大了的对革命信念的威胁所作的一种努力。为此它为经济稳定只是暂时的、事物的不可抗拒的趋势有利于革命的这种信念提供了一个合理的基础。但是，在这个新的结构中，巨变开始被推延到一个无法确定的未来。通过强调即将到来的崩溃的不可避免性，《资本论》的创作艺术把注意力从这一崩溃不再是即将临近的这一事实上转移开去。这是人所熟悉的"即将到来"的预言未能实现的"千年王国论"的修改过程，简言之，科学的马克思主义体现千年王国论的同时，也阉割了这一理论。

德国社会民主党在政治上继续了科学的马克思主义对灾变论的阉割。它对于自动崩溃理论口头上说些好听的话，却不再期待它立即到来，而是开始在现存的框架中适应各种机会。尽管长期萧条可能会使革命的希望暂时复活，但是，当巨变不再变得显而易见的时候，它彻底削弱了灾变说，最后在修正主义的打击下毁灭。当革命还未到来大萧条就已结束之后，修正主义者可能会公开抛弃灾变说，而另一些仍然忠于马克思的社会主义者自己也将会这么想。

在长期萧条期间，西方工人阶级学会了组织工会和政党，学会了动员选举中的追随者。这样的工人阶级不再需要千年王国的希望，而是现在能够依靠自己的实际努力了。这样，在中欧自动崩溃理论和科学的马克思主义的削弱就会让位于一个温和的唯意志论的浪潮。但是，在东欧，科学的马克思主义还一直是麻木不仁的一个源泉而不是其解毒剂。列宁的唯意志论的见解，他那以工人阶级不能自己产生出社会主义意识为前提的革命先锋队理论，体现了灾变说的一个新的开端。

但是，在这个不发达地区，灾变的不可避免不再被看作是由于资本主义经济结构的矛盾，而是逐渐以政治和军事组织所产生的作用为基础。所以，当第一次世界大战爆发时，列宁欢欣鼓舞。后来毛泽东宣称，枪杆子里面出政权，而卡斯特罗则组织了他的军事纵队。现在，战争起到了其职能和在资本主义经济结构基础上产生的危机相似的作用，并作为批判的马克思主义的灾变说的新的根据而发挥着作用。

（A.古尔德纳《两种马克思主义》纽约1980年版第五章）

（成少森、荣剑 译　南山 校）

作为意识形态的马克思主义[*]

俄罗斯科学院院士、哲学家特·伊·奥伊泽尔曼在俄罗斯《自由思想》杂志1999年第3、5两期上发表题为《作为意识形态的马克思主义》的文章。作者针对俄罗斯一些学者完全否定马克思主义的情况,提出将作为分析社会历史的科学理论的马克思主义和作为无产阶级意识形态的马克思主义区分开来,并在文章中着重对马克思主义的意识形态结论进行批判性分析,认为这是发展马克思主义科学内容所必需的。作者的观点反映了当前俄罗斯马克思主义研究的一派观点,全文共3节,第1节内容已于本刊1999年第10期发表,现将第2、3两节主要内容介绍如下。

早期工业资本主义时代无产阶级的意识形态

马克思恩格斯在创立他们的学说时,所依据的不仅是以往的社会主义理论,还有证明工人阶级反对雇主—资本家斗争的种种事实。他们指出了资本主义生产的迅猛发展,同时也证明,在资本主义条件下,社会财富的增加不可避免地会加剧这一财富创造者的贫困化。他们在《神圣

---

* 本文选自《国外理论动态》2000年第4期。

家族》中谈到无产阶级由于工业革命而生活在非人的状况之中。他们确信，在西欧国家工业资本主义形成时代资本主义关系的非人性，孕育着反资本主义的社会革命，因为无产阶级不仅在理论上意识到自己已经失去了人的自身，"而且还直接由于不可避免的、无法掩饰的、绝对不可抗拒的贫困……的逼迫，不得不愤怒地反对这种违反人性的现象，由于这一切，所以无产阶级能够而且必须自己解放自己"①。马克思恩格斯从这一观点出发考察1830年至1840年的工人起义，认为这不只是无产阶级因极端绝望而发起的行动，而是对资本主义堡垒发起革命冲击的开端。

马克思在评价1844年爆发的西里西亚织工起义时更加确信，工人阶级正在意识到无产阶级革命的必要性。但实际上西里西亚织工起义并不含有任何消灭资本主义制度的意图。马克思为什么会这样理解西里西亚织工起义呢？原因在于他和恩格斯根据工业革命以来欧洲劳动人民生活状况日益恶化的事实，确认资本主义的进一步发展不会使无产阶级的状况得到丝毫改善，无产阶级日益加剧的贫困化是资产阶级社会生产力发展的必然结果。

恩格斯的《英国工人阶级状况》在论证这一理论方面有很重要的意义。他在书中描述了英国工人劳动与生活的恶劣条件，并得出结论说："惟一可能的出路就是暴力革命，毫无疑问，这个革命是不会让人们长久等待的。"②马克思在1847年伦敦的一次群众集会上也得出同样的结论，他断言："整个旧社会都已经不复存在了。……英国的无产阶级和资产阶级之间的对立最为尖锐。因此，英国无产者对英国资产阶级

---

① 《马克思恩格斯全集》第1版第2卷第45页。
② 《马克思恩格斯全集》第1版第2卷第548页。

的胜利对于一切被压迫者战胜他们的压迫者具有决定意义。"①

《共产党宣言》总结了这些革命的预言，并尝试对这些预言进行社会学论证，而这个论证的根据是历史唯物主义原理。《共产党宣言》断定，资产阶级社会所创造的生产力已经与资产阶级的生产关系发生冲突，资本主义生产关系已经成为生产力进一步发展的桎梏。但《共产党宣言》的作者也不能不承认资本主义生产飞速发展这一明显的事实，他们说："资产阶级除非对生产工具，从而对生产关系，从而对全部社会关系不断地进行革命，否则就不能生存下去。"② 由此可见，生产关系会随着生产力的发展而发生改变（甚至是革命化），那么生产力与生产关系之间怎么还会有冲突呢？

显然，承认资本主义社会生产力的迅速发展是与断言资本主义生产关系束缚生产力的发展相矛盾的，因此为必须立即进行反对资本主义的革命这一结论作社会学论证是站不住脚的。马克思恩格斯仍然坚持认为革命的时刻正在来临，因为无产阶级的生活状况已经使它难以忍受，"从这个阶级中产生出必须实行根本革命的意识，即共产主义意识"③。无产阶级具有共产主义意识这一论断，不论是在《共产党宣言》中，还是在马恩后来的著作中，都没有得到应有的具体论证。与其说它是结论，不如说它是一个公设。马克思主义的共产主义学说就是从这个公设中产生出来的。

1848—1849年革命失败以后的几十年，是欧洲资产阶级社会相对和平发展的时期。工业革命继续发展，席卷了越来越多的生产领域。工

---

① 《马克思恩格斯选集》第2版第1卷第309页。
② 《马克思恩格斯选集》第2版第1卷第275页。
③ 《马克思恩格斯全集》第1版第3卷第78页。

人运动越来越有组织性，这尤其是因为工会在西欧各国取得了合法地位。马克思在《1848年至1850年的法兰西阶级斗争》中指出："在这种普遍繁荣的情况下，即在资产阶级社会的生产力正以在整个资产阶级关系范围内所能达到的速度蓬勃发展的时候，也就谈不到什么真正的革命。"① 但是仅仅在几行之后，马克思又信心十足地宣称："新的革命，只有在新的危机之后才可能发生。但它正如新的危机一样肯定会来临。"②

此后不久，马克思和恩格斯极大地改变了自己的观点。他们放弃了不断革命论，承认无产阶级革命不再是近在眼前的事。马克思不再像40年代那样，认为英国工人的宪章运动将最终导致无产阶级革命，而是清醒地把它看作在资本主义框架内争取民主改革的斗争。

马克思恩格斯曾痛苦地指出，最发达的资本主义国家的无产者绝对无意于进行反对现存制度的革命斗争。例如，恩格斯在1879年6月17日给爱·伯恩施坦的信中说："英国的工人运动多年来一直在为增加工资和缩短工作时间而罢工的狭小圈子里无出路地打转转，而且这种罢工不是被当作权宜之计和宣传、组织的手段，而是被当作最终的目的。"③ 关于英国工人资产阶级化这一思想，也即关于工人阶级准备与资本家统治阶级进行妥协的思想，在恩格斯于1889年12月7日给弗·左尔格的信中得到进一步发挥，他指出，"最可恶的，就是那种已经深入工人肺腑的资产阶级式'体面'。"④

---

① 《马克思恩格斯选集》第2版第1卷第470页。
② 《马克思恩格斯选集》第2版第1卷第471页。
③ 《马克思恩格斯全集》第1版第34卷第352页。
④ 《马克思恩格斯全集》第1版第37卷第316页。

恩格斯的这些表述与1845年《英国工人阶级状况》中对英国无产阶级的描述有惊人的区别。当然，这种区别不能仅仅归结为在看法上的改变，因为发生了根本变化的是英国工人的状况。他们通过利用自己在资产阶级民主社会里争取到的公民权，使劳动条件得到显著改善，工资提高了，工时缩短了。

在90年代，恩格斯认为，在民主发达的资本主义社会的框架内以和平手段实现社会主义改造是有可能的。他说："可以设想，在人民代议机关把一切权力集中在自己手里、只要取得大多数人民的支持就能够按照宪法随意办事的国家里，旧社会可能和平地长入新社会，比如在法国和美国那样的民主共和国，在英国那样的君主国。"① 但是，在承认和平地实现社会主义改造的可能性的同时，恩格斯也认为，如果占统治地位的资产阶级采取暴力来对待和平的社会主义改造时，仍然必须采用暴力革命方法。

恩格斯之所以承认在资本主义的框架内有可能以和平方式实现社会主义改造，与他对无产阶级在资本主义社会改变了的状况的理解有关。以往完全处于无权状态的无产阶级获得了公民权，包括组织工会和罢工的权利，工作日被依法缩短了。马克思恩格斯在《神圣家族》、《德意志意识形态》、《共产党宣言》等著作中所描述的工人阶级的特点，已在很大程度上与19世纪末具有发达民主制度的资本主义国家工人阶级的实际状况不相符合了。

第二国际的重要理论家卡·考茨基断言：社会主义信念、社会主义思想不会在工人运动中产生出来并得到成熟，它们是由这些思想的宣传者，由革命知识分子从外部灌输给工人运动的。这一结论显然是对马克

---

① 《马克思恩格斯全集》第1版第22卷第273页。

思恩格斯关于无产阶级具有社会主义本性这一基本原理的修改。这一结论被列宁所接受并在其著作《怎么办》中得到系统发展。列宁的基本思想是：无产阶级的阶级意识就其内容而言不是社会主义性质的，因为无产阶级在资本主义社会中的地位使得它只知道要求改善劳动条件，增加工资，等等。因此列宁断然声明："阶级政治意识只能从外面灌输给工人，即只能从经济斗争外面，从工人同厂主的关系范围外面灌输给工人。"①

我们已经指出，马克思恩格斯在一定程度上意识到了资本主义社会中无产阶级的状况和利益的根本改变，并提出在一定条件下进行和平社会主义改造的可能性问题，但即使在这种情况下，他们仍一如既往地深信无产阶级无论如何将以与资本主义制度有根本区别的共产主义制度来取代资本主义制度。

但是，20世纪的历史经验证明，无产阶级与其他劳动阶层努力实现的改良目标并不是反对资本主义制度的经济基础，工人阶级及其政党（社会民主党）没有把废除生产资料私有制作为自己的任务。历史条件发生了根本性的改变，这种改变无论如何都与马克思主义对资本主义发展的分析以及建立在这一分析基础上的预言不相吻合。资本主义国家发展的全部历史进程表明：作为意识形态的马克思主义表达的是早期工业资本主义时代无产阶级的状况和利益。

---

① 《列宁选集》第3版第1卷第363页。

作为科学理论的马克思主义与作为意识形态的马克思主义

毫无疑问，说马克思主义仅仅是意识形态是错误的。马克思主义首先是社会发展理论，同样也是经济理论。这一理论有科学性，它自身所包含的某些错误不能使它失去科学的地位。科学认识的历史证明，所有科学理论自身都含有这样或那样的错误，错误被以后的科学发展所克服，自然地提高了这些理论的科学意义。

我国的大部分学者曾依据马克思主义从事研究，令人出乎意料的是，他们突然拒绝马克思主义或者甚至成为马克思主义的积极的反对者。然而，一些与马克思主义相距甚远的资产阶级研究者却经常强调马克思主义学说的科学意义。例如反共的美国政治学家布热津斯基这样评价马克思主义："马克思主义是当时最先进最进步的分析社会发展进程的方法……"美国著名社会学家 P. 米尔斯说："如果不理解马克思主义的思想，无论谁都不可能成为社会科学领域真正的学者。"另一位美国的马克思主义研究者 A. 古尔德纳写道："马克思主义理论的意义在于它是理解 20 世纪革命的动荡世界的关键，尽管这一知识不能取代历史的研究。"

为了完整地评价作为科学理论的马克思主义的意义，必须把它与那些意识形态结论分开，这些结论属于发达资本主义国家已经走过的历史阶段。马克思主义的非意识形态化是个复杂困难的研究任务，但解决这一任务是为现代社会科学保存马克思恩格斯的杰出发现所绝对必需的。历史唯物主义就属于这样的发现。

历史唯物主义对历史过程决定性基础的理解为富有成果地研究历史必然性提供了钥匙。没有必要进一步考察历史唯物主义的原理，因为我们的任务是要揭示这一学说的意识形态意向，也即揭示那些为了保留其基本的科学内容而应该加以克服的东西。

历史唯物主义断言，生产力的进步必然与生产关系发生矛盾，其结果将导致新的生产关系借以建立的革命。马克思主义的奠基人把他们当时的资产阶级社会看作生产力已经与资产阶级生产关系发生冲突的社会，由于这种冲突，通过革命来取消这些生产关系具有了直接的刻不容缓的必要性。这种信念在马克思恩格斯的早期著作中，也即在马克思对资本主义经济进行系统研究以前很久就有论述。在马克思恩格斯从事活动的时期，生产力得到急剧的发展，它证明资本主义的生产关系在尽一切可能促进着生产力的进步。但马克思和恩格斯仍在年复一年地重复早年的结论，继续断言资本主义的生产关系在束缚着生产力的发展，通过革命来消灭这些生产关系是近期之内刻不容缓的事情。

马克思和恩格斯持续不断地重复已经被他们充分认识到的、被资产阶级社会生产力的急剧发展所推翻了的论点，这种情况该如何解释？在这里，可能的解释只有一个，即历史唯物主义的意识形态功能，它所得出的共产主义结论，引起了一种虚幻的信念——资本主义的生产方式气数已尽，消灭这种生产方式是最近将来的一项客观上决定了的任务。

我们将简要地考察一下马克思本人作为"资本主义积累的一般规律"表述的他的经济学说的主要意识形态意向。按照这一规律，资本主义积累"在一极是财富的积累，同时在另一极，即在把自己的产品作为资本来生产的阶级方面，是贫困、劳动折磨、受奴役、无知、粗野和道德堕落的积累"①。这一被马克思作为无产阶级绝对和相对贫困化规律加以描述的规律建立在一系列论据的基础之上，这些论据值得注意。例

---

① 《马克思恩格斯选集》第 2 版第 3 卷第 749 页。

如，马克思断言，机器生产的运用将既导致劳动生产率的提高，也导致劳动力价值的降低以及由此而来的无产者实际工资的减少。因为资本主义的发展，资本主义的进步，伴随着劳动生产率的不断提高，所以劳动力价值的降低，与此相应，也就具有经常性。此外，马克思还断言，机器生产的运用还有一个直接的后果，这就是劳动时间的延长，因为资本家们所关心的自然是机器的不间断的使用。

应该指出，马克思的这些结论反映了工业革命时代和随之而来的那个历史时期的实际情况。但是，马克思的错误在于，他把早期工业资本主义的特点扩展到了后来资本主义生产方式的一切发展时期。

马克思除引用说明早期工业资本主义特征的那些事实外，还试图运用理论论据，运用对资本主义生产的实质的经济分析，来论证无产阶级绝对和相对贫困化"规律"。

马克思在《雇佣劳动与资本》中写道："工资和利润是互成反比的。资本的份额即利润越增加，则劳动的份额即日工资就越降低；反之亦然。利润增加多少，工资就降低多少；而利润降低多少，则工资就增加多少。"① 根据这一原理，资本利润的任何提高都意味着工人工资的降低。在《资本论》中得到进一步发展的这一原理，只是在劳动生产率不变因而剩余价值率也不变的情况下才是正确的。但既然资本主义生产以劳动生产率的不断提高（因而也是剩余价值率的不断提高）为特点，那么资本家的利润的增长与工人实际工资的提高也就完全可以同时实现。资本主义的历史，特别是无产阶级为改善劳动条件和提高工资的斗争，完全证明了这一未被马克思承认的结论。

马克思还在《资本论》中提出"利润率趋向下降"的规律，以说

---

① 《马克思恩格斯选集》第 2 版第 1 卷第 353 页。

明无产阶级的贫困化问题。他指出："随着资本主义生产方式的发展，利润率会下降，而利润量会随着所使用的资本量的增加而增加。"① 一方面，这一规律是工人阶级状况不断恶化的一个原因，另一方面，它也是资本主义生产以自己的发展破坏着自己的基础的证明。他认为，资本主义生产方式的限制表现在：劳动生产力的发展使利润率的下降成为一个规律，这个规律在某一点上和劳动生产力本身的发展发生最强烈的对抗……②

马克思的这些经济学结论被其问世后资本主义一个多世纪的发展完全推翻了。无论是马克思还是其他任何研究者都未能预见到资本主义科学技术进步的规模，这种科技进步把劳动生产力提高了许多倍，进而防止了资本利润率降低的趋势，为它的前所未有的提高创造了条件。这样一来，马克思旨在证明资本主义的发展破坏着自己的经济基础和动力的尝试，最终成为错误的意识形态信念。它基于一个未经证明的认为资本主义时代正在走向终点的设定。

我在上面举例说明了马克思主义奠基人的意识形态迷误，同时指出了马克思主义非意识形态化的必要性。对现代哲学和社会科学来说，这些内容的发展毫无疑问是绝对必要的。

（樊锐 编写）

---

① 《马克思恩格斯全集》第1版第25卷第276页。
② 参见《马克思恩格斯选集》第2版第2卷第465页。

在马克思、马克思主义和种种马克思主义之间

——马克思理论的几种解读方式*

〔德〕英格·艾尔伯

一

下述评论的目的,在于粗略地概括马克思理论的几种重要解读方式。为此,应当根据一些经过选择的主题范围,对相对来说彼此界限清晰的各种马克思主义进行描述,并以那些通常意义上的"某种"马克思理论为着眼点,对这些解读方式的影响史或影响力做出评价。

对此,要抱着意识形态批判的目的,区分开迄今占支配地位的、对马克思的执政党式解读(即传统的马克思主义或单数的马克思主义,如果人们愿意这样说的话)与解读马克思时各种持不同政见的、批判的形式(复数的马克思主义)及其"回到马克思"的各种要求。前者可以理解为某种被限定和歪曲的马克思解读的过程和产物。它部分来自于马克思著作中的"通俗"层面,演绎出国民经济学、历史理论和哲学中的各项传统范例。它为资本主义生产方式的玄虚所迷惑,经由恩格斯、考茨基等人的系统化、教条化,最终融入马克思列宁主义这一正统

---

* 本文选自《马克思主义与现实》2003 年第 6 期。本文编译自 www.rote-ruhr-uni. org,作者是该网站的工作人员,曾在德国波鸿鲁尔大学从事哲学研究工作。

科学。

尤其值得一提的是西方马克思主义和解读马克思的新方式,它们大多超越了制度化的、因循渐进式的研究过程,由孤立的理论家们以某种"深层马克思主义"的风格塑造出来。它们强调了马克思的社会分析和社会批判中的"深奥"内容。

对此,几个言简意赅的论点想必就足以刻画这两种解读方式的特征了。首先尤其是要完全舍弃由卡尔·科尔施率先提出的"将唯物史观应用于唯物史观自身"这一苛刻设想,因为它超出了纯粹观念史的描述以及理论的内在批判,并从意识形态批判角度审视了历史的实践形式同马克思主义理论形态之间的联系。这里可以舍弃对马克思的和马克思主义的一般批判式的解读加以区别对待的做法,因为这些解读方式中的马克思大多同传统马克思主义者心目中的马克思形象完全一致。

我将从传统马克思主义的学阀式解释模式入手,并在结束论述时才对在我看来是马克思著作本身的系统的基本目的做出一些积极的规定。这样做首先是因为,只有经过向西方马克思主义和解读马克思的新方式的学习过程,才能形成一种解读马克思著作的与众不同的方式。

二

虽然说"马克思主义"这一概念可能是由德国社会民主党人弗兰茨·梅林于1879年最早提出的,用于标志马克思理论,并且直到19世纪80年代末才被"马克思学说"的批评者和拥护者用作斗争概念,但"马克思学派"(考茨基语)形成的公认的标志,是1878年弗里德里希·恩格斯《反杜林论》的出版,以及随后主要是卡尔·考茨基、爱德华·伯恩施坦等人对这一著作的接受。尽管恩格斯的著述中没有出现"马克思主义"或"辩证唯物主义"这些概念，即没有出现传统解读方式中给自己贴标签的做法，却也给马克思主义的和反马克思主义的整整几代读者提供了一种解释模式。通过这种解释模式，马克思的著作为人们所认识。尤其是恩格斯对马克思的政治经济学的评述——《卡尔·马克思〈政治经济学批判〉》（1859）、晚期著作《路德维希·费尔巴哈和德国古典哲学的终结》（1886）以及《资本论》第三卷的增补（1894/95）都赢得了一个很难再给予更高评价的影响史。特别是《反杜林论》被刻画为马克思理论的教科书以及对"马克思主义世界观"的正面描述。考茨基认为，没有哪本书像这本书一样，为理解马克思主义做出如此之多的贡献。马克思的《资本论》或许更有力；但是，读了《反杜林论》，我们才学会了去正确阅读和理解《资本论》。列宁认为，它是"每个觉悟工人必读的书籍"之一。①

对此，有一种情况也许可以表明"某种"马克思主义历史的一般特征：经典理论文献的创始人认为，"自己以命名者自居……是无益的……命名者不是真正的发言人"②。马克思主义在很多方面是恩格斯的杰作，因此原本是某种恩格斯主义。这里只列举可能与意识形态化地、狭隘地解读马克思的方式密切相关的两点。

---

① 《列宁选集》第 3 版第 2 卷第 310 页。
② 乔治·拉比卡：《马克思列宁主义——一种批判原理》，1986 年柏林版第 113 页。

1. 本体决定论趋势

科学社会主义是作为本体论体系,即"关于普遍联系的科学"① 构想出来的。这里,唯物辩证法起到了"自然、人类社会和思维的运动和发展的普遍规律的科学"② 的作用;在恩格斯,自然起到了"辩证法的试金石"③ 的作用。但恩格斯对辩证法基本特征的阐释恰恰缺乏主客体之间的辩证法,仅此就造成他在社会历史发展与自然现象之间做出错误类比。"否定之否定"或"质量互变"是从水的物态转变或大麦的生长变化中总结出来的。辩证法本应对立于静止的观察方式,揭示一切存在的"发生和消灭"④,但却回溯到传统的意识哲学的二分法中去,就像所谓的哲学"基本问题"——在"思维和存在"的关系中,什么是第一性的——分裂为"两个系列的规律"⑤,即"客观的"辩证法和"主观的"辩证法,而主观的辩证法被理解为只是对客观的辩证法的消极反映。这里显然已经论证了质朴的实在论,即后来由列宁等人系统化了的反映论。它沉溺于经社会中介物被物化了的直接性假象,沉溺于对自在之物的崇拜,而这种自在之物只有依靠具有历史规定性的人类行为的联系才存在。这样一来,"从物质到意识和从意识到物质"成了实践概念,成为主体对客体的中介这一概念。而意识形态批判的思考也就很难

---

① 《马克思恩格斯选集》第 2 版第 4 卷第 259 页。
② 《马克思恩格斯全集》第 1 版第 20 卷第 154 页。
③ 《马克思恩格斯全集》第 1 版第 20 卷第 25 页。
④ 《马克思恩格斯全集》第 1 版第 21 卷第 308 页。
⑤ 《马克思恩格斯全集》第 1 版第 21 卷第 337 页。

列入这个范式中。当然,在恩格斯晚年的著作中,也还存在各种矛盾心理和实践哲学的动机,而这些矛盾心理和动机都被他的追随者们清除了。尽管如此,恩格斯将当时的自然主义和唯科学主义联系起来,将重点从社会实践理论转变为某种沉思冥想的、反映论的发展学说上来,从而为机械地和宿命地理解历史唯物主义铺平了道路。

可以说,在19世纪欧洲社会民主政治中,庸俗进化论几乎是无所不在的现象。因此,对于考茨基、伯恩施坦和倍倍尔来说,决定论的发展概念和无产阶级的使命这一革命形而上学成为马克思学说的核心:人类要服从一个"可用自然科学加以检验的"自动解放过程。这里,在崇拜规律这一现代科学主义外表下呈现出来的,无非是一种带有社会主义征兆的传统的历史形而上学,无非是对马克思批判过的那种主客颠倒现象的肯定:给行动者背后发生的过程加入一个道德高尚的目标。不仅如此,在德国社会民主党的《爱尔福特纲领》中,这种对革命的观望态度也最终被党的上层确立为彻底的马克思主义:党的任务是,为即使没有党也会"自然而然地"发生的事件做好准备,即"不是进行革命,而是利用革命"。

此外,恩格斯的思考带有本体论的倾向和百科全书式的特征,从而促成了将科学社会主义解释为无所不包的无产阶级世界观的倾向。最终,在列宁那里,"马克思学说"成为"无产阶级意识形态"和宗教的替代物,它具有"无限的力量",是"完整严密的"学说,给"人们提供了……完整的世界观"①。与此相应,否定的意识形态概念被彻底中立化为存在决定意识这一范畴。

---

① 《列宁选集》第3版第2卷第309—311页。

所有这些阐述无疑都具有一种理论上的退化特征，并最终在阿伯拉姆·德波林和斯大林制订的马克思列宁主义中达到登峰造极的程度。如果说在列宁那里，尽管有对政治因素的多方强调，马克思主义已相当于"最全面的发展学说"①，但它同时注意到自然和社会中的各种断裂和飞跃，那么在马克思列宁主义中，这种自然主义、客观主义的思潮则上升为国家理论，其核心论据表述为："凡适用于自然的，必定也适用于历史。"或者说，"自然产生飞跃，历史也产生飞跃。"由此，政治实践当然是对铁的历史规律的实施。在斯大林几十年前为东欧集团马克思主义理论的形成所撰写的权威性著作《论辩证唯物主义和历史唯物主义》中，这一"令人信服"的逻辑得到完善：历史唯物主义将本体论原理"应用"和"推广"于社会，在此意义上代表世界观体系的"历史部分"。它包含认识论上的本质主义和社会理论中的自然主义，前者是一种反映论，它作为辩证唯物主义，认为"存在"和"意识"是独立于实践概念的，后者是一种独立于人类行为的发展逻辑，它得到作为最高社会工艺学家的党的"自觉应用"或"促进"。

2. 形式发生学方法的历史主义解释

列宁说过，半个世纪后"任何一个马克思主义者都不理解马克思"②（在这种情况下，这句话当然也适用于他自己），如果说这句话或许对某种情况完全有效，那么这是指对《政治经济学批判》的解释。

---

① 参见《列宁选集》第 3 版第 2 卷第 416 页。
② 《列宁全集》1964 年柏林版第 38 卷第 170 页。

恩格斯认为，马克思对价值形式的分析，是对"简单商品交换"乃至资本主义雇佣关系的历史性描述，而它"不过摆脱了历史的形式以及起扰乱作用的偶然性"①，这种解释无疑对马克思主义的正统观念起到了持久而深刻的影响。在这方面，比起对历史唯物主义的客观理解，马克思主义实质上更多地就是某种恩格斯主义。更有甚者，马克思的经济学批判被转而解释为古典经济学及其实质性的价值理论前提的夸张形式。因此，"历史主义的"决不意味着，这一观念将社会财富的资本形式解读为历史的特定形式。相反，这一观念恰恰蕴涵着对这些形式的自然主义解释，即从价值实体入手解释抽象劳动，将抽象劳动理解为准生理学的量，它自行对象化为产品。考茨基就明确代表恩格斯的观点，他认为，马克思的《资本论》是一本历史编纂学著作。马克思的独到之处在于，将资本当作历史范畴来认识，并根据历史来阐明资本的产生，而不是从头脑中臆想出资本的产生。这种解读方式几乎不容争议地流传至20世纪60年代。结合恩格斯（又是引自黑格尔）关于自由是对必然的认识这一公式，及其将自然规律和社会进程等量齐观的做法，这种解读方式为一种社会工艺学式的解放构想提供了营养。这种构想的核心表述是：在资本主义中，社会必然性（主要是价值规律）发挥着无政府主义的、不可控制的作用，而在社会主义中，借助马克思主义这门关于自然和社会的客观规律的科学，社会必然性将得到有计划的管理和自觉的应用。标志这种"作形容词用的社会主义"（库尔茨语）及其"社会主义政治经济学"的，不是资本主义形式规定的消失，而是对这些形式规定的另一种使用。

---

① 《马克思恩格斯全集》第 1 版第 13 卷第 532 页。

鉴于这一（仅仅粗略勾勒出的）解读马克思的历史，人们也许会说，在这里表现出的形式中，马克思主义就是关于马克思理论的传闻，这一传闻为大多数马克思的批判者感激地接受下来，不过给它加上了一个否定的符号。当然，这样一种说法无论从总体上说有可能多么准确，都是过于简单的。因为它既没有意识到，与占统治地位的教条相对立的某些营垒同样以马克思主义自居，又将各种错误解释视为对马克思理论完全表面化的把握，从一开始就排除了马克思本人有可能前后不一致的地方，及其有可能在理论与意识形态之间产生的矛盾。要澄清这一问题，回顾在所谓重建马克思之争中产生的解读马克思文本的不同方式，将会是有益的。就此而言，毋宁说这里对传统马克思主义的理解首先应当是，在恩格斯及其追随者的解读框架内，马克思著作中的意识形态内容得到修改、体系化，并占据主导地位。

无论如何，这种实际影响迄今几乎仅仅限于对马克思理论做出的狭隘的和意识形态化的解释，即将其解释为历史决定论或无产阶级政治经济学。

三

西方马克思主义的形成源于第一次世界大战后社会主义工人运动的危机（第二国际"保卫祖国"的政策破产，中南欧革命失败，法西斯力量崛起，等等）。其主要代表人物是乔治·卢卡奇和卡尔·科尔施，他们于1923年出版的著作具有范式特征。尤其是卢卡奇，他被看作是第一位马克思主义理论家。他在社会理论和方法论层面上质疑当时的一种不言而喻的假定，即马克思理论和恩格斯理论是一致的。他的批判的核心是淡化恩格斯的主客体关系及其自然辩证法构想,后者正是第二国际马克思主义宿命论所遵循的思想路线。针对这种宿命论将历史唯物主义本体论化为沉思冥想的世界观的做法,卢卡奇同西方马克思主义一道,将马克思的思想理解为社会实践的批判性理论和革命性理论。针对关于历史进步的"客观发展规律"这一唯科学论话语,他们对物化意识进行了意识形态批判,将僵化为"第二本质"的资本主义生产方式解读为社会实践的特定历史形式,将革命强调为实践主体性的批判行动。因此,像"实践哲学"(葛兰西语)或"社会批判理论"(霍克海默语)这一类自我命名也就不是为党的官方学说提供单纯的托词或等值概念,而是澄清了一个学习过程,在这一过程中,源出于马克思的批判的、以行动为目标的思维重新涌现出来。如果说西方马克思主义最初还正面吸收俄国十月革命的积极力量的话,那么它最重要的代表人物很早就开始反对列宁主义的教条,主要是反对它对社会理论中的自然主义的重新定义,及其将俄国革命经验错误地予以普遍化的做法。就前一方面而言,乔治·卢卡奇对布哈林《历史唯物主义原理》的批判也许可以作为实例。卢卡奇在批判中谴责说,布哈林的生产力发展居优先地位和自然科学方法可连续应用于社会的想法,使其理论成为拜物教式的,抹杀了自然科学与社会科学对象范围间"质的区别","强调了虚假的客体性",并且否认马克思方法论的核心观念是从一切经济学现象向人们相互间社会关系的追溯。

安东尼奥·葛兰西在他的《狱中札记》中对十月革命确立的革命战略做了示范性的批判。葛兰西用其领导权理论来反对第三国际的国家集权主义。这一理论拒绝正面攻击镇压性国家机器的"运动战",因为它无法运用于现代西方资本主义国家。葛兰西认为,市民社会因其各种社会构成成分而呈现出一种错综复杂的组织结构，在这种结构中形成思想的和行动的模式。这些模式显示出经受重大政治活动而不会被破坏的坚固性。正是由于这一点，俄国革命模式在欧洲注定是要失败的，因为相信布尔什维克那套带有沙皇集权和专制特点的经验放之四海而皆准，会淡化意识形态对市民社会各项机制发挥社会化作用这一重要意义，其结果是以自决形式出现的臣服。

自20世纪中叶以来，随着社会主义在一个国家的传播，西方各共产党的布尔什维克化，以及马克思列宁主义作为第三国际主导意识形态的确立，西方马克思主义的代表人物开始受到特有的孤立：既没有政治影响，也没有用于一般科学实践的制度条件（或许法兰克福社会研究所是个例外）。标明马克思主义的形成是一个理智的学习过程的那些东西——它对黑格尔遗产和马克思理论中的批判的和人道主义潜能的认识，它在方法论上的取向，它联系到"西方"革命失败的原因而产生的对社会心理与文化现象的敏感态度——在这一形势框架内成为一种狭隘地解读马克思的新方式的来源。这种解释方式在总体上是淡化政治理论问题和国家理论问题，但更主要地是突出"隐蔽的正统观念"在政治经济学批判问题中的支配地位。因此，直至60年代中期，看来都没有一位西方马克思主义者将其对马克思传统理解的研究扩展到价值理论领域上来。最后，较这种隐蔽的正统观念走得更远的是这样一些观点，它们没有认真研究政治经济学，便将"人道主义的文化批判者马克思"同"经济学家马克思"对立起来，甚至认为不带有经济学批判的"马克思主义"也可能产生。

四

直到 20 世纪 60 年代中后期，在"解读马克思的新方式"这一框架内，国家理论问题和经济学理论问题才脱离马克思列宁主义重新发挥作用。这种解读马克思理论的新思潮或多或少地明显远离斯大林主义和社会民主主义，基本上只是在"西方"国家落地生根。这股思潮的涌现伴随有种种现象，如学生运动，对战后持久的、可加以政治调控的繁荣的信仰首次发生动摇，在越南战争背景下形成的反共共识等等。同时，这股新思潮虽然提出激进的解放要求，却依然局限于学院领域。这里，要从广义的马克思新解读中区分出一种狭义的马克思新解读。如果说前者是一个国际性的现象，那么后者首先在很大程度上仅局限于联邦德国。如果说前者还主要拘泥于恩格斯有关政治经济学批判的教条，那么在后者有关国家批判和经济学批判的争论中，其核心内容是修正迄今对马克思的形式分析所做的历史主义或者经验主义的解读。对此，它的理论研究以重建马克思理论的形式表述了一种新的解读方式。

对马克思理论的传统解读方式

马克思等同于恩格斯这一传统假设（两人间的统一的范式，相互关联的论证，完整封闭的"世界观"，第二国际和第三国际的马克思主义）。

批判性重建解读方式的各个阶段

第一阶段，以巴克豪斯的观点为代表，恩格斯的通俗性对立于马克思的深奥性（《重建马克思价值理论资料》第一部分和第二部分）。第二阶段，以阿尔都塞的观点为代表，马克思元话语的通俗性对立于马克思现实分析的深奥性（《读〈资本论〉》）。

第三阶段，以巴克豪斯的观点为代表，马克思元话语的通俗性和深奥性（《重建马克思价值理论资料》第三部分和第四部分），马克思现实分析的通俗性和深奥性（海因里希：《价值科学》）。

同马克思和恩格斯的范式完全一致这一经典神话相反，无论是就历史唯物主义而言，还是就政治经济学批判而言，恩格斯的解释都受到了批判。它同马克思的著作极不相称，是在纯粹"通俗的"、将传统范式永恒化的层面上进行论证说明的。因此，汉斯－格奥尔格·巴克豪斯联系价值理论强调说，恩格斯的批判适用于一种解释前提，这一前提不久前还算作马克思文献中少数毋庸置疑的组成部分，并不容争议地构成马克思价值理论的解读方式：恩格斯错误地将《资本论》前三章解释为由他命名的"简单商品生产"的价值理论和货币理论。巴克豪斯的出发点是，由于这一基本错误，"马克思主义的"价值理论一定会限制对"马克思"价值理论的理解。如果说在这一层面上，马克思理论与马克思主义理论首先被区分开来，那么在进一步的论证过程中，马克思元理论的自我理解就出现了问题。不同于以主体为中心的意向性解释学，路易·阿尔都塞借助"症候"解读法证明，我们在马克思著作中接触到的是在分析资本主义这一理论实践中实现的科学革命，而在元理论层面，这一科学革命同一套不符合该问题的话语相叠加。因此，阿尔都塞将重建马克思理论的任务定义为：分解不恰当的元话语，将元话语中起主导作用的隐喻转变为概念，将隐喻解读为对自我反思的缺失情况的象征，而自我反思对应于资本分析这一实际活动。不同于阿尔都塞及其对现实客体与认识客体之间关系的二元理解，在马克思意识形态批判的理论框架中，这一有关重建之争的实际情况可以表述为：马克思区分开了古典政治经济学著作中的"深奥的"层面与"通俗的"层面。如果说前者认识到资产阶级生产方式的社会中介联系，那么后者则满足于对活动者的日常理智所具有的客观思维形式进行直接描述和系统化，并局限于实际上经过社会中介了的现象所带有的直接性这一物化假象。所以说，"通俗的"论证不能在心理学上归结为：理论家在主观上是不可理喻的，甚至怀有蓄意歪曲的意图。"通俗的"论证来自于特定的思维形式（阿尔都塞可能会说，它表示一种由话语而定的洞察力），这种思维形式是资本主义生产方式的交往形式的系统化产物，而且首先是无意识的产物（必然的虚假意识；在这方面，阿尔都塞再没有对我们说什么了，在他看来，这种话语的形成必定永久成为一个谜）。今天，有关重建马克思理论的讨论将通俗性与深奥性的区分运用于马克思著作本身。

最后，在政治经济学批判和历史唯物主义中，即在重建马克思理论的初始阶段被视为完整无缺的"深奥"层面的理论实践中，"通俗的"内容，即"科学革命与古典传统之间"在概念上的矛盾，也得以揭示出来。《资本论》中政治经济学批判的阐述是无可指摘的这一信条受到彻底批判。取代马克思直线型认识发展的神话传说的是以下论断：经济学批判的表达方式和研究状况是一种复杂的前进和后退，两者既彼此并存又相互交错。最后得以揭示的是从《大纲》到《资本论》第二版，对价值形式分析的阐释越来越通俗化，这种通俗化越来越遮蔽了形式发生学方法，也由此为历史的和实质的解读方式提供了依据。

五

本文限于篇幅，没有哪怕只是浅尝辄止地谈谈关于科学革命的观点、内在学习过程的观点以及马克思著作向传统经济学观念和历史哲学观念的回归。这里只能扼要地谈谈上述两种所谓马克思主义内部学习过程中的突出要点。

马克思理论没有提出任何一种解放的自动发展过程,更确切地说,马克思理论要被理解为某种活动的理论机制,这种活动以分析和批判为中介,致力于从非理性的社会化方式的自动发展过程中获得解放。无论是马克思主义者,还是反马克思主义者,都热衷于援引马克思的一条论断,即他将资本主义生产方式的发展理解为"自然历史的过程",要么来证明这一论断至高无上的科学性,要么来证明马克思所做的恰恰是非科学预言,而实际上这一论断应被理解为批判性的表述。"自然"或者说"天然"是对社会化联系的否定性规定的范畴。社会化联系基于其私人劳动分工的特点,相对于活动者呈现为抽象劳动这一无情运转的机器,摆脱了活动者集体与个人对它的控制,却只有靠活动者的行为才得以自我再创造出相应的"价值命运"。

马克思理论是"对迄今为止的历史的独一无二的批判性评价,在这一历史中,人们听任自身被贬低为其盲目运动的经济动力的客体"①。虽然马克思在其各篇著作情绪激昂的章节段落中一再陷入向历史哲学转变的历史乐观主义,但这种乐观主义不再作为一种残余物被其对历史哲学和政治经济学的科学批判所根除。正是出于这一背景,第二国际和第三国际的马克思主义以及那些轻视马克思的饱学之士才拼凑出一个牢固的历史必然性的杂乱体系,乃至一条"社会形态序列的规律",正是这条规律确定了"人类进步的普遍性和历史必然性趋势"。

《政治经济学批判》带有马克思晚期著作的形式,它不能同《德意志意识形态》中纲领性声明的内在要求相比,即不能对资本主义社会构成做出总体性描述。《政治经济学批判》呈现为四重批判过程:它是

---

① 施密特:《马克思学说中的自然概念》,1993年汉堡版第35页。

（1）在市民社会本身带来的解放性扬弃这种客观现实的可能性背景下对市民社会及其毁灭性与自发性演进形式的批判；（2）对由上述情况系统地造成的活动者拜物教化的和颠倒了的日常理智的批判；（3）对政治经济学的整个理论领域即对日常思维形式不加批判地予以系统化的批判；（4）对乌托邦式的社会批判的批判，这种社会批判或者只是假定社会解放模式与资本主义生产方式的体系相对立，或者认为个别经济形式可以对这个体系的总体联系发挥改良作用。

经济学批判的方法可以称作"形式阐述"或"形式分析"。对此，同样只有几点临时性解释：形式分析旨在把握历史上不同生产方式的特定社会性质。"资产阶级的"思想无非是以一定的经济形式和政治形式推动了社会再生产的科学，而政治经济学批判如同政治批判一样，必须被构想为关于这些形式的科学。"经济学家们向我们解释了生产怎样在上述关系下进行，但是没有说明这些关系本身是怎样产生的。"① 或者说："国民经济学从私有财产的事实出发。它没有给我们说明这个事实。"② 政治经济学在已经建构起的经济对象层面上进行分析，将这些对象当作现有的，并以经验的方式接受下来，或者说，对它们只能进行循环论证，而不能从概念上突破其系统建构过程。形式分析从劳动的矛盾的社会化条件出发，阐述各种形式（如价值、货币、资本，还有法和国家）的发展。它解释这些矛盾，了解这些矛盾的形成过程和这些矛盾的必然性。

形式分析将资本主义生产方式的社会财富和政治约束表面独立的、经对象确立的各种形式解读为"历史的特定的实践形式"。在这点上，

---

① 《马克思恩格斯全集》第 1 版第 4 卷第 139 页。
② 《马克思恩格斯全集》第 1 版第 42 卷第 89 页。

形式阐述不可以理解为对对象历史阐述的领会,更确切地说,它意味着在概念上破解资本主义生产方式的内在结构关系。归根结底,马克思的形式分析始终也是劳动的形式理论(它追问,为什么劳动这一内容采取了价值这一形式)和资产阶级意识的拜物教理论(它在表述的过程中指出了,在资本主义典型的日常实践形式中,就形式论形式的错误认识是如何系统地产生的)。

卡尔·马克思未曾完成的晚期经济学批判著作,是作为他律的社会化体系的科学分析的基础构想出来的。之所以说它是"基础",是因为资本主义现代性在制度上的基础结构和在经济上的核心结构虽然得到了研究,但这一现代性在其总体性上尚未被揭示出来。之所以说它是科学分析,是因为它在揭示资本主义生产关系的带有压制性特征的制度结构及其无形约束时,仍然将所有这些解读为社会形式,而不是像在政治经济学中那样,沉湎于人类共同生活之自然形式的自我神秘化现象,或沉湎于不可逆转的进化的理念。正如马克思在资本主义生产方式的框架中力图揭示的那样,按照理论传统,政治经济学将社会化的特定历史形式和广义的物质生存条件共同确立起来①,并据此认为它们在原则上是远离人类的塑造能力和变革能力的。

与此相反,马克思的政治经济学批判同时是形式理论和拜物教理论,它以资产阶级社会化形式自身为主题和问题,并在同这些形式相决裂这一现实可能性的背景下,对这些形式加以探讨。马克思理论并不自居为革命运动的直接行动指南,毋宁说它同下述观点建立了一种批判的、警醒的关系,这些观点指望从资本主义"现代性"的这一形式或那一形式中得到答案,或者至少确保持久的文明化,也就是说,

---

① 参看《马克思恩格斯全集》第 1 版第 25 卷第 919—940 页。

限制资本主义综合现象的矛盾作用。在马克思看来,无论是求助于国家,还是求助于市场,甚至像最近又时髦起来的那样,呼吁公民道德和协作精神——这些做法在原则上肯定国家、资本和市民社会这些异化的社会化力量,但依照起源对这些社会化力量所引起的这样或那样的后果大加指责,并凭一己之见来推荐货币主义的、集权主义的或道德的疗法——,都未认真看待资产阶级社会形式的制度特征。

马克思分析了人们之间组成的行为关系,其依据是人们私人劳动分工的特点,即普遍的他律的自我再创造的总体,即资本这一"自动主体"的"第二性质"。在这一背景下,马克思消除了市场辩护士历史哲学式预言的神秘色彩,同时确定了"一切政治的范围"及纯粹道德的范围。马克思似乎在反驳(针对资本主义生产方式的)抽象否定的乌托邦尝试,或者说在反驳资本主义生产方式荒唐的乃至发展为恐怖主义的"自我净化"的尝试。

(黄文前 编译　鲁路 校)

奥伊泽尔曼论马克思主义与空想主义[*]

俄罗斯科学院院士、著名哲学家特奥多尔·伊里奇·奥伊泽尔曼在俄罗斯《自由思想》杂志1998年第1、2期上发表了《马克思主义与空想主义》一文,作者在肯定马克思主义社会主义学说的前提下,认真分析了这一学说与早期空想思想的内在关系,认为马克思主义与空想主义既有继承关系,同时又是对空想主义的克服,但这种克服是不彻底的。现将文章的主要内容介绍如下。

一、空想主义的现象

就一般意义而言,"空想"(УТОИЯ)一词指无法实现之物。但是,在各种空想学说中还包含着完全现实的社会方案,这些方案本世纪在经济最发达的国家都已实现。任何空想首先是对历史上一定的社会制度固有缺点的批判,空想主义者提出一种理想的社会制度、某种想象中的达到普遍富裕的社会蓝图与一定的社会制度相对立。

空想体系早在远古时代便已产生。第一个系统地表达空想体系的是

---

[*] 本文选自《国外理论动态》1999年第3期。

柏拉图有关国家的著名著作。他所描绘的理想国否定奴隶占有制。培根的《新大西岛》和17世纪中叶英国政论家哈林顿的《大洋洲共和国》都是预示资本主义的进步及其良好结果的空想著作。资产阶级革命时期也产生了空想的期望、设想和口号。17世纪英国大革命的活动家期望建立"人间天堂",18世纪法国大革命提出"自由、平等、博爱"的口号,20世纪俄国的三次革命也具有空想的内容。

空想思想是社会意识的一定历史形式,构成它的内容的前提是社会生活及其矛盾、发展趋势。因此,每一种空想思想都证明了该历史时代的精神氛围、这一时代人的探索和期望。所以,把空想主义视为无根据的幻想是完全错误的。在空想思想中根本不可能实现的东西完全应当排除,剩下的则是现实投射的内容,实现这一内容的可能性在社会进步过程中的一定历史条件下便会显露出来。

这里存在着一个误区,即认为在科技革命和成功发展的社会科学的时代,空想已成为过去。事实上,空想并没有被遗忘。即使在实用思维占优势的今天,空想也是必需的。

二、空想社会主义和空想共产主义的虚幻性与现实性

空想社会主义和空想共产主义与自由主义的主要区别在于,自由主义主张的市民社会体现了社会公平原则,但并未消除贫富差别。而空想社会主义者和空想共产主义者提出并论证了对社会进行根本改造的思想、确立社会公正和根除贫困的思想。他们试图通过宣传、教育的途径使统治阶级相信,他们所计划的社会改造对所有阶级都有益,这当然是空想。空想共产主义者还试图通过变革的途径来确立新的、理想的社会制度,这同样是空想。

不能因空想社会主义者和空想共产主义者提出的实现社会理想的途径具有明显的虚幻性、不可实现性，便得出实现社会公正和消除大众的贫困的思想是空想的结论。社会公正的概念并无任何空想成分。空想社会主义者和空想共产主义者的主要思想、基本要求就是否定资本主义制度，要求以消除了阶级对立的、和谐的后资本主义社会取而代之。这一思想、这一要求的空想性就在于，空想主义者希望消除的资本主义制度处于上升期，该制度在最大程度上促进了生产力、文化、科学的发展并最终促进了劳动者生活水平的逐渐提高。这一思想、这一要求至今仍是空想主义的，因为现代资本主义尽管有诸多矛盾和缺陷，但仍然是最有生产能力的、最有效的社会生产体系。

这是否意味着，向后资本主义社会过渡的思想完全是空想？得出这样的结论是毫无根据的。资本主义和以往的社会生产体系一样，并非是永恒的；它也在发展、变化并由于自我的发展而转化为后资本主义社会。现阶段的资本主义生产方式在质上不同于上世纪主宰欧洲的经济制度。目前运用于最发达资本主义国家的"后工业社会"的概念高度反映了资产阶级社会发生的重大变化。

19世纪的空想社会主义与空想共产主义本质上区别于以前的社会主义的和共产主义的学说。并且，19世纪的空想学说已有所发展，它们已倾向于科学地论证自己的见解。从这个意义上说，科学社会主义在马克思主义产生之前已开始形成。因此，空想社会主义和空想共产主义的历史为马克思和恩格斯的学说作了历史的、理论的准备。

三、马克思主义对空想主义的克服是一个未完成的历史过程

1. 马克思学说的主要内容

马克思学说根本的、最重要的内容是经济理论,这一理论的目标就是研究资本主义生产体系的产生、发展和运作的规律性。马克思由其经济研究中得出的主要结论可归结为如下三点。

(1) 资本主义生产方式是欧洲各民族历史发展中所必不可少的时代。但马克思并不否认,其他国家在一定历史条件下有可能不经过资本主义的发展阶段。

(2) 资本主义生产方式是走上资本主义道路的国家的发展中具历史暂时性的时代。而资本主义的暂时性不仅由发展的普遍规律、而且由资本主义生产方式的特有规律所决定。

(3) 资本主义生产体系已基本上耗尽了自己的潜能,因而出现了向马克思和恩格斯称为社会主义与共产主义的后资本主义的、无阶级的社会过渡的历史必要性。

就上述三部分比较而言,马克思对第一部分的论证最有根据。这一部分也是《资本论》第一卷的基本内容。但是对马克思经济学说的第二、三部分也不能低估。马克思主义的资本主义批判理论的基础是关于资本主义制度的历史暂时性的论点。

马克思主义的现代批评家们指出,马克思所揭露的资本主义已经不存在了。的确,20世纪的资本主义与上个世纪的资本主义有着本质上

的区别。现代资产阶级社会的工人阶级在资本主义条件下的所得超过了马克思和恩格斯的预想。在强调马克思经济学说的第二和第三部分的积极作用、它们对有组织的工人运动的发展以至对资本主义制度的革新产生的毋庸置疑的影响的同时,我们仍然应当承认,马克思主义的这些就其自身特点而言属于未来学的部分,无论在经济方面,还是在历史和政治方面,都没有被充分地论证。因为马克思学说的这些内容早在马克思创立其经济学体系(其中包括剩余价值学说)以前就出现了。换句话说,早在创立马克思主义的政治经济学之前马克思和恩格斯便已经成为了社会主义者和共产主义者。

2. 马克思主义对空想社会主义和空想共产主义的否定

这一否定是辩证的否定,它接受了包含于这些学说中的具有不同表达形式的真理、对未来的模糊预测、对资本主义富于洞察力的批评。

马克思和恩格斯尤其高度评价了圣西门、傅立叶和欧文的学说,认为它们是批判的空想的社会主义。恩格斯在强调这些思想家作为马克思主义的先驱者的突出作用时指出,他们天才地预料到许多真理,而马克思主义则对这些真理的正确性作了科学的证明。马克思和恩格斯在批判小资产阶级空想社会主义的同时,也指出了它对资本主义生产方式的深刻批判性。小资产阶级的空想社会主义在一定程度上预料到了马克思和恩格斯社会主义学说的某些原理,因此,它也是马克思主义的理论源泉之一。

马克思主义的两位奠基者还科学地解释了,为什么以往的社会主义的和共产主义的学说不可避免地带有空想的特点。他们认为,这些学说是在不发达的资本主义制度的条件下产生的,当时导致资本主义发展进程中生产资料社会化的规律性的趋势尚未显露出来,在资产阶级社会的进化中后来起过突出作用的有组织的工人解放运动尚不存在。恩格斯指出,空想社会主义者没有看到并且也不想看到一个愈益明显的事实,即资本主义社会在耗尽其社会资源和向后资本主义社会制度的过渡成为可能之前,还面临着一个漫长的发展道路。

马克思也坚决反对这些先辈们的主观主义的见解。他在《政治经济学批判》序言中指出:"无论哪一个社会形态,在它所能容纳的全部生产力发挥出来以前,是决不会灭亡的;而新的更高的生产关系,在它的物质存在条件在旧社会的胎胞里成熟以前,是决不会出现的。"① 这个论点是在1859年提出的,这时马克思主义经济学说的原理已创立,这个论点不仅是对空想社会主义和共产主义的回答,也是对马克思恩格斯40年代末50年代初观点的回答。但这一科学结论却没有反映在后来他们对资本主义制度的评价中。于是就产生了一个悖论:马克思和恩格斯在承认资本主义生产方式的生命力之后,仍然希望每一个新的生产过剩危机将成为整个资本主义制度崩溃的先声,尽管在马克思的《资本论》里已经阐明,生产过剩的危机是资本再生产过程的正常循环,恩格斯在《反杜林论》中将这些危机描述为"生产方式本身"的危机。

恩格斯阐明了,空想主义者之所以是空想主义者,是因为资本主义制度不够发达。但是,马克思和恩格斯所生活的时代资本主义同样尚不发达、刚刚进入工业生产时代。后来恩格斯承认他和马克思过高估计了资本主义的成熟程度。但是问题不仅仅在于过高估计资本主义

---

① 《马克思恩格斯选集》第2版第2卷第33页。

的成熟性,而且还在于从这一错误的构想中得出了实质上是空想主义的结论。

因此,马克思主义对空想社会主义和共产主义的批判是不彻底的。空想社会主义者认为,正如真理和正义将战胜谬误和非正义一样,社会主义也将战胜资本主义,马克思和恩格斯在批判这一唯心主义观点的同时,同样受人道主义幻想的支配,预言在不久的将来资本主义制度将崩溃。他们与空想思想相似,没有看到资本主义所产生的矛盾在资本主义制度的范围内寻找着逐步得到解决的办法,并且他们片面而悲观地评价资本主义发展的前景。这一点在马克思确立的劳动者的绝对贫困化和相对贫困化的规律中得到了最鲜明的表达。根据这一规律,资本主义的进步意味着无产者日益严重的贫困化。劳动者绝对和相对贫困化的规律事实上在马克思和恩格斯生前便由于有组织的工人运动及社会民主党的活动而被推翻了。

3. 马克思和恩格斯对空想主义的让步

这种让步表现在如下几方面。(1)马克思用历史唯物主义普遍原理论证关于资本主义即将崩溃的见解。根据这一原理,思想是第二性的,它反映着物质条件、社会的存在。因此,社会主义和共产主义思想的出现证明已经存在着决定这一思想的物质条件。然而,后资本主义的空想在17—18世纪就产生了,但这决不能证明后资本主义的物质条件当时已处于形成之中了。(2)马克思和恩格斯在说明后资本主义制度的特点时确认,生产资料社会化的最终结果是生产资料私有制存在的终止。这个结论是错误的,因为资本主义的发展不仅没有消除中小生产,而且还促进其发展，为其创造必需的物质技术基础。生产资料私有制是资本主义生产的非暂时性的基础，资本主义生产并没有为消除私有制创造经济前提。（3）马克思和恩格斯认为，后资本主义社会将取消商品货币关系并过渡到直接的产品交换。他们的这一论点也是空想主义的，因为商品交换早在有阶级以前的社会即已产生，在奴隶制、封建制社会继续存在、发展，但并没有产生资本主义所固有的经济关系。而现代社会发展水平则证明，商品货币关系、市场经济无论是在每个国家内部，还是在国家与国家之间的关系中，都是合理的经济关系。商品货币关系也将作为经济关系的一种文明的形式保存于后资本主义社会。（4）马克思和恩格斯认为，社会主义的"各尽所能，按劳分配"原则在废除了商品—货币关系的社会里能够实现。这一结论同样是对空想主义的让步，因为没有商品—货币关系就不能进行经济核算和按相应的劳动数量与质量付酬。

那么，社会主义的思想、共产主义的思想是否就是空想的思想呢？对这一问题的回答不应该是片面的。空想社会主义和空想共产主义已经是一系列综合的有关生产组织、学习、教育、医疗服务、养老保障等问题的社会规划。马克思和恩格斯详细制定的社会主义学说涵盖的范围就更广，无论如何不能仅仅将之归结为要求用社会所有制取代生产资料私有制、从商品货币关系过渡到计划性的有组织的劳动产品的交换。马克思和恩格斯的社会主义学说是为保障人的权利（劳动权、休息权、受教育权等）而斗争的工人运动的纲领。许多国家的劳动者已经实现了自己的人权这一事实充分地说明了马克思主义的突出作用。

马克思的社会主义学说是在千百年间形成的传统的继续。这种传统在马克思主义中取得了发达的、系统的科学理论的形式，这种形式尽管没有能使这一科学理论避免发生错误认识，但毕竟促进了对社会进行经济的、历史的、唯物主义的深刻研究。

现在，一些人只看到马克思主义的空想的错误，而不去研究这些错误的内容。这里，我们仍面临一个问题：如何批判地重新理解马克思的学说，如何在克服一切空想主义的过程中进一步发展马克思的学说。

（杜文娟 编写）

奥伊泽尔曼谈列宁对马克思主义的阐释[*]

俄罗斯科学院院士、哲学家特奥多尔·伊里奇·奥伊泽尔曼在俄罗斯《自由思想》杂志1996年第4期上发表了《论列宁对马克思主义的阐释》一文,现将该文的主要内容介绍如下。

列宁是20世纪最卓越的领袖。成千上万具有批判头脑和独立见解的俄国社会民主主义者与革命运动的参加者信赖他,追随他。列宁不仅受到千百万俄罗斯人的崇拜,而且在十月革命后受到许多国家广大人民的敬仰。他的思想,他的号召,他的口号不仅被他的战友们而且被广大人民群众视为颠扑不破的真理和行动的指南。列宁无疑是一位杰出的、正统的马克思主义者。列宁与他同时代的许多杰出的马克思主义代表人物之间存在着重大的理论与实践上的分歧。在这种或那种理论的拥护者中间总会出现分歧,这种分歧通常能使理论得到发展,至少这些分歧会暴露出这一理论的某些原理尚缺乏足够的论据。志同道合者中间展开的争论最富成效。而分歧首先与他们赖以活动的历史条件有关。但是客观条件的影响无论多么重要,毕竟不能决定政治家的观点,不能决定这些

---

[*] 本文选自《国外理论动态》1996年第28期。

领袖由于自身活动和他们在政治上、世界观上以及某种程度在道德上作出的选择而形成的观点。所以正确理解列宁的政治观点、他的战略和策略，要求我们不仅要考虑到客观的历史条件，而且还要分析研究他的主观因素，不仅是列宁的个性，更主要的是他对马克思主义创始人的理论遗产的独特态度。

一、关于不断革命

列宁在论证自己的共产主义信念时首先依据的是马克思和恩格斯早期著作——《共产党宣言》和总结1848—1849年革命经验的理论著作。在这个时期（40年代末至50年代初）还不存在马克思主义的经济理论，也不存在从经济上对社会进行社会主义改造的客观必要性的论证。例如马克思和恩格斯当时并没有把生产过剩危机说成是正常的资本主义再生产周期的要素，而是以此证明整个资本主义体系已发生致命的危机，他们认为资本主义生产方式在历史上已经过时。

马克思和恩格斯从这样一种对资本主义成熟程度的错误认识出发，断言社会主义革命即将发生。由此他们提出了从马拉那里借用来的不断革命的思想，试图论证从资产阶级革命能够直接向社会主义革命过渡。后来马克思主义的创始人屏弃了这一思想，承认社会主义革命与资产阶级革命之间有一个比较长的各国经济和政治发展的阶段。

所以意大利著名理论家拉布里奥拉认为马克思主义的理论原理于19世纪60—70年代才日臻成熟。列宁则坚持认为，马克思主义政治理论的主要部分都与对1848年革命经验的总结直接有关。他写道："马克思和恩格斯参加1848—1849年的群众革命斗争的时期，是他们一生活动中最令人瞩目的中心点。他们从这一中心点出发来判定各国的工人运动和民主运动的成败。他们为了最明白最清楚地判定各个不同阶级的内在本性及其倾向也总是回过来研究这一中心点。他们总是从当年的革命时期出发来评价后来出现的较小的政治派别、政治组织、政治任务和政治冲突。"①

对上个世纪中叶的革命在马克思主义的发展中的作用估计不足无疑是错误的。但是对马克思和恩格斯的学说的发展后期估计不足同样是一个不小的错误（如果不能说是一个很大的错误的话）。在上面引用的列宁的这段话中显然就包含着这种估计不足的错误。

列宁承认马克思和恩格斯在1848—1849年认为资本主义已经"衰落，社会主义已经临近"。然而他并没有指出这种错误看法对马克思和恩格斯的政治观点会产生什么影响的问题。列宁指出马克思和恩格斯后来修改了自己关于无产阶级革命即将爆发的论断。但是列宁并没有谈到马克思和恩格斯修改了不断革命的构想。相反，列宁竭力论证并发挥了这一构想，他的资产阶级民主革命转变为社会主义革命的理论证明了这一点。列宁从这一理论出发，在1905年下半年俄国的第一次革命方兴未艾时宣告："我们将立刻由民主革命开始向社会主义革命过渡，并且正是按照我们的力量，按照有觉悟有组织的无产阶级的力量开始向社会主义革命过渡。我们主张不断革命。我们决不半途而废。"②

详尽分析发生在资本主义生产方式形成、确立和发展过程中的资产阶级革命基本特征的质变，是列宁的不断革命理论的一个极为重要的前提。列宁正确地批评了普列汉诺夫和其他孟什维克，因为他们忽略了不同历史时期资产阶级革命之间质的差异。普列汉诺夫认为，任何资产阶

---

① 《列宁全集》第2版第16卷第20页。
② 《列宁全集》第2版第11卷第223页。

级革命的领导力量都只能是资产阶级。列宁则在比较了不同类型的资产阶级革命后得出结论说：20世纪资产阶级革命的领导力量必将是也只能是无产阶级。无产阶级的领导能保证最大限度的民主改造，这个改造给无产阶级带来的将比给资产阶级带来的好处更多。所以列宁认为资产阶级民主革命转变为无产阶级的社会主义革命是合乎规律的，是必然的。这种转变的根本条件不在于一个国家的经济发展水平，而在于是否存在作为客观条件的革命形势以及他称之为主观条件的工人阶级的组织程度与觉悟程度如何。

马克思和恩格斯克服了自己关于社会主义革命即将爆发的幻想，最终得出结论说：只有大力发展资本主义生产方式才能为以后的对社会的社会主义改造创造物质基础。列宁在其早期著作中已开始重新考虑马克思主义的这些原理。他早在1894年的《什么是"人民之友"以及他们如何攻击社会民主党人》一文中实质上已论及到后来确切表述的资产阶级民主革命转变为社会主义革命的构想，他声称"俄国无产阶级工人就会起来率领一切民主分子去推翻专制制度，并引导俄国无产阶级……循着公开政治斗争的大道走向胜利的共产主义革命。"①

不能认为列宁没有意识到他实际上在修改马克思主义关于对社会进行社会主义改造的历史形成的客观条件问题的基本观点。诚然，在十月革命前的列宁著作中我们还找不到对这个问题的直接的阐述。但是十月革命后列宁在《论我国革命》一文中明确指出，谁也说不出从资本主义向社会主义过渡生产力必须达到什么样的水平。列宁在批评孟什维克苏汉诺夫在这个问题上坚持传统的马克思主义观点时断言，完全合理并且原则上也可行的，是采用另一种方式来完成社会主义任务。首先建立

---

① 《列宁全集》第2版第1卷第264页。

无产阶级专政,然后创建实现社会主义理想所必需的生产力。这一设想是列宁上述思想发展的结果。

早在1903年列宁就写道:"坚持马克思主义的旧的答案,那就是只忠于学说的字句,而不是忠于学说的精神,就是只背诵过去的结论,而不善于用马克思主义的研究方法来分析新的政治局势。"[①] 列宁一贯追求忠实于马克思主义的精神实质,但是他理解的马克思主义的精神实质主要取自马克思主义创始人的早期著作。

二、关于暴力革命

列宁认为马克思主义首先而且主要是关于暴力革命是对社会进行社会主义改造的唯一可行的方式的学说。这样理解马克思主义显然是片面的,因为没有考虑到70—80年代马克思和恩格斯观点的发展。

列宁的《国家与革命》一文把马克思主义说成是"颂扬暴力革命"的,是"暴力革命不可避免"的学说,文中强调指出:"必须系统地教育群众这样来认识而且正是**这样**来认识暴力革命,这就是马克思和恩格斯**全部**学说的基础。"[②] 当列宁宣布《共产党宣言》"曾自豪地公开声明暴力革命不可避免"时,我们不能不同意列宁的观点。但是能否就此断言暴力革命的思想构成马克思主义全部内容的基础呢?当然不能。唯物史观与剩余价值理论共同构成了马克思和恩格斯的社会主义学说的理论基础,是与暴力理论直接针锋相对的。

马克思在《资本论》第1卷中提出由资本主义向后资本主义社会

---

① 《列宁全集》第2版第7卷第222页。
② 《列宁全集》第2版第31卷第20页。

过渡的问题时谈到了经济发展的决定作用和革命暴力的辅助作用，他形象地把革命的暴力喻之为新的社会制度诞生的助产婆。

在解释马克思主义与空想社会主义的原则区别时通常指出空想社会主义否定把革命暴力作为对社会进行社会主义改造的途径。这是事实，但是不应该忽略马克思主义与空想共产主义有着一个同样重要的区别。空想共产主义与空想社会主义不同，把暴力视为社会改造的一个重要手段，但是否认社会改造的必要性受客观的、不以人的意志为转移的社会经济发展的制约。

列宁在《国家与革命》这部著作中多次引证恩格斯的《反杜林论》，引证他对杜林的理论观点的批判，却只字不提恩格斯在分析杜林的历史观和"社会主义"观时首先批判的是暴力理论。杜林认为人类的全部历史可以归结为人对人的暴力奴役。他断言社会不公的根源不在于社会的经济发展，而在于社会的政治发展，在于一部分社会成员对另一部分社会成员的征服及其他的暴力行动。他针对唯物史观断言"**本原的东西必须从直接的政治暴力**中去寻找，而不是从间接的经济力量中去寻找。"杜林确信，地租、利润、利息和工资都源于暴力或直接的强制手段。私有财产是勒索、掠夺劳动群众的结果。

恩格斯通过揭示现实的经济和历史过程来批驳这一实质上是无政府主义的观点，指出这一观点是绝对站不住脚的。利润不可能是暴力的结果。"暴力可以**夺取**它，但是不能**生产**它。"①

有人也许以为，这些关于唯物史观与暴力理论格格不入的论述与列宁的观点毫不相干，因为他只坚持认为无产阶级暴力革命不可避免。其实，列宁把这个论点与有关整个人类历史的更普遍的观点联系在一起。

---

① 《马克思恩格斯选集》第 2 版第 3 卷第 597 页。

他早在我国第一次革命时就表述了这个更普遍的观点:"各族人民生活中的重大问题,只有用强力才能解决。"①

唯物史观之所以被称为唯物史观,正是因为它不再像马克思以前的历史学那样对暴力在历史上的作用作过高的评价。列宁在论及暴力在世界历史上的作用时显然对它的作用评价过高。于是他得出一个基本论断:社会主义革命很可能在资本主义不发达、经济上落后的国家里获得胜利,无产阶级专政的建立将成为此后的生产力的加速发展以至社会主义改造的实现的政治基础。

列宁在实行新经济政策前夕和新经济政策时期部分放弃了暴力手段。但是他由于对革命暴力评价过高,才在政治与经济的关系问题上提出了"政治同经济相比不能不占首位。不肯定这一点,就是忘记了马克思主义的最起码的常识"②。其实马克思主义创始人并没有作过这样的论述,列宁的这一结论显然含有以唯意志论的方式对马克思主义及整个世界史作诠释的倾向。

马克思和恩格斯在70—80年代考虑到劳动群众所取得的民主成果和资产阶级社会发展条件正在发生变化,开始认为和平的渐进的社会主义改造是可能的。1872年马克思在海牙一次群众集会上的讲话中指出,必须考虑到各国的制度、风俗和传统,不否认"有些国家,像美国、英国",还可以加上荷兰,"工人可能用和平手段达到自己的目的"。③

列宁把马克思的这一论点看作是对社会主义革命普遍规律的一个"限制",因为社会主义革命的本质是暴力革命。列宁断言,在19世纪

---

① 《列宁全集》第2版第11卷第116页。
② 《列宁全集》第2版第40卷第279页。
③ 《马克思恩格斯全集》第1版第18卷第179页。

末这一新时代,上述对马克思主义革命理论的"限制"由于历史条件的改变已经不能成立了,特别是因为英国和美国已经完全滚到官僚和军阀支配一切、压制一切这样一种一般欧洲式的污浊血腥的泥潭中去了。几年以后列宁对此作了更加明确的表述:"以和平方式发展到社会主义是不可能的。"① 这样评述20世纪初英美和其他资产阶级民主国家是非常片面的,忽视了劳动群众取得的民主成果和群众性工会运动及成功地维护了劳动群众利益的社会民主党的作用。

马克思和恩格斯考虑到西欧实现资产阶级民主改造的历史过程,指出可以和平实现基本倾向是社会主义的社会改造。例如,1880年马克思在《法国工人党纲领导言》中强调必须"借助于由向来是欺骗的工具变为解放工具的普选权"实现社会主义任务。

恩格斯在《1891年社会民主党纲领草案批判》中否定了当时在德国有和平进行社会主义改造的可能性。但同时他又说道:"可以设想,在人民代议机关把一切权力集中在自己手里、只取得大多数人民的支持就能够按照宪法随意办事的国家里,旧社会有可能和平长入新社会,比如在法国和美国那样的民主共和国,在英国那样的君主国。"② 恩格斯在《卡·马克思〈1848年至1850年的法兰西阶级斗争〉一书导言》中对上述思想作了进一步的发挥,他指出:"资产阶级和政府害怕工人政党的合法活动更甚于害怕它的不合法活动,害怕选举成就更甚于害怕起义成就。"③ 恩格斯在强调革命的权利是人民争得的权利的同时,得出了通过和平和合法的手段实现社会主义要求是现实的,可行的结论。他

---

① 《列宁全集》第2版第36卷第346页。
② 《马克思恩格斯选集》第2版第4卷第411页。
③ 《马克思恩格斯选集》第2版第4卷第517页。

写道:"世界历史的讽刺把一切都颠倒了过来。我们是'革命者'、'颠覆者',但是我们用合法手段却比用不合法手段和用颠覆的办法获得的成就要多得多。"①

马克思和恩格斯的这些论述以及其他类似论述表明,他们在评价无产阶级争取民主的斗争所取得的成就时认为,实现社会主义任务不仅可以采用革命的方式也可以选择渐进的方式。很难设想列宁会不知道这些论述。较为正确的看法应当是,列宁有意忽略了这些论点,因为这些论点显然没有运用于俄国,而且也不符合列宁对19世纪末20世纪初资本主义的评价。

(任建华 编写)

---

① 《马克思恩格斯选集》第2版第4卷第524页。

奥伊泽尔曼谈列宁对马克思主义的阐释（续）[*]

俄罗斯科学院院士、哲学家特奥多尔·伊里奇·奥伊泽尔曼在俄罗斯《自由思想》杂志1996年第6期上继续发表《论列宁对马克思主义的阐释》一文。现将主要内容介绍如下。

列宁曾多次把上世纪末本世纪初的资本主义社会称作**全面反动的、首先是直接扼杀劳动者的民主成果、以资本家的专政代替民主制度的帝国主义**。奥伊泽尔曼指责列宁的这个看法歪曲了历史现实，这一历史现实的多样性在当今表现得非常明显，而在本世纪初尤其是列宁撰写这些著作的第一次世界大战期间则表现得不够鲜明。

一、列宁的民主观

列宁在俄国第一次革命时期就论证了无产阶级在泛民主主义运动和反封建运动中必须拥有领导权，同时坚决强调了公民权利和公民自由的现实性，认为这是资本主义进步和工人阶级未来社会解放的必要条件。

---

[*] 本文选自《国外理论动态》1997年第7期。

尽管争取社会主义的斗争和争取民主的斗争有着本质的区别,但两者又有密切的联系,因为"除了经过民主主义,经过政治自由以外,没有其他通向社会主义的道路"①。用列宁的话来说,彻底实现民主权利和民主自由给工人阶级带来的好处将比给自由资产阶级带来的好处多。列宁在第一次世界大战前夕也表述了这个具有鲜明社会民主信念的特点:"除了自由的民主的设施以外,没有而且也不可能有其他通向社会主义的道路"②。

帝国主义战争使大部分社会民主党人对工人阶级可能拥有无限的合法权利以进行根本改善自身生活条件斗争的幻想破灭了。战争还经常限制甚至取缔了大部分公民权利和自由,而且由于非常法的确立,工人阶级民主成果——自由结社权、罢工权等等事实上也遭到禁止。一句话,即便在最民主的资本主义社会里,政治上的统治势力还是资产阶级。马克思和恩格斯批判地研究了资产阶级民主并揭示了其经济基础及阶级属性,然而他们并未否定民主制度的现实性,公民权利和公民自由的现实性。列宁的有关著作也持同样的看法。然而第一次世界大战期间,尤其是十月革命以后,列宁的民主观发生了根本的变化。他根据资本主义条件下民主不会扼杀资产阶级的政治统治这一事实得出了这样的结论:这不是真正的民主,实质上是虚幻的民主。此外,列宁写于十月革命前夕的著作《国家与革命》直观地展示了如何从对资产阶级社会民主制度的正面评价转向截然对立的另一种评价。列宁一方面断言,"在资本主义社会里,在它最顺利的发展条件下,比较完全的民主制度就是民主共

---

① 《列宁全集》第 2 版第 12 卷第 41 页。
② 《列宁全集》第 2 版第 23 卷第 287 页。

和制"①。而另一方面，列宁在两页之后声称，"资本主义社会里的民主是一种残缺不全的、贫乏的和虚伪的民主，是只供富人、只供少数人享受的民主"②。这不单单是对资本主义条件下民主的矛盾性的确认，实际上是从对资本主义社会民主的承认转向对它的否认。否认资本主义下公民权利和公民自由的现实性成了列宁关于民主论断的主导思想。列宁认为，资产阶级民主只是在口头上承诺平等和自由，实际上却既不给平等，也不给自由。他断言，资产阶级民主只是花言巧语、高谈阔论、空口许诺的民主，这一切掩盖了劳动者的不自由和资产阶级对他们的奴役和剥削。奥伊泽尔曼声称，随着"无产阶级专政"的确立，对资产阶级民主的否定性批判就变成了替布尔什维克压制公民权利和公民自由的政策辩解的方法。

作者认为，《共产党宣言》把无产阶级革命所确立的政治统治看作是"争得民主"。后来马克思和恩格斯曾多次重提这个思想，即把无产阶级的政治统治理解为是对民主制度的彻底肯定。他们认为只有在工人阶级构成了各发达资本主义国家居民的大多数的条件下，消灭资产阶级的政治统治才会把一切政治权力集中到人民代议制手中。恩格斯说："如果说有什么是无庸置疑的，那就是，我们的党和工人阶级只有在民主共和国这种形式下，才能取得统治"③。列宁没有反驳这一本身包含对资产阶级民主国家机构高度评价的结论，但他认为（这也是他的民主观改变的实质所在），任何一个民主国家本身**一般说来**都是**专政**。列宁在《国家与革命》中坚决断言："还有国家的时候就没有自由。到有自

---

① 《列宁全集》第2版第31卷第83页。
② 《列宁全集》第2版第31卷第86页。
③ 《马克思恩格斯选集》第2版第4卷第412页。

由的时候就不会有国家了"①。当然可以把这一论述看作是列宁的观点或其表述方法有些前后不一,然而完全不能排除说明列宁民主观的主要一点,即把所有民主国家都定义为专政的变种。列宁曾强调指出:"资产阶级国家的形式虽然多种多样,但本质是一样的:所有这些国家,不管怎样,归根到底一定都是**资产阶级专政**"②。

二、关于无产阶级专政

奥伊泽尔曼认为,马克思和恩格斯在谈到无产阶级专政时,主要是把它作为这一阶级的**政治统治**,这一统治不排斥民主制度,而是资本主义社会不能实现的民主制度的彻底实现。列宁经常引用马克思主义创始人的有关论述来证实自己的观点。在奥伊泽尔曼看来,列宁把专政理解为一切国家的本质,从根本上有悖于马克思和恩格斯的观点和一般历史经验。

列宁在俄国第一次革命时期就对专政下了定义:"专政的科学概念无非是不受任何限制的、绝对不受任何法律或规章约束而直接依靠暴力的政权"③。在以后年代,尤其是在苏维埃政权建立以后列宁经常重提这一定义。起初列宁把他的无产阶级专政定义归之为在消灭旧政权的同时也消灭与之相联系的旧法规的革命的内容,所以临时革命政府所依靠的不是这些法规,而是暴力。然而同时,革命专政通过其各项法令制定了新的法律并依靠这些法律,保证遵守这些法律,为此使用强制手段和

---

① 《列宁全集》第2版第31卷第91页。
② 《列宁全集》第2版第31卷第33页。
③ 《列宁全集》第2版第12卷第289页。

暴力。奥伊泽尔曼认为，列宁把专政定义为不受任何法律约束的革命暴力至少是有语病的，而俄国十月革命后的历史证实，这个定义也带来了相当严重的后果。奥伊泽尔曼认为，列宁在专政问题上的主要失误还不在于把革命政权与恐怖等同起来。列宁这个观点的致命之处在于，作为国家政权的临时状态的**革命专政**被当成一切国家的固定状态。列宁把（无产阶级）专政说成是国家政权直至政权"消亡"时的固定状态，这一观点遭到最激烈的反对。早在十月革命前夕，列宁就在这个问题上与大多数俄国及西欧社会民主党人在这个问题上产生了分歧。列宁在为其理论观点和政治观点辩解时曾多次引证马克思的话。奥伊泽尔曼说，马克思的确不止一次地谈到革命过程中作为政权临时状态的专政的必要性。但他从未说过业已确立的无产阶级政权统治应通过专政手段来实现。恩格斯曾指出，民主共和国不但是使无产阶级掌握政权成为可能的条件："甚至是无产阶级专政的特殊形式"①。对无产阶级专政国家形式的这种理解与列宁对专政概念所下的定义毫无共同之处，所以引用马克思和恩格斯的话完全是形式；所引用的马克思主义创始人的论述实质上与列宁的论点是矛盾的。在奥伊泽尔曼看来，恩格斯所下的共和国是无产阶级专政现成的国家形式这一定义，与列宁的专政观是格格不入的。要分析列宁的主要失误就要去专门研究无产阶级专政问题，因为列宁始终认为，无产阶级专政的问题构成了马克思和恩格斯全部学说的核心。斯大林正确地说明了列宁政治观点的特点，斯大林指出："列宁主义是无产阶级革命的理论和策略，特别是无产阶级专政的理论和策略"②。奥伊泽尔曼声称，马克思和恩格斯没有这种**理论**，他们对这个问题作过

---

① 《马克思恩格斯选集》第2版第4卷第412页。
② 《斯大林选集》上卷第185页。

个别的、往往是极其重要的论述,但他们从未对这个问题作过一次专门的研究,也未写过一篇文章。

作者接着说,卡·考茨基曾说过,无产阶级专政的思想是马克思不经意说出来的话。虽然不能对此表示认同,但考茨基的说法起码说明这样一个事实:在马克思和恩格斯**业已发表**的著作中,"无产阶级专政"这一用语出现的次数屈指可数。而作为马克思主义史上极其重要文献的1852年3月2日马克思致魏德迈的信(马克思在他所发表的任何一部著作中均未如此详细地谈过无产阶级专政问题)只是在1930年才全文发表,说明无论是马克思、恩格斯还是他们的战友均未认为有必要出版这个文献。此外,列宁在《国家与革命》这部著作中还引证了马克思的《哥达纲领批判》,这个批判性意见虽不完整,但并未因此而贬低了马克思有关无产阶级专政的提法的重大意义。但同样很说明问题的是,《哥达纲领批判》(1875)只是在写就的16年后才发表。

马克思关于无产阶级专政问题的论点可分为两类:一类是在一些信件中和其他不供发表的文献中,另一类是在他和恩格斯已出版的著作中。但无疑,第一类论点要比所有其他论述内容丰富得多,意义重大得多。奥伊泽尔曼认为,在马克思恩格斯未公开发表的论点与马克思和恩格斯认为必须公之于众的那些论点之间存在着明显的抵触的主要原因是:无产阶级专政问题对于马克思和恩格斯来说在很大程度上是**悬而未决的问题**,他们认为这类问题在他们所谓的设计未来时不需要、也不可能事先加以解决。他们十分清楚、政权转到工人阶级手中将是"争得民主"。马克思和恩格斯在40年代末和50年代初对无产阶级夺取政权以及随后巩固政权需要在多大程度上运用暴力这个问题的回答是毫不含糊的。但以后他们在一定程度上涉及这个问题时则认为,由于具体的历史形势的不同,对这个问题的解决方法也不同。

三、关于无产阶级国家

奥伊泽尔曼认为,列宁公正地指出,马克思和恩格斯把他们的无产阶级政治统治观与打碎资本主义官僚机构的思想联系在一起。"工人阶级不能简单地掌握现成的国家机器,并运用它来达到自己的目的"①。列宁在引证马克思的这个论点时断言,打碎资产阶级国家机器的思想使无产阶级专政的概念具体化了。列宁认为,马克思有关和平的民主的社会主义改造的论述是过时的,不符合新的历史现实。列宁说:"不用暴力破坏资产阶级的国家机器并用**新的**国家机器代替它,无产阶级革命是不可能的"②。这个论断是在十月革命取得胜利和苏维埃政权已经确立后作出的,列宁认为苏维埃政权是符合无产阶级专政的阶级本质的完全新型的国家,是继法国大革命和巴黎公社之后向前迈进的**一大步**。

作者接着说,苏维埃政权打碎旧的国家机器这个思想几乎贯穿于列宁1918—1921年间的所有讲话。但现实生活推翻了这个思想,从而也推翻了把苏维埃国家政权形式看成是消灭了官吏阶层这样的社会集团、消灭了常备军并代之以全民武装的观点。在奥伊泽尔曼看来,苏维埃政权的这些特点都是空想,实际上是抽象的结论和不能实现的美好愿望。坚持认为苏维埃政权创建的军队与资产阶级国家的军队有原则性区别,苏维埃官吏与资产阶级官吏阶层毫无共同之处——所有这一切最终不过是些用于宣传的空话。列宁在革命前夕曾断言,所有劳动者将轮流执行官吏的职责,因为新的国家机器将简化对国家事务、经济、文化等等的

---

① 《马克思恩格斯选集》第2版第3卷第52页。
② 《列宁全集》第2版第35卷第238页。

管理，但革命以后他逐渐开始抨击那些坚持必须取缔官吏阶层的志同道合者了。

作者认为，列宁对国家机器本质属性的观点发生变化是从抽象的理论思考转向国家建设的实践和对现实情况清醒评价的结果。革命后头几年的事态发展对列宁产生了极大的影响。如果说1918年以前列宁还把苏维埃政权说成是国家发展中具有世界历史性的转折的话，那么他在最后的著作中已经开始怀疑，实际上是否定自己以前对苏维埃的评价了。但如果事情果真如列宁所断言的那样，即根本没有打碎、破坏旧的中央集权的官僚军事的国家机器，那就意味着，列宁以前所说的这个机器已被革命消灭并代之以新的国家机器的话是自欺欺人。

作者接着提出另一个问题：马克思提出的消灭资本主义社会形成的国家机构的任务在多大程度上是**现实**的？值得注意的是，马克思把这个任务看成是在那些存在官僚和军阀独裁统治的资产阶级国家里必须完成的任务，同时19世纪后25年的标志是获得了与官僚军事国家机构抗衡的民主成果，所以恩格斯在探讨对社会进行社会主义改造的问题时已经不提打碎，而是提彻底改造旧的国家机构。

作者说，如果把恩格斯的这个观点与列宁的观点加以比较，那么结果只有一个：正像列宁所承认的那样，十月革命并没有打碎资产阶级的国家机器。列宁和恩格斯一样，认为不是必须打碎，而是要彻底改革这个权力机构。其实列宁放弃了不摧毁资产阶级建立的国家权力机构无产阶级革命和工人阶级专政是不可能实现的看法。

奥伊泽尔曼指责列宁**唯意志论地**阐释了马克思的社会主义理论，实际上是割裂了这个理论和马克思主义关于生产力进步的学说，而随着劳动生产率的巨大增长，生产力的进步已使为工人阶级和全体劳动者利益而进行的根本性社会改造成为可能的和绝对必须的。在某种程度上，这种改造在最发达的资本主义国家里已经实现并且继续在实现这一事实，证实了马克思和恩格斯关于可能对资产阶级社会进行渐进改造的社会主义的观点。然而同时应考虑到社会主义这个概念本身在变化，当代的社会主义观并不要求以消灭私有制、商品货币关系和社会不平等为前提。

（邢艳琦 编写）

马克思主义与布尔什维主义[*]

〔俄〕B. M. 梅茹耶夫

目前,还没有谁来书写马克思主义在俄国社会的传播与发展史。近些年来出版了大量俄国研究19世纪欧洲思想家的著作,在对俄国社会的思想影响方面,他们当中的任何一位都无法与马克思相媲美。在近乎整整一个世纪的时间里,马克思在俄国都享有至高的权威,无论是在意识形态领域还是在实践领域。位居其次的是列宁。长期以来,各门社会科学只有以马克思列宁主义的名义才会获得自身的存在权。作为官方意识形态,马克思主义被看作是哲学、史学、社会学以及人文知识领域唯一正确的科学。时至今日,虽然关于这一马克思主义到底是什么以及它与马克思本人的观点之间是否相符合,人们仍在进行着广泛的辩论,但无可争议的是,正是以马克思主义为标志,俄国走过了整整一个历史时代。

众所周知,作为一种现象,"20世纪的马克思主义"并不是单一的,其内部包含各种不同的、有时甚至激烈冲突的政治、社会和哲学流

---

[*] 本文选自《马克思主义与现实》2011年第6期。本文译自论文"Маркс против марксизма",载 Культурная революция,2007;经作者授权发表。作者 Вадим Межуев 系俄罗斯科学院哲学所高级研究员;译者为中共中央党校进修部副教授。

派。例如，在西方马克思主义和俄国马克思主义这两大不同流派内部就又同时包含有各自不同的多样性类型。可以列入西方马克思主义者的，既有那些直接发展了马克思思想的人，如葛兰西、柯尔施、卢卡奇等，也有那些并未完全遵循马克思的思想，但在对资本主义持否定态度这一点上同马克思保持一致的人，如倾向于新康德主义的奥地利马克思主义者、法兰克福社会研究所的理论家、"新左翼"思想家以及一些看似非马克思主义的哲学流派。①

俄国马克思主义也并非仅仅局限于列宁，还包括合法马克思主义、社会民主主义的马克思主义（如普列汉诺夫）以及苏联马克思主义的代表人物。亚洲国家一些政治领袖也将自身划入马克思主义者的行列（毛泽东、胡志明等），这又可以称之为东方的或亚洲的马克思主义。因此，虽然马克思只有一个，但"马克思主义"却有很多种。

在这方面，苏联马克思主义也不例外，虽然较之于马克思主义的其他变体来讲，苏联马克思主义更为注重对马克思观点的真实再现。恰恰是在苏联产生了"忠诚的马克思主义者"以及它的补充——"列宁主义者"。为了"马克思主义的纯洁化"，苏联政权一直在进行着斗争，反对将马克思主义现代化或者进行部分重新理解的企图。因而，口头上赞同"创造性的马克思主义"，但在实践上如果这种发展和创造并非来自于政权本身，那就会被指责和批判为机会主义、修正主义或者背离马克思主义。为了公正起见，有必要指出，为了求真，苏联政权在对马克思恩格斯文本的收集、保存和研究方面，在对他们的全集、选集和单行本的多次再版方面的确做了大量的工作，苏联的马克思学研究拥有最丰富的文献资料、物质手段、研究机构和专业技术队伍，但问题在于，他

---

① Андерсон Пери, *Размышления о западном марксизме*. М., 1991.

们对马克思主义经典作家思想文本所作的诠释，总体上并未超出其意识形态。

产生了苏联马克思主义的俄国马克思主义有其独特之处，这是一个公认的事实。早在19世纪末，马克思就已经被很多俄国人当作新降临的先知来看待，他不仅能够预见人类历史的未来，而且通晓人类历史的全部秘密。关于马克思主义的这一宗教根源，西方学者也曾经作过论述，但唯独在俄国马克思主义被比作了宗教。例如，别尔嘉耶夫就曾将马克思主义看作一种宗教，一种作为基督教替代的宗教；今天仍然健在的马克思主义研究者卡·莫·坎托尔则指出，在马克思的学说与耶稣基督学说之间存在直接的共通之处，它们在形式上是不同的，一个是科学，另一个是宗教，但在意义上二者是相同的，作为人类历史两种不同的"范式设计"，它们在人类演化进程中相互替代。当然，在俄国人的意识当中还存在着另外一个马克思，用列宁的话来讲就是，马克思的学说"没有丝毫伦理学的气味"①。这个马克思是战斗的无神论者，是抛弃了任何幻想的唯物论者，是对自身的阶级敌人加以无情打击的革命者。

在俄国人的社会意识当中马克思的形象是双重的，体现为极端对立的两种，或者作为绝对善的化身而存在，或者作为绝对恶的化身而存在。直至今天，人们对马克思的理解仍然是以这样一种方式进行的。无论是将其神化还是将其妖魔化，人们对马克思的看待总是透过"宗教—道德意识"的棱镜进行的。优先从道德立场上评价一切是俄国传统所具有的一个特点。

---

① 《列宁全集》第2版第1卷第382页。

但重要的是，在长达一个世纪的时间里，为什么是马克思而不是别人成为人们宗教景仰和膜拜的对象？为什么恰恰是在马克思心目中并未占据中心地位的俄国，马克思的学说却成为了几代人思想和行动的路标？

在俄国（直至社会主义垮台之前），马克思主义不仅是科学的理论，而且是唯一正确的、其各个内在组成部分也都不存在任何错误的、通晓社会生活全部问题的意识形态。马克思恩格斯曾希望终结一切形式的意识形态，用科学来取代意识形态，但与经典作家的愿望相反，马克思主义在俄国则多半成了一种意识形态，首先是作为党的意识形态，然后是作为国家的意识形态。正是在这一点上，在对待马克思主义的态度问题上，俄国人有别于欧洲人，后者能够以更为冷静和批判的态度对待马克思主义。但是，这种态度随着布尔什维克党在俄国政治舞台上的出现而告终。布尔什维克不仅宣布马克思主义为自身政党的意识形态，是党垄断控制的对象，而且赋予它一种形象，这一形象即使在今天的俄罗斯人来讲仍是唯一真正的马克思主义代表。正如我们所认为的那样，马克思主义在苏联所取得的局部性成就并未超出这一看法的范围。为了理解其实质，首先必须研究布尔什维主义运动的实质。

布尔什维主义的起源并不应归之于马克思主义，而应归之于俄国历史和俄国革命的特殊条件。像马克思主义的许多批评者所做的那样，在马克思主义当中寻找布尔什维主义的根源未必是正确的。布尔什维主义产生于一个面临快速实现现代化（首先是工业化）、但大多数居民尚未做好历史和文化上的准备的国家。对于这样一个国家而言，即便取得了资产阶级民主革命的胜利，也无法依照民主的方式实现现代化。最终，这一革命迅速转向了自身的反面。布尔什维克并不是非民主国家的原因，而是非民主国家的结果。他们对民主的拒绝并不是由于意识形态偏见，而是有着极其客观的起源。就当时来讲，没有任何一种民主形式能够对俄国历史上的两个根本问题作出回答，而这两个问题，欧洲国家在建立自身的民主秩序之前就早已解决了。

第一个问题是农民问题。生活在古老的宗法制农村公社中的农民，是俄国社会的主要人口，他们构成了俄国现代化道路上的主要障碍，阻碍了俄国向私有制社会（资本主义制度）的过渡和转变。并非国家而是农村公社将俄国社会牢牢地束缚在了传统的生活方式当中。能否以民主的方式打破农村公社的抵抗，将俄国社会引向资本主义的发展方向呢？

在一个农民国家当中，由部分受过教育的城市阶层发动的反对专制制度和政治压制的斗争，要想获得广大农民的支持，就必须解决对于农民来讲最主要的一个问题——对土地和自身劳动产品的所有权问题。政权问题，对于农民的意义，正是取决于政权对土地问题的解决。人们对一个好的政权的评价标准并不在于它对法律和权利的重视程度，而在于它是否是一个善的和公正的政权，能否对"普通民众"的敌人予以无情的打击。对政权的道德要求——能否按照良知来进行治理比任何法律秩序都重要。显然，这里人们对政权所持的支持态度，更多地是基于对其善良意志的相信，而不是对法律的相信。以这样一种意识参与到革命进程当中去的群众，任何时候都会得出民主变革的结论。

马克思曾经设想过，如果革命发生在俄国，那么它只能是一场农民革命，离任何一种民主制度都还相距甚远。他警告说："俄国的1793年就会来到，这些半亚洲式农奴的恐怖统治将是历史上空前的现象。"① 由于向资本主义的过渡必然伴随大部分农民与土地的脱离，因此，这一

---

① 《马克思恩格斯全集》第1版第12卷第725页。

过渡不可能是平稳的，不可能不发生流血冲突。因此，在写给维拉·查苏利奇的著名的信中，马克思曾建议俄国社会党人等待西方社会主义革命的发生，跟在欧洲后面，绕过资本主义，在自身村社土地所有制的基础上，亦即不通过资本主义实现向社会主义的转变。依据马克思的这一想法，在世界范围的社会主义革命获得胜利之后，俄国只能成为一个农业国家，成为世界的农村，工业发达的西方国家将发挥世界城市的功能。这一想法未必能令俄国的马克思主义者满意。后来，斯大林以纯粹俄国的方式解决了这一问题，认为实施暴力集体化政策、剥夺富农要比列宁的具有长期性和不确定性的新经济政策好。如果其他政党最终夺取了政权，它们又会怎样来解决这一问题呢？我们假设，它们会以农庄化或农场化来代替集体化（像斯托雷平时期所做的那样），但同样也会是暴力的。

第二个问题是民族问题。问题并不在于俄国是一个多民族国家，而在于每个民族都生活在自身的历史疆域之内，仍然保留着自身的信仰、语言、传统和文化，并没有成功地融合到一起。怎样才能使这些民族生活在一起，生活于同一个国家呢？相似类型的多民族国家的存在经验表明它不利于民主。任何民主化的尝试立即就会导致国家的解体，南斯拉夫就是个例子，在此之前，所有的欧洲帝国包括沙皇俄国也是如此。并不是每一次解体都意味着向民主的转变，最终掌握政权的往往都是一些激进民族主义的政党和运动。为保持多民族国家的完整性，在布尔什维克倡议下所形成的苏联曾经在 20 世纪进行了一场规模巨大的试验，但正如所显露的那样，这是一场不太民主的试验。苏联解体之后，民族问题仍然是当代俄罗斯多民族联邦所面临的重要问题。能否以民主的路径解决这一问题呢？车臣的例子提供了反证。

俄国历史上这两大未获解决的问题，使部分俄国社会民主党人转向了布尔什维主义的立场，但这与马克思的学说并没有直接的关系。第一次世界大战结束后，一些欧洲战败国家的社会主义政党也转向了同一方向，在意大利导致了法西斯主义的上台，在德国则促成了国家社会主义的产生。如果说布尔什维克——即便在国家恐怖主义最严酷的时期也没有中断与马克思主义的关联，当然这在很大程度上损害了马克思主义的声誉，那么意大利的法西斯主义者和德国纳粹则并不想与马克思主义有任何共通之处，虽然他们有时也会支持和效法布尔什维主义的统治方法。

对于布尔什维主义等运动的产生原因，人们经常会到其领袖的粗暴个性或者恶意意图当中去寻找。但对他们在不同国家——意大利、德国、俄国——几乎同时获取政权这一问题，我们又该作出何种解释呢？单纯的偶然性并不能促使他们迅速攀上高位，这些人政治上的成功固然离不开他们对权力意志的追求，但更重要的是因为在这些国家当中存在着对该派政治领袖的现实需求。

独裁者并不是依据自身的愿望获取政权。历史上的各个时期虽然都不乏对权力的觊觎者，但这些独裁者在20世纪的出现——并且不是出现在任意某个地方，而是出现在欧洲大陆——证明在这些欧洲国家形成了一种无法替代独裁体制的社会形势，除独裁体制之外已无其他选择的可能。在另一种体制之下，这些主权国家要想达到与其他战胜国同等的军事和工业发展水平恐怕是极为困难的。因此并不奇怪，这些新的独裁者并不是来自那些整日幻想着复辟旧秩序的保守主义者和传统主义者，而是来自那些更为关注进步和新时代到来问题的社会主义者和无政府主义者当中。所有这些独裁者都以对自身民族、国家或劳动阶级未来繁荣和强大的关心作为自身政权合法性的证明，除此之外，他们还能用什么来诱惑那些既输掉了战争又落入贫穷破产状态之中的人们呢？任何结束民族屈辱和贫困的承诺，无论这一承诺是由谁发出的，都会比自由民主的号召重要得多。而说到俄国农民，要说的是什么呢？这些农民世代所幻想的并不是宪法和法制国家，而是拥有自己的土地和过上富足的生活。

西方发达国家的工业现代化通常是在民主和市场（资本主义）经济的体制下完成的。但对于一个公民社会尚未形成、中产阶级发展尚处于萌芽阶段的国家而言，其现代化任务的实现也可以借助民主的手段来完成吗？对于一个不再以君主制和帝制方式存在的国家，如何以民主的方式来保持其疆域的完整性呢？那些布尔什维主义的反对者，无论是俄国的自由派、民粹派，还是在欧洲马克思主义理论培育下成长起来的俄国社会民主党人——孟什维克——都不能给出自己的回答。短命的临时政府证明俄国尚未对民主做好充分准备。与这些仍然停留于19世纪的政治反对者相比较，这时的布尔什维克已经是20世纪的人了。

19世纪政治信仰的主要象征是自由主义的自由思想。正是这一思想占据了布尔什维反对者的头脑。按照他们的观点，只要终结了专制体制，建立了共和制度，宣布所有人都成为俄国的自由公民，这也就足够了——剩下的一切将会自行得到解决，俄国将迎来政治民主和经济繁荣的时代。但是，沙皇虽然被赶走了，结果却与人们预料的完全相反——军队溃败、国家瓦解，整个社会落入到混乱和无政府状态之中。俄国社会不仅面临着军事失败的危险，而且面临着国家灭亡的危险。

布尔什维克在夺取政权斗争中取得胜利的原因，是他们集中和团结在了自身党的领袖周围。该党坚决地领导着自己的国家，采取一切措施恢复社会的秩序和纪律。对这一按修会纪律建立起来的、坚如磐石般政党能力的信任构成了20世纪的政治信念。这一信仰完全符合落后国家的发展实际，对这些国家而言，它们必须找到实现自身快速现代化任务的途径和手段。布尔什维克率先制定了这一信仰的原则并将其付诸实现，从而成为了政治斗争的胜利者。不能说他们的胜利是偶然的和毫无理由的。即使他们采取了非民主的方式，实行了俄国传统意义上的动员式经济体制，但对于俄国的现代化而言没有人会比他们做得更多。对于他们所提出的发展模式，你可以持否定态度，但它对20世纪初期的俄国显然是唯一可行的发展模式。甚至在今天，虽然马克思主义和社会主义已经看似终结，但我们依然见证了中央集权信仰的复活。人们所谓的垂直权力系统的存在，再次证明了这一信仰的起源并非是马克思主义的，而是俄国式的，它曾经滋养了布尔什维克。因而，只有以俄国爆发的但并未取得成功的资产阶级革命为背景，才能理解布尔什维主义现象的产生和出现。

众所周知，俄国革命并不是从十月革命开始的，同时也不是由单纯的布尔什维克的力量完成的。自1905年起的12年的时间里，俄国共发生了三次革命。可以认为它们是各自不同的革命，也可以将它们看作同一革命的不同阶段，如同法国大革命一样。

从这一观点看，十月革命只是上世纪初俄国社会所爆发的资产阶级革命的一个重要事件，布尔什维克不外是将这一革命引向了俄国传统意义上的国家父权主义的轨道。我写这些并不是要为布尔什维主义恐怖作辩护，而是任何革命都会伴随极端冲突和暴力情况的发生。一般来讲，不应以道德的观点去评判革命，去谴责它的残酷性和非人道性。革命就其本性来讲并不是法律和道德行为，而是实力的较量。暴力、恐怖、国内战争，所有这些罪恶的东西从革命的观点看都是完全合理的，它们是革命的方法。如果要谴责十月革命的话，也必须对俄国历史上的、吸引了每一代知识分子参加的全部革命运动加以谴责，同时也要对整个俄国社会历史加以谴责，因为正是它构成了这一革命运动的形成土壤。

这里重要的是，十月革命的极端性和残酷性主要是由俄国对资产阶级民主变革的准备不足造成的，而不应归罪于马克思主义。马克思主义在俄国所经历的、最终转变为许多人所敌视的官方意识形态的命运，并不应该由马克思学说的内在缺陷和错误来解释，而在于布尔什维克采用了这一学说。他们试图借助这一学说为自身所完成的革命进行论证，论证其具有无产阶级革命和社会主义革命的性质，但这样做由于既缺乏理论的根据也缺乏实际的根据，最终就使这一学说变了味，歪曲了其中所包含的有关未来预见的内容。

可能，布尔什维克想掀开人类历史新的一页，实现人类历史由资本主义向社会主义的过渡，但事实上他们却是被革命进程本身推向了革命。革命是由俄国在世界大战中的失败所引起的，是俄国在传统工业技术方面和社会发展方面落后于欧洲发达国家所导致的结果。欧洲国家早在自身发展的资本主义阶段就已经完成了现代化的任务，而俄国资本主义的发展尚处于萌芽阶段，它有可能以某种另外的方式或路径实现自身的现代化吗？列宁试图在马克思主义当中寻找根据，使马克思主义更适合解决他所提出的任务。因此，将马克思主义与布尔什维主义相结合的"功绩"应当归之于列宁。但为什么是与马克思主义而不是与某种其他的学说相结合呢？是什么使一个农民国家相信马克思有关无产阶级能够战胜资产阶级并建立新社会的观点呢？用列宁自己的话来讲，他"迷恋马克思主义"，但并不是盲目的狂热者，他不会对现实持不加分析的态度，也不会固守任何教条而影响事业。是什么使列宁在马克思主义当中看到了答案，进而破解了俄国面临的难题呢？

列宁是布尔什维克党的奠基人，但他从未以马克思主义的理论家或者经典作家而自居，他认为自己只是马克思的学生。列宁起到的是杰出政治实践家的作用，他将马克思的学说变为了现实——即使不是在整个世界的范围内也是在其本国的范围内。如果说马克思是思想的天才，列宁就是革命行动的天才，正如他周围人所作的评价那样。例如，托洛茨基就是这样来看待列宁的。在《俄国革命史》一文中托洛茨基写道："马克思是《共产党宣言》、《〈政治经济学批判〉序言》和《资本论》中的马克思。马克思即使不是第一国际的奠基者，他也会一直活到今天。相反，列宁则是革命行动中的列宁。他的著作不外是为他的行动所作的准备。列宁即使一部著作也不出版，他也会像现在这样被记入历史：无产阶级革命的领袖，第三国际的奠基人。"① 列宁似乎也同意人们对其历史作用所作的评价。他曾经讲到，马克思主义对于他并不是教条，而是行动的指南。

但是，按照卡·莫·坎托尔的观点，对于斯大林而言，"作为理论家的列宁，其理论形象并不逊色于马克思。斯大林实际上是在'马克思列宁主义'的名义下用列宁主义代替了马克思主义。与托洛茨基、葛兰西等很多人所持的观点相反，在斯大林看来，列宁主义并不仅仅是一种实践，而且也是一种理论"②。的确，正如坎托尔所认为的那样，列宁主义"完全是另一种理论的实践，即列宁理论的实践，而不是马克思理论的实践，虽然在列宁的理论当中可以找到马克思学说的痕迹"。由列宁所诠释的马克思主义构成了布尔什维主义及其政治目标和任务的理论依据。其他的一些布尔什维克包括波格丹诺夫、托洛茨基、布哈林等人，以及斯大林本人在内，他们也都觊觎和追求着这样一种作用，但他们都支持将列宁作为最高的权威，作为马克思的代表。到底马克思的哪

---

① Троцкий Л. Д., *К истории русской революции*. М.，1990. С. 235.

② Кантор К.，Двойная спираль истории. *Историософия проектизма*. Т. 1. М.，2002. С. 814 – 815.

些东西吸引了列宁？

在列宁的评价当中，马克思不仅是天才的思想家而且首先是一位革命者，是无产阶级革命和无产阶级专政的理论家。这里，"革命"和"专政"两词构成问题的关键。对于列宁而言，恰恰是这两者的存在使俄国社会面临的任务获得了解决，而与革命和专政两词相联结的"无产阶级"一词，对列宁来讲则仅仅意味着俄国最终既不会成为一个农民国家，也不会成为一个资产阶级国家。农民俄国只是落后的同义语，而资产阶级俄国还没有出现，等待它最终出现是不可思议的。

但是在俄国，到哪儿去寻找革命的无产阶级这一成熟资本主义的产物呢？在国家还没有形成工人阶级时又何谈无产阶级专政呢？在这一点上，自认为是正统马克思主义者的列宁，主张在还不具备作为革命阶级的无产阶级的情况下，完全可以以无产阶级的革命政党来代替它。如果说《共产党宣言》的作者是把党看作工人运动的政治组织，那么列宁则将党变成了激发、指引和领导这一运动的有组织的独立性、职业性政治力量。在马克思恩格斯那里，没有意识到自身革命力量的无产阶级就没有党，但对于列宁而言，没有党就不会有革命的无产阶级。在"阶级"与"政党"的关系中，列宁是把政党放在了首位，把它作为无产阶级从"自在阶级"转变为"自为阶级"的主要条件。

列宁认为，在工人群众当中并不会自发地形成革命意识，党的最初任务就是要将这一"革命意识灌输到"工人群众当中去。列宁这一问题的提出与马克思的观点之间出现了分歧。一段时期内，列宁的说法在俄国社会民主党中间获得了接受，但同时也导致了该党的分裂，使党分裂为布尔什维克和孟什维克。随着俄国革命形势的快速发展，列宁的意图变得越来越明显——要把党从革命的鼓动者和宣传者变为革命的总司令部。列宁是马克思主义者中第一个将革命不仅看作是一种技艺，而且是一种特殊形式的职业活动的人,他将这一活动的从事者视作职业革命家。这里,革命的完成是由那些预先准备以暴力方式夺取政权的人所进行的,因而较少地取决于无产阶级自身。可以以无产阶级的名义组建政党,宣扬口号,替他们进行呼吁,宣誓对他们忠诚,也可以对他们进行宣传鼓动,但无产阶级自身却不能完成任何一次革命。因此,并不是指靠阶级,而是指靠在地下和非法条件下形成的、按照军事方式组织和武装起来的政党,单凭这一点就足以说明这一革命到底意味着什么了。

不应忘记的是,布尔什维克虽然决定发动革命,但他们只是指望这一革命能够成为世界无产阶级革命的序曲。他们所想到的只是开始,并且发自内心地希望这一革命能够立即得到欧洲工人运动的支持,至于在革命之后应当做些什么,他们当中的任何一位都没有做过严肃的思考。整个列宁主义都可以归结为对世界资本主义"薄弱链条"出现革命"突破口"的必然性和可能性的证明。布尔什维克党应当成为这一"突破口"的武器,该党所学会的并不是如何建立社会主义,而是如何夺取政权——自然,这并不是以民主的途径而是以暴力的途径。

但是,阶级斗争理论、无产阶级革命理论和无产阶级专政理论的提出者难道不正是马克思本人吗?的确是的。马克思理论的提出实际上适应了欧洲社会的历史,但这一历史在马克思之后则立即发生了不同于俄国方向的另一种演化。实际上,在马克思仍然在世的时候欧洲很多国家的民主制就已经成为了现实。在进入自身思想的成熟阶段后,马克思恩格斯也曾一起得出结论,在现存的民主秩序中,工人阶级可以不通过革命的方式而采取和平的方式——通过参加民主选取——来赢得政权。因此,在资产阶级社会中也可以利用民主渐进地实现社会主义的改良。这一思想奠定了民主社会主义的理论基础,构成了当代西方许多社会民主党的纲领性条款。后来的西方马克思主义总体上放弃了暴力夺取政权的思想，只要这个政权是民主的话。暴力的合理性只存在于与暴政的斗争中，而不在民主已经获得胜利的地方。

在自身活动的初期，马克思恩格斯的确坚信只有无产阶级革命才能保障民主的完全胜利。但是在生命的最后，他们却倾向于认为，资产阶级民主可以成为解决社会问题的方法，可以成为向社会主义过渡的方法。的确，由于马克思恩格斯并没有对民主和革命进行彻底的区分，因此，这也造成了在他们晚年的表述当中存在着一定的矛盾和不尽一致之处。不过，在他们创作的成熟期，他们比在年轻时更加热衷于民主的发展道路。因此，当时马克思恩格斯在德国社会民主党内最亲密的朋友和伙伴所作出的结论是合理的：资产阶级民主革命是具有历史性意义的最后一场革命，在此之后开始的将会是和平的演化发展。政治革命作为由专制向民主进行过渡的方式，其作用已经被证实，但在民主制确立之后，它就失去了历史的火车头作用，只能成为历史的记忆。在民主业已获得胜利的情况下，任何试图通过革命来夺取政权的做法都会引起严重的后果。

十月革命是这一结论的直接证明。与马克思主义的改良主义的西方方案相对立，列宁提出了自身极端激进和革命的方案。俄国官方和民间心态传统所固有的对于民主问题的虚无主义态度，将列宁主义同马克思主义区分了开来。在列宁对无产阶级专政的阐释当中，专政被认为是马克思主义的主要内容，这一点体现得很充分。

众所周知，"无产阶级专政"概念是马克思从巴贝夫主义者和布朗基主义者那里借用来的。但与他们不同的是，马克思并未把它理解为一个阶级对另一个阶级的暴力镇压，而是理解为工人阶级所争取到的最广泛的政治民主，不仅是无产阶级自身的民主，而且是所有人的民主。与资产阶级专政不同，无产阶级专政是大多数人获得权力，是建立在社和国家的公职人员选举产生和人人享有同等权利、法律面前人人平等以及政治自由和公民自由基础上的。马克思并非不关注资产阶级民主的争取问题，他只是想使这一民主成为全体社会成员共享的成果，为其补充更为广泛的社会性内容。后来，西方的社会主义政党都普遍放弃了"无产阶级专政"这一概念，更愿意接受民主法制和社会国家的思想。

而在列宁那里，情况则不是这样。列宁对无产阶级专政的解释重点并不在无产阶级而在于专政。对列宁来讲，无产阶级的现实存在只体现为它的先锋队——布尔什维主义政党——的存在，无产阶级专政事实上并不是阶级的政权而是党的政权。以"民主集中制"为原则的党内纪律以及一元化的意识形态成为全部社会生活的准则，党本身则具有了超国家的权力机关意义，迫使整个社会接受自身的法令和优先地位。这也就是列宁主义的政治发现———一种原则上新的、在以往的全部政治思想史中从未有过的发现。如果说马克思恩格斯对无产阶级夺取政权问题的思考是在资产阶级民主制业已形成的条件下进行的，除了民主制之外他们不会想出什么更好的制度形式，那么生活在农民国家当中的列宁在夺取政权过程中所能依靠的只能是自身政党的力量。在这样的国家当中民主派并不会赢得政权，即使赢得了也会很快失去。在这一意义上，列宁主义是纯粹的俄国理论。毫无疑问，列宁想使自己的国家文明起来，但他所使用的却是比前辈更为野蛮的方法。

布尔什维主义与马克思主义之间的差异，在布尔什维克夺取政权并开始讨论"一国建成社会主义"的问题之后开始变得更为明显起来。如果说第一代布尔什维克还试图以工农兵代表苏维埃的形式将"无产阶级专政"同"无产阶级民主"结合起来，那么十月革命之后，在"全部政权归苏维埃"的口号之下，党的中央和地方委员会则立即控制了各级苏维埃的活动。与共产主义俄国的名称相背离，这一政权从来都不是苏维埃的，而是党的官僚机器及其领导机关的政权。在生命的最后几年，列宁意识到了党的官僚蜕化的危险，但他还是未能扭转由他所建立的政治制度的逻辑。斯大林时代及其以后，"党的主导性、方向性和指导性作用"成为苏联生活确定的、不可改变的事实，并在勃列日涅夫宪法的著名的第六条当中最终固定了下来。

权力完全集中在党的官僚手中，好像他们比别人更理解"马克思列宁主义"学说，更捍卫社会主义的发展道路，但实际上，他们对马克思主义的解释既与马克思主义不同，也与社会主义无任何共通之处。对于那些在党内任职的人来讲，决定他们职位升迁标准的，并不是他们的马克思主义教育水平（勃列日涅夫就曾经承认，他没有读过一篇马克思的文章），而是他们对党的最高领导的个人忠诚。他们最多有可能成为具有务实思想的政治家，能够提出某些经济领域的合理改革，但没有谁能够超越斯大林统治时期所形成的意识形态教条。他们当中，没有一个人成为马克思主义的著名理论家，就连马克思主义本身对于他们也是毫无用处的。他们用马克思主义的旗帜为自己作掩护，为马克思建立纪念碑，到处悬挂他的画像，但无论在思维方式上还是行为方式上都不是马克思主义者。官僚傲慢与十足无知的结合，暴露出他们与我们从俄国文学中熟知的官僚而不是与马克思主义者和社会主义者的亲缘关系。他们将抑制针对制度（这一制度将他们送到了权力的顶峰）的任何批判作为自身的主要意识形态工作，特别是当这一批判来自那些真正相信马克思主义的人的时候。这样，与怀疑现有制度能力的"敌对宣传"所作的斗争几乎耗尽了马克思主义的意义和价值。

显然，这也就解释了为什么苏联最有才华的马克思主义者埃·瓦·伊利吉科夫，更愿意将马克思描写成逻辑学家或认识论者而不是社会政治的思想家。在俄国，人们对马克思的描写更多所涉及的是他对意识的理解而不是对存在的理解。由于受政权机关的检查，一些有研究能力的人不得不打消从事对存在问题进行研究的愿望，没有谁能够对马克思主义理论当中被我们称之为科学共产主义的部分加以严肃对待，因而，历史唯物主义在年轻人当中并不受到尊重。这也就封堵了理解这一学说现实意义的道路。

毫无疑问，马克思并不是在人们的意识当中而是在社会存在当中找到了自身所感兴趣问题的答案，他将社会存在看作科学认识的对象。在马克思那里，存在并不是形而上学范畴而是社会历史范畴，不应以思辨的方式去理解它而应对它进行严格的理论分析。同时，马克思的存在学说并不仅仅是对现象的经验分析和系统化，还是对具有历史暂时性的、处于不断变化过程中的现象的批判。因此，马克思思维的特点是其批判性和历史性，不允许将任何现实绝对化和永恒化。在马克思的概念当中，方法论的学说与存在论的学说、认识论的学说（认识论）与本体论（存在论）的学说是不可分割的。如果尚未确定认识的对象，那么又何谈认识呢？

从这一观点出发，也就不存在两种唯物主义（辩证唯物主义和历史唯物主义），正如不存在两种"物质"（自然物质与历史物质一样）。世界是物质的，其实体性的统一并不表现为自然与历史的抽象统一，而是由人类活动所规定的历史性现实。世界的统一只存在于历史当中，并通过历史认识而展现出来，对自然的认识只是其中的一部分。马克思无疑遵循了黑格尔有关"将实体理解为主体"的规定，但认为主体性的本质并不存在于思维当中而存在于社会劳动当中。对马克思而言，辩证法也就是人类在历史中的生存方式，是对历史的创造，因此也就是将现实理解为历史的世界，理解为主体与客体、活动与现实、思维与存在、理论与实践的统一。

按照这一理解，马克思的学说就不仅是逻辑学和认识论，如同列宁在黑格尔那里所解读到的一样，而是作为现实历史实践主体的人的存在方式的学说。许多苏联哲学家试图在自然科学材料的基础上研究辩证法，但由于他们并不愿意从事对社会存在的研究，因此最终所导致的就是用实证科学方法代替辩证法。他们试图保持辩证唯物思维的正确性，但由于这一思维只表现为某种抽象的哲学认识论以及与社会发展实践毫无联系的、普遍的辩证法规律，因此造成辩证唯物主义与历史唯物主义的分离。实际上这是社会意识与社会存在之间发生断裂的结果。

一定程度上，这一断裂是由列宁所引起的。列宁将马克思的学说分割为哲学（辩证唯物主义和历史唯物主义）、政治经济学和科学社会主义三个部分，并且违背马克思的意愿，将它们与人类历史发展的唯一图景——"自然历史过程"——对立了起来。在更大的程度上，这一断裂是由"现实社会主义"所表现出的与某种发展逻辑的完全不相适应引起的。人们更喜欢在自然界中或者在认识当中寻找辩证法。仅仅局限在纯粹逻辑方法论的范围内，对于苏联马克思主义者而言，是脱离客观存在的现实及其问题的独特方式。

可以得出什么样的普遍结论呢？对苏联马克思主义（布尔什维主义的马克思主义）的分析之所以令人感兴趣，并不是要对马克思进行某种特殊的、他人理解不了的解读，而是要对俄国自身加以理解（在一段历史时期内，俄国曾试图以马克思主义来反映自身的问题）。马克思是一位欧洲思想家，只有以欧洲社会历史为背景才能看清他的优点和不足。而在俄国以马克思名义所发生的一切，主要的错误并不在马克思。俄国土壤的马克思主义只是俄国意识的一种谬误，直至今天它仍未找到自身适当的表达形式。现在流行的态度是把马克思作为恶的主要根源，这样做并不利于在俄国自身当中寻找俄国所发生一切的原因。即使没有马克思，俄国也完全可以重现布尔什维主义的经验，只不过是以另外的一种口号和旗帜来进行。没有马克思主义的布尔什维主义是一种完全现实的前景。直至今天，当代俄罗斯仍在继续寻找解决自身问题的办法，至于最终能否找到，现在评价还为时过早。

（林艳梅 编译）

为列宁主义的不宽容辩护[*]

〔斯洛文尼亚〕 斯拉沃热·齐泽克

列宁的选择

可否设想在我们的自由社会中对自由选择的实际效果做一个更好的归纳？乌尔里希·贝克曾提出一个"自反性社会"概念,认为从性伙伴到民族认同本身所有类型的交互作用,都须重新协商或确立。[②] 那种在线购物选择的情形很好地说明了这种进行自由选择的永恒动力中令人厌烦的一面,人们不得不进行一连串几乎没完没了的选择:如果你想要X,点击A,否则,点击B。我们可以继续这些"重新确立我们自己"的细微选择,只要它们不会破坏社会和意识形态的平衡。就"这是我的选择"而言,最彻底的莫过于聚焦那些破坏性选择:比如,邀请一些狂热的种族主义者,而他们的选择——不同之处——的的确确产生了一种差异性。这些现象的存在使得今天十分有必要重新讨论列宁对于"形式

---

[*] 本文选自《马克思主义与现实》2010年第2期。本文原发表于 *Critical Inquiry* 28,winter 2002,该文中文翻译经由该杂志授权,有删节。作者 Slavoj Žižek 系斯洛文尼亚卢布尔雅那大学社会学和哲学高级研究员。译者周嘉昕系南京大学哲学系讲师、哲学博士。

[②] Ulrich Beck, *World Risk Society*, trans. Mark Ritter (Oxford, 1999).

自由"和"实质自由"的区分。那么,让我们在最激进的意义上大声呼唤列宁吧——例如,他在1922年为反对孟什维克和社会革命党人对布尔什维克权力的批判所进行的论战:

> 其实……孟什维克、社会革命党人所作的这种说教反映了他们的本性:"革命跑得太远了。我们一直这么说,现在你也这么说了。让我们再来重申这一点吧。"而我们对这一点回答说:"正因为这样,让我们枪毙你们吧。要么劳驾收起你们的观点,要么你们在目前这种情况下,在我们的处境比遭到白卫分子直接进犯时困难得多的条件下,还要谈自己的政治观点,那对不起,我们就要把你们当作最可恶最有害的白卫分子来对待。"①

不是"金钱或者生命"而是"不批判或者生命",这种强迫性选择加上列宁对自由主义自由观的否定态度,使他在自由主义者中得不到什么好评。实际上,在经历了现实社会主义的痛苦之后,这种推理的荒谬之处今天不是越发明显了吗?首先,它将一种复杂历史形势简化为一种封闭的强决定论式的情境,在那里,行动的"客观"结果是被全面决定的(独立于你的目的之外);其次,是共产党篡夺了那种决定"客观作用"的权力。然而,这就是故事的全部吗?无论如何,列宁对形式自由所做的过分指责今天仍然具有值得借鉴的理论意义;当他强调不存在纯粹的民主,强调我们应该提出自由为谁服务这个问题的时候,他是意在坚持一种真正选择的可能性。形式自由是一种内在于现实权力运作关系构架中的进行选择的自由,而实质自由却标示了这种运作关系的内在架构。

---

① 《列宁选集》第3版第4卷第675页。

对于这种重新激活列宁的观念,公众的反应很可能是一阵哂笑:马克思——今天即便是在华尔街他也很受欢迎——作为描写商品的诗人,他提供了对于资本主义内在动力的完美描述,在文化研究中,他刻画了今天日常生活中的异化和物化现象……但是,列宁,不!你说的是工人运动、革命政党这些僵尸一样的概念?难道列宁所代表的不是马克思主义在实践中的**失败**吗?不是20世纪的世界政治中影响深远的那场大灾难吗?不是那种在毫无生气的计划经济中走到尽头的现实社会主义实验吗?因此,在当代学术政治中,与列宁有关的探索就遭受了双重限制:是啊,为什么不呢,我们生活在自由民主的世界里,有思考的自由。但是,对待列宁必须是一种客观的、批判性的和科学的方式,而非一种怀念式的崇拜,进一步说,必须从一种稳固地植根于民主政治秩序的视角出发,并且限于人权的视野之内。因此列宁身上留下的只是20世纪极权主义的悲惨经历和教训。

对于这种情况,我们该说什么呢?问题存在于那种隐含的限定之中,这可以在具体形势的具体分析中被轻易辨别出来,就像列宁自己要做的一样。对于民主的认同意味着对于现代自由主义议会制度的接受,这就使得围绕这种制度如何同其官方谴责的诸现象发生内在同谋的问题所进行的严肃质询成为一种不可能,当然也就使得描述一个完全不同的社会政治秩序的尝试成为一种不可能。简而言之就是说,你可以在你的行为并不构成对主流政治意识形态质疑或挑战的前提下随便说随便做。因此,任何可以作为批判主题的东西都被默许甚至鼓励:全球生态危机的前景、对人权的不尊重、性别歧视、对同性恋的歧视、对女权主义的压抑、边缘地区和大都市里有增无减的暴力活动、第一世界和第三世界之间的差距、富人和穷人之间的分化、日常生活的数字化所带来的碎片化效应等等。今天没有什么比用针对种族、宗教或性暴力进行的跨学科研究更容易获得国际的、国家的或是财团的资助了。问题是，所有这些都是以一种根本性的"思想控制"为背景的。就像德国60年代晚期的情况一样，今天的自由民主霸权就是由一种并未言明的思想控制所支撑的。一旦有人尝试做出某种挑战现存秩序的政治性规划，立刻就会给出回应："行行好吧，这将会是一个新的古拉格群岛！"同样，这也是科学客观性的要求；一旦有人真的质疑现存的自由主义秩序，他就会被指责为为了一种不合时宜的意识形态立场而放弃了科学的客观性。这是人们不能够也不应该认同的一点：今天，实质的思想自由必须意味着一种能够去质疑当下存在的自由民主的后意识形态秩序的自由——否则，它就一无是处。

哈贝马斯将当前的时代特征指认为一种新的不透明性。① 较之以往，我们的日常经验越发具有了迷惑性。现代性导致了新的蒙昧主义；自由的简化在我们面前呈现为新的自由的来临。在这些情境中，人们必须特别加以小心，以免混淆统治性的意识形态和那些看起来占据主导地位的意识形态。人们比以前任何时候都更应该谨记本雅明的提醒，仅仅是一种理论（艺术）如何表明自身同社会斗争的关联这样的问题是不够的。应该提出的问题是，它在一定的斗争中到底发挥了什么作用。在性问题上，实际上主导性的态度不是家长制压抑，而是滥交；在艺术领域中，引发了巨大非议的"感觉"巡演所宣扬的恰恰是常态，这是一个艺术与权威充分结合的例子。

所以，有人就试图重写《关于费尔巴哈的提纲》中的第11条：今天的首要任务不是接受行动的诱惑，直接介入并改变世界（这将不可避免地走到一个不可能性的死胡同里，空余疑虑，面对全球资本主义又能

---

① Jürgen Habermas, *Die Neue Unübersichtlichkeit*(Frankfurtam Main, 1985).

如何呢?),而是质疑那占据霸权地位的意识形态。如果今天有人直接展开行动,那么这种行动将不是在一个空场上进行的,而是内在于霸权意识形态构架之内:那些"真正希望做些事情来有所帮助"的人,纷纷(无疑是感觉很自豪地)投身于诸如无国界医生组织、绿色和平组织、女权主义和反种族主义等等运动之中。即使这些运动看起来已经涉及经济领域,但它们仍得到了媒体的宽容和支持。只要不踏入一个禁区,它们就可以继续得到宽容和支持。且让我们来看一下今天美国激进学界流行的两个话题:后殖民主义和酷儿理论。后殖民主义理论讨论的问题无疑具有关键意义,但是后殖民理论却试图将其转化为有关被殖民的少数派表达他们的牺牲经历的、有关压迫他者的权力机制的多元文化问题,以至于到最后,我们意识到后殖民研究的根源是我们对于他者的不宽容,更进一步,这种不宽容本身是源于那种对"我们当中的异类"的不宽容,源于我们不能面对我们压抑和压抑我们的东西。这样,政治经济斗争就被悄悄地转化为一出伪精神分析戏剧,主体无法面对其内在的创伤。美国学界真正的堕落并不主要是经济上的,不仅仅因为可以收买许多欧洲的批判知识分子(在某种意义上说我也是其中之一),而是观念上的,欧洲批判理论的观念被潜在地、无害化地移植到文化研究的领域之中。就这种激进理论的时髦本身而言,首先应该称赞那些第三条道路的意识形态专家和实践者:比起那些虚假的批判左派来,他们至少是老老实实地接受了全球资本主义构架。那些左派针对第三条道路采取了一种全然蔑视的姿态,然而他们自己的激进性只不过是摆摆样子罢了,缺乏一种决定性的行动。

那么我们该如何应对激进左派的这种两难困境呢?是应该策略性地支持像比尔·克林顿这样的中左派来对抗保守主义,还是应该说"没关系,我们不应该卷入这些斗争,从某种程度上说,右派掌权更好,因为这会使得人们更加清楚地看到事情的真相"呢？答案是斯大林对于"右派还是左派谁更糟糕"这一问题回答的变种，二者都更糟。人们应该采取的是那种辩证矛盾的姿态。原则上说，今天官方政治中的自由主义和保守主义之争当然是无关紧要的。但是这种无关紧要却只能以自由主义的掌权为前提。否则的话，需要付出的代价就太高了——想想德国共产党在20世纪30年代早期所做的决定产生的灾难性后果吧，放弃同纳粹进行斗争，只因想证明纳粹专制是资本主义病入膏肓和绝望的表现，这将使工人阶级睁开眼睛放弃自己对资产阶级民主制的虚假幻想。在这个问题上，克洛德·勒福尔虽然不是共产主义的同情者，但在回应弗朗西斯·菲雷（Francois Furet）的过程中指出了一个关键问题：今天的自由主义是150年来左派工人斗争及其向政府持续施压的产物；它内在包含着那种在一个世纪甚至更长的时间之前令自由主义者感到恐惧的要求。① 作为明证，只需看看《共产党宣言》最后提出的要求即可。除却其中的两三条（当然也是最重要的几条），其他的都已成为今天的共识（至少在那蜕变了的福利国家制度当中如此）：普选权、免费受教育的权利、普遍的医疗福利、退休保障、限制儿童的工厂劳动等等。

  今天，在一个从数字化革命到旧的社会形式变革都在持续进行的变动不居的时代，这种思想比以往一切时候都更加容易接受诱惑，从而丧失自身的勇气，过早放弃旧有的概念框架。媒体持续不断地轰炸我们的旧有范式，坚持说我们必须从根本上改变人、社会、环境等等概念方才能够生存下去。新时代的智慧强调我们正在进入一个"后人"（posthuman）时代；后现代政治思想告诉我们正在进入一个后工业阶段，在这个阶段里劳动、集体、阶级等等概念都只不过是理论巫术的产物，它们

---

① Claude Lefort, *La Complication* (Paris, 1999).

不再适应于后现代。精神分析学同样如此，从20世纪30年代的自我心理学开始，精神分析一直在丧失自己的勇气，放下自己的（理论）武器，匆忙承认社会化的恋母情结母体不再有效，我们生活在一个普遍颠倒的世界中，在今天这样一个怎样都行的时代里，压抑的概念已经不再有效。第三条道路的意识形态和政治实践就是这种失败的明证，它们也表明了那种无法从旧的东西中间发展出新东西的弱智。为了抵制这种诱惑，人们必须依照帕斯卡的例子问最困难的问题：我们怎样才能在新的条件下对旧的东西保持信心？只有如此，我们才能发展出某种真正新的东西。

猿与人

今天要重新激活列宁的遗产就是要重新发明有关真理的政治学。我们生活在一个后现代的时代，这样的真理要求被看作是潜在的权力机制的显现；正如新生的伪尼采主义者喜欢强调，真理是那种表明我们的权力意志的最有效的谎言。就某些断定而言，这是真的吗？这个问题被换成了：在何种权力条件下，可以做出这种断定？替代普遍真理的是那种多元视角，或者用今天时髦的话说就是，多元话语——文学、政治、宗教和科学等——都只不过是不同的话语而已，是我们自己讲述的关于自己的故事。而伦理上的终极目标只不过是捍卫一个中立空间，以便保证这些多元话语可以共存，使得从种族到性别上的少数派，每一个人都有权利和机会说出自己的故事。今天全球资本主义时代的两位哲学家，理查德·罗蒂和彼得·辛格，都是伟大的左派自由主义的进步主义者，并且忠于他们的一贯立场。罗蒂定义了这样一个基本框架：人的基础维度是能够忍受并感受痛苦和耻辱。相应地，因为人是符号动物，人的基本权利就是表达其痛苦和耻辱的感受的权利。而辛格则提供了达尔文主义的背景。

辛格，一位带有集体主义社会主义色彩的社会达尔文主义者，十分天真地试图证明如果人们遵循伦理要求将会获得幸福，因为一种试图帮助别人并减少痛苦的生活是最道德和令人满足的生活。他将功利主义之父边沁的思想激进化并现实化了：最终的伦理要求不是人的尊严（理性、灵魂），而是忍受、感受痛苦的能力，这是人与动物共通的地方。基于这种理解，辛格消弭了人和动物之间的区别。杀死一名受苦的老人要比杀死一只健康的动物更好。抬眼看看猩猩，你看到了什么？一个关系并不怎么远的亲戚，一个值得拥有人所享有的所有法律权利和特权的生命。因此，必须至少是面向类人猿（黑猩猩、猩猩和大猩猩）扩展平等的适用范围，包括生存的权利、对个体自由的保护、对虐待行为的禁止等。

辛格认为"人类中心主义"（给人类以特权）与种族主义本无二致；我们对于动物和人的区分在逻辑和伦理意义上与性别区分和种族区分一样都不具备合法性依据。智力并不构成决定伦理地位差别的基础。人的命并不因为人更聪明就比动物的命更珍贵。（辛格指出，如果智力可以作为标准的话，那么我们完全可以用智障人士来做医学实验而完全不受到道德上的谴责。）最终，万物平等，动物与人在生命上是一样的，因此那么动物医学实验就是不道德的。那些赞成这些实验的人总是强调牺牲20只动物可以换回百万条人命。但是，可不可以牺牲20条人命来挽救百万动物呢？正如辛格的批判所希望指出的那样，这一原则的可怕延伸就是20条人命要比一条更重，这将给所有形式的触犯人权的行为开绿灯。

因此辛格论证说，我们不能再躺在传统伦理上寻找对我们自身发展所造成的二律背反的解答；他提出了一种旨在保护平等而不是人类生命之神圣性的新伦理学。既然生与死、人与动物之间的绝对边界已经消失，那么这种新伦理学在给动物研究的道德性质带来怀疑的同时，也可以为杀婴行为提供一种带有同情性的评价。如果婴儿生下来就患有可能致死的重大缺陷时，医生和双亲是不是可以合乎道德地使用先进技术而不计后果呢？不。如果一个孕妇失去了所有的脑机能，医生是不是应该使用新的手段来保持她肉体的生存直到婴儿的降生呢？不。医生可以合乎伦理地帮助绝症患者自杀吗？是的。

人们大可以将辛格的观点作为一种令人震惊的夸张而不加理会。阿多诺有关精神分析的说法（其真理性就在于它的夸张之处）充分适用于辛格：他是如此令人愤怒且是不能被宽恕的，因为他可耻的"夸张"直接展现出所谓的后现代伦理学的真理。① 后现代"身份政治学"的最终视野，在自身发散性的多元性武装下对某些特殊人群的保护（例如，携带艾滋病毒的同性恋者、黑人单身母亲），不就是达尔文主义么？保守主义和进步主义的政治学之间的对立也可以在达尔文主义那里得到考量。从根本上说，保守主义捍卫那些有力量的人的权利（他们的成功证明他们可以在生存斗争中获得胜利），而进步主义则宣扬保护那些受到危害的人种，也就是在生存斗争中失败的人。

黑格尔《精神现象学》论述理性的一章中有一节专门讨论了"精神动物的王国"，这是一个因为精神实体的缺乏而导致个体之间作为"精神动物"相互斗争的社会。他们也使用理性，但只是为了自己的利益，迫使对方臣服于自己。然而，为了这种自由需要付出某种代价——在这样一个世界中，人权最终表现为动物的权利。这就是辛格的最终真

---

① Theodor W. Adorno, *Minima Moralia* (London 1996), p.49.

理：我们人权的世界只不过是个动物的世界。

显而易见的反证就是：这又怎么样呢？我们为什么不能把人权作为一个物种的权利呢？在这种还原中丧失了什么呢？雅克-阿兰·米勒，雅克·拉康主要的学生，曾经讲过一个有关老鼠实验的奇怪故事。① 在一套错综复杂的迷宫装置中，一个目标（一块食物或是一个性交对象）首先被放在一只老鼠附近；然后，这套装置迅速发生改变，使得这只老鼠能够看见并且知道对象物在哪里，但却不能接近它。作为一种交换的安慰性代价，老鼠可以逐渐得到与对象物相似的替代品。老鼠的反应是什么呢？一开始它试着找到通向"真实"对象物的方法；然后，在确认确实得不到该对象物时，老鼠会放弃它而选择某一虚假的替代品。简言之，老鼠是在作为一个功利主义的"理性"主体而行动。

然而，真正的实验现在才开始：科学家在老鼠身上做了一个外科手术，用激光术照射来损伤它的大脑。用米勒的话说就是让他不要知道任何事情。那么，这只手术后的老鼠被放到那个"真实"目标无法接近的迷宫装置里之后又会怎样呢？老鼠依然在坚持；它决不放弃真实的对象物，也不去接近那虚假的替代品，而是不断回到原初，尝试接近对象。简单说来，这只老鼠在某种意义上具有了人性，具有了那种追求不可接近的绝对客体的悲惨的"人类"命运，那不可接近之物就是我们欲望的对象。另一方面，这种"保守的"固着物推动我们不断重新开始，因为我们在生命中从来就没有接近过它。我们可以看到弗洛伊德为什么要使用死欲（Todestrieb）这个术语：精神分析学的启示就是人不仅仅是活着，而且为一种奇怪的欲望所控制，这种欲望的宗旨是在接近

---

① Jacques-Alain Miller, *Ce qui fait insigne*, unpublished seminar 1984 – 1985; lecture given 3 Dec. 1984.

事物的日常运动中享受生命。"死亡"就是那种超越日常生物生命的维度。

那么，辛格的精神动物王国中失去了什么呢？就是某种我们被无条件地附着于其上并与其实证属性无关的东西。在辛格的世界中，只有疯牛而没有印度的神牛。换句话说，这里丧失的就是真理的维度——这不是一种作为现实观念的客观真理，而是普遍的真理，尽管前者多少超越了那些多元的具体话语体系。当列宁说"马克思学说具有无限力量，就是因为它正确"时，问题在于我们在这里应如何理解"真理"。① 这是一种中立的客观知识还是一个主体参与其中的真理？列宁的保证——在我们今天后现代的相对主义时代里，这个保证更加重要——是那种普遍性的真理和党性的原则。这二者之间不是相互排斥而是互为条件的。在一个具体情景中，绝对真理只有在彻底的党性立场中才能得到阐述；真理无疑是单方面的。当然，这一点与今天流行的妥协性意见以及在多元的矛盾利益中寻求中间道路的方式截然不同。如果人们不能明确不同的、特殊的叙述化过程的标准，那么这种努力就会导致某种以政治上正确的基调来默许那些荒诞叙事的风险。典型的例子有，土著居民整体性智慧的无上论观点，再就是将科学仅仅等同于前现代迷信行为的另一种叙事方式的想法。

列宁的伟大之处

对于列宁的参照怎样才能使我们脱离这种困境呢？一些左派人士希望通过将《怎么办？》里"坏的"雅各宾—精英主义的列宁同《国家与

---

① 《列宁选集》第 3 版第 2 卷第 309 页。

革命》里"好的"列宁对立起来，以便能够（至少是部分地）拯救列宁。前一个列宁把党看做一个职业的、思想上的精英团体，并利用它从外部启蒙工人，后一个列宁则展示了消灭国家、实现人民大众直接管理公众事务的愿景。然而，这种对立本身是有其局限性的；《国家与革命》的关键性前提是国家不可能全面实现"民主化"，因为这里所说的国家只是阶级统治的工具。这一前提合乎逻辑的推论就是，只要我们仍处在国家的统治之下，我们就会合法地充分实行暴力恐怖。因为在这种统治中，民主只是一个假象。国家是阶级压迫的工具，所以没有必要尝试对国家机器加以改进，如保障法律秩序、选举权、旨在保护个人自由的法律等等。所有这些都是无关紧要的。上述指责中仅有的合理之处是，人们无法将1917年导致十月革命爆发的特殊形势同后来的斯大林转向区分开来；使革命爆发成为可能的一系列事件（农民的不满、高度组织化的革命精英）后来导致了那种"斯大林主义"的转折。这就是列宁主义的悲剧所在。

那么，列宁的伟大之处在哪里呢？1914年秋天，所有的欧洲社会民主党（除了光荣的俄国布尔什维克和塞尔维亚社会民主党人之外）都采取了"爱国主义路线"，受战争狂热的影响而投票赞成战争拨款。列宁一开始甚至认为，德国社会民主党《前进报》上报道的社会民主党在议会为战争拨款投票的消息，是俄国秘密警察蒙骗俄国工人的卑鄙伎俩。在那个将欧洲大陆一分为二的战争年代，在自己的国家里摒弃那种应该加入战争的观念并进而同"爱国主义情绪"作斗争该是多么困难！又有多少伟大的心灵（包括弗洛伊德在内）没有屈从于那种民族主义的诱惑呢？即便这只有短短的几周时间！在阿兰·巴迪欧看来，第一次世界大战的冲击不啻为一次灾难，整个世界消失了，不仅仅是田园牧歌般的资产阶级进步主义和进步的信念，还有与之相对应的社会主义运动。同样,列宁自己(《怎么办?》里的列宁)先前的理论基础也动摇了。他在绝望中不是沉沦,不是自我安慰"我早就告诉过你如此!"这一绝望的时刻,这一灾难开启了打碎第二国际革命历史决定论的列宁主义时代。只有列宁才是这个时代的开启者,只有列宁才是说出这一灾难真相的人。在绝望的时刻,通过阅读黑格尔,列宁觉察出革命的机遇正在孕育。他的《国家与革命》就是与这段痛苦的经历紧密联系在一起的,列宁的全身心投入在他给加米涅夫的信中可见一斑:

> 以下一点暂时请不要告诉别人:要是有人谋杀了我,就请您出版我的笔记《马克思主义论国家》(还放在斯德哥尔摩)。笔记本封面是蓝色的,装订过。我把从马克思和恩格斯著作中摘录的以及从考茨基反驳潘涅库克的著作中摘录的一切文字都收在里面,并且还作了很多批语、评注、结论。我想,如果要出版,一星期时间就够了。我认为这件事很重要,因为无论是普列汉诺夫,还是考茨基都把这个问题搞得混乱不堪。不过先要讲好,这一切目前绝对不要告诉别人!①

战斗在这里达到了顶点。列宁主义乌托邦的内核就在 1914 灾难的灰烬上升起,在他对第二国际正统的批判性说明中绽放。这自然包含着碾碎资产阶级国家的激进冲动,这意味着这样一个国家,其中包含一种新的社会形式,没有常备军、警察和官僚制度,在这个社会中所有人都可以参与对社会事件的管理。对于列宁来说这不是对于某个遥远未来的理论谋划。在 1917 年 10 月,列宁宣称:"我们可以在运动中一下子建

---

① 《列宁全集》第 2 版第 47 卷第 630 页。

立一个由一千万人组成的国家机器，如果不是两千万的话。"① 对于这个时刻的期待是一种真正的乌托邦。当然人们也不能过高评价《国家与革命》的理论冲力，因为在这本书中，"西方政治学传统的术语和语法被唐突地废除了"。借用阿尔都塞讨论马基雅维利的文章的标题，后来发生的可以用"列宁的孤独"来概括。在这样的一个时代，列宁基本上是在独立地同党内的其他思潮作斗争。在1917年的《四月提纲》里，列宁看到了革命时机来临的那一瞬间，但他的提议起先被党内的多数派看做是一种胡话，并未得到重视。在布尔什维克内部，主要的领导人也不支持他的革命呼告。从《四月提纲》出发，《真理报》意想不到地使党和作为整体的编辑部发生了分离，摒弃机会主义，反对吹捧和利用流行的民众情绪，列宁的观点真是另类。波格丹诺夫甚至将《四月提纲》同"疯子的狂热"相提并论，连克鲁普斯娅后来也总结说："我真担心，列宁看起来是疯了。"

对于我们来说，列宁不是一个旧教条主义的乡愁式名字；恰恰相反，用克尔凯郭尔的话说，我们想重新激活的列宁是一个正在来临中的列宁。他的基本经历是先被抛入到一个旧构架被证明是无效的灾难性环境之中，因而被迫重新发明马克思主义。想想他对一些新问题的尖刻评论就知道了："对于这一点，马克思和恩格斯未置可否。"我想要说的不是返回到列宁那里，而是在克尔凯郭尔的意义上重述列宁，在今天的背景下重新激发那种革命冲动。回到列宁的目标既不是怀乡式的重置逝去的革命黄金时代，也不是机会主义—实用主义地将旧的纲领加以调整以便适应"新的条件"，而是在当下的全球条件下重述列宁，重述那种在帝国主义和殖民主义条件下重新制定革命规划的列宁主义态度。或者

---

① Neil Harding, *Leninism* (Durham, N.C., 1996), p.309.

更确切地说,在由1919年的灾难导致的进步主义的漫长时期的政治意识形态崩溃之后。艾里克·霍布斯鲍姆将20世纪的概念定义为从1914年到1990年。1914年是资本主义长时期的和平拓展结束,1990年是"现实存在的社会主义"失败后全球资本主义新形态的开启。我们在1990年应该做的正是列宁在1914年所做的事情。"列宁"标志着那种超越腐朽的现存的(后)意识形态构架、那种超越我们生活于其中的去势的思想控制的斗争的自由。这就意味着我们应该重新夺回思考的权利。

赛博空间的列宁?

就今天左派学界有关经济学的不同态度而言,列宁对经济主义的批判同他对纯粹政治学的批判一样重要。一方面,是那些放弃经济学作为斗争和干预阵地的纯粹政治学家;另一方面,是那些受今天占据主流的全球经济学影响的经济学家,他们也排除了任何适当的政治干预的可能性。与以往相比,我们今天更应该回到列宁,因为经济学是关键性的领域,胜负将在那里决出;必须打碎全球资本主义的符咒。但是进行干预的方式应该是政治的,而非经济的。

即将打响的战斗是由两方面组成的:首先就是反资本主义。然而,无论对资本主义的反对有多么激进,只要不把资本主义的政治形式(还是自由主义的议会民主制)作为必须解决的问题,就是不充分的。也许,今天最大的诱惑就是相信可以逐渐削弱资本主义而不需要思考其自由民主遗产的合法性问题。正如某些左派学者所宣称的那样,这些遗产尽管是资本主义带来的,但却可以加以自主使用并用来批判资本主义。资本主义被看做是一种块茎似的怪物或吸血鬼,它能够去地域化并吞噬一切，坚韧而富有生机，每一次危机都使它变得更加强大，简直是一个不断重生的狄奥尼索斯—菲尼克斯。但在这种将马克思同反资本主义所做的诗性链接中，马克思却真的死了。因为政治性痛刺一旦被拔出，马克思也就被无害化处理完毕。

在马克思看来，资本主义的基本矛盾是使用价值和交换价值的冲突。在资本主义中，这种冲突得到了充分的展开；交换价值的主导地位获得了独立存在并转化为自我增值的资本的幽灵，这个幽灵需要生产能力和现实的人受它支配并化为其暂时性的肉身。马克思还从这种对立出发得出了经济危机的概念；当用钱生钱自我增殖的虚假幻象接触到现实的时候，危机就会发生。这种投机的疯狂不可能无限制地持续下去，它必然在越来越大的危机中得到爆发。危机的根源就是使用价值和交换价值的对立；交换价值的逻辑遵循自己的路径，自己的疯狂舞蹈，全然不顾现实的需求本身。看起来似乎是这样的：当虚拟和现实的普遍性达到明显不能忍受的程度时，上述分析就会在当代实现。一方面，我们对未来、对并购行为有着疯狂的、唯我的算计和沿其内在逻辑推测的那种可能性；另一方面，现实正在遭遇生态危机、贫穷、第三世界危机、社会生活疾病和疯牛病等等。这就是为什么赛博资本主义可以表现为今天典型的资本主义，这就是为什么比尔·盖茨会梦想着赛博空间提供一个"无障碍资本主义"的基本框架。我们这里拥有的是现实和虚拟世界对立的两个版本之间的意识形态短路——这二者分别是现实生产和资本的幽灵性虚拟控制之间的对立以及经验现实和赛博空间的虚拟现实之间的对立。那种横亘于迷人的荧幕形象和荧幕之外作为痛苦肉身之间的对立，似乎可以转化为资本循环算计的"真实"和贫苦大众的丑陋现实之间的直接经验的对立。然而，这——真是建立资本主义批判的唯一方式吗？如果资本主义的问题不是那种唯我主义的狂舞，而恰恰相反，它坚持不承认自己同"现实"的对立,将自己展现为对现实需求的满足呢?马克思的原创性在于他同时打了两套牌:资本主义危机的根源在于使用和交换价值的对立,同时,资本主义还限制着生产能力的自由展开。

所有这些都意味着,今天经济学分析的迫切任务还是重述马克思的政治经济学批判,以免坠入后工业社会多重意识形态的陷阱。我认为,关键问题与私有财产形式的变化相关;权力和控制等基本因素不再是投资链条上的最后一环,即真正控制生产手段的公司或个人。当代典型的资本主义是以一种完全不同的方式发挥作用的:用投资借来的钱空手套白狼,即使负债,但无论如何要掌握控制权。一家企业归另一家企业所有,后者又向银行贷款,银行又最终发行由我们这些普通人所持有的货币。在比尔·盖茨那里,生产手段的私人所有权概念在这个术语的一般意义上来看完全失去了意义。资本主义这种虚拟化的矛盾基本上与量子物理中的电子相同。现实中每一个要素的质量是由其静止状态的质量加上其加速运动所产生的剩余构成的;然而,静止状态的电子集合为零。电子的集合仅仅是由其加速运动的剩余产生的,似乎我们是在操纵那种需要虚假实体的虚空,只是变戏法般地将其缠绕到其剩余之中。今天的虚拟资本不也是以这种方式运作的吗?它的"净价值"为零,它只是用剩余在运作,依赖一个虚无飘渺的预期。

那么列宁这时又在哪里呢?根据当下流行的说法,在十月革命以后的年代里,列宁对于普通大众创造能力的失望使他转而强调科学和科学家的作用,并且开始依赖专家的权威。他欢呼"那个幸福时代的来临,政治将隐退……工程师和农艺家将主导谈话"。这是技术专家统治论的后政治学吗?列宁有关借助垄断资本主义发展社会主义的想法在今天看起来似乎幼稚得很:

资本主义建立了银行、辛迪加、邮局、消费合作社和职员联合会等这样一些计算机构。没有大银行，社会主义是不能实现的……我们在这方面的任务只是砍掉使这个极好机构资本主义畸形化的东西，使它成为更巨大、更民主、更包罗万象的机构。……这是全国性的簿记机关，全国性的产品生产和分配的计算机关，这可以说是社会主义社会的骨骼。①

难道这不是马克思那种以显而易见的方式调节全部社会生活的一般智力观念的最彻底表达吗？不是一个人的控制被物的控制所取代的后政治社会的最彻底表达吗？当然，很容易用工具理性批判和被管理的世界的腔调来反对上述观点：总体性趋势就包含在这种总体的社会控制之中。② 对斯大林时代发生的社会控制机构变得更巨大加以讽刺并非难事。进一步说，难道这种后政治学观点与毛主义的阶级斗争永恒论观点（受那种任何事物都离不开政治的公理启发）不是正相反的吗？然而，事情真的是这么明确吗？如果用万维网这个今天一般智力的完美代表来代替中央银行的例子（它显然太老了），会是怎样的一种情况呢？多罗茜·塞耶斯认为亚里士多德的《诗艺》实际上是侦探小说的理论，然而由于亚里士多德还不知道什么侦探小说，他只能诉诸自己手边的例子：悲剧。③ 按同样的方式，列宁实际上发展了关于万维网角色的理论，但是，既然他还不知道网络的存在，他就不得不首先讨论中央银行。相应地，我们是否可以认为"没有互联网，社会主义是不能实现

---

① 《列宁选集》第 3 版第 3 卷第 298 页。
② 《马克思恩格斯全集》第 2 版第 31 卷第 102 页。
③ Dorothy L. Sayers, "Aristotle on Detective Fiction," *Unpopular Opinions* (New York, 1947), pp. 222 – 236.

的……我们在这方面的任务只是砍掉使这个极好机构资本主义畸形化的东西,使它成为更巨大、更民主、更包罗万象的机构"?在这里,人们很容易重拾那陈旧的、鄙俗的、半被忘记的生产力和生产关系的辩证法:已经成为陈词滥调的一种说法是,正是这一辩证法反讽性地埋葬了现实存在的社会主义。社会主义无法捱过从工业社会到后工业社会的转变。然而,资本主义就真的提供了数字化世界中的生产关系的基本构架吗?在互联网的内部就没有一种炸毁资本主义的潜在导火索吗?难道微软垄断的案例不正是列宁主义的吗?除了以国家政权的形式同垄断作斗争(想想拆分微软的案例吧)外,难道使之社会化、更加容易接入不是更加合乎逻辑吗?

今天我们已经预感到了某种不安。再想想冠以西雅图字眼的一系列事件吧。得胜的全球资本主义的十年蜜月期已经过去,早该来到的七年之痒正在眼前——证据就是大传媒公司的恐慌,从《时代》杂志到CNN都突然开始担心马克思主义会在"正直的"抗议人群中扩散。今天的问题恰恰是列宁主义的:怎样才能将媒体的担心现实化,怎样才能发明一种组织机构以便给这种不安以一种普遍的政治要求的形式。否则就会错过时机,空留一些边缘性的骚动,也可能会出现一场新的绿色和平运动,产生一定的效果,但其目标仍受严格限制,手段也不过是市场措施而已。换言之,列宁主义留给当代的关键经验是:离开了政党组织形式的政治是不讲政治的政治。因此给那些只想获得新社会运动的人的回答就是雅各宾派对吉伦特派所说的:"你们只是需要一场没有革命的革命!"今天的问题是社会政治参与已经开启了两条既成道路:要么玩体系规定好的游戏,加入一条符合体制要求的游行长队,要么在新社会运动中上蹿下跳,如女权主义、生态主义、反种族主义等。同样,这些运动的局限是他们大都在一个单数的意义上缺乏政治性：它们都是些缺乏普遍性维度的单一问题运动，也就是说，它们与社会总体性缺乏联系。

在这里，列宁对自由主义的斥责就很关键了。他们只是利用了工人阶级的不满来强化自己同保守主义的对立，而不是将其贯彻到底。这不也是今天左派自由主义的作派吗？他们喜欢通过讨论种族主义、生态学、工人的悲苦等等来赚取同保守主义竞争的分数，然而却绝对不会对制度本身造成危险。想想比尔·克林顿在西雅图是怎样技巧性地提到街头抗议者，并且提醒受武装保护的首脑们应该听听示威者意见的。对于所有的新社会运动来说都是如此：体制政治已经做好准备倾听它们的要求了，这样也就顺手将其中的政治性毒刺给拔除了。体制无疑是普遍的、开放的、宽容的、面向所有人的；即使有人坚持自己的要求，他们也在特定的商谈形式中被拔除了身上的政治性毒刺。

列宁主义的乌托邦

那么，什么是政治行动的标准呢？这样的胜利显然是不算数的，即便我们用梅洛-庞蒂的辩证方法来加以定义（就像赌博一样，期待未来有一天将追溯性地为我们现在的恐怖行动来开脱）。[①] 唯一的标准是一以贯之的：行动的乌托邦。在发生革命性断裂时，乌托邦未来既不是全面实现了的现实，也不是为现实暴力作证明的遥远的承诺。它存在于一

---

① Maurice Merleau-Ponty, *Humanism and Terror: The Communist Problem*, trans John O. Neill(Oxford, 2000).

种瞬间的延迟中,一种现在与未来的勾连中,我们——就像接受上帝的启示一样——在短时间里可以像乌托邦未来已经就在手边(但不是已经全面实现)、触手可及一样去行动。革命不是一种现在我们必须忍受以便后代获得幸福和自由的苦难,而是这样一种未来的幸福和自由已经投射下光影的现世艰辛——无论环境多么险恶,当我们为自由而战的时候就已经获得自由了,当我们为幸福而努力的时候就已经获得幸福了。革命不是梅洛 - 庞蒂式的赌注,一种必有其果的延迟行动。按这种理解,革命的合法性或非法性将在当下行动的长时段结果中得到说明。但是革命自己已经为自己提供了本体论证明,就是自身真理性的直接指引。

在涉及政治恐怖这一点上,可以看出列宁主义与斯大林主义的不同。① 在列宁时代,恐怖是被广泛承认的(托洛茨基有时甚至以一种过分自信的方式自夸布尔什维克制度及其使用的恐怖手段的反民主特质),而在斯大林时代,恐怖的象征状态发生了彻底的改变;恐怖转变为一种在公共官方话语中不被承认的、可恶的阴暗面。问题的关键是,恐怖的高潮(1936—1937)恰恰发生在1935年新宪法通过之后。这部宪法旨在终结此前的紧急状态并标志着一切事物回归正常:此前所有阶层(富农、前资本家)被取消的市民权利得以恢复,普遍选举权开始实行等等。这部宪法的核心思想是在社会主义秩序稳定且敌对阶级被消灭之后,苏联从现在开始再也不是一个阶级社会了;国家政权的主体不再是劳动阶级(工人和农民)而是人民。然而,这并不意味着斯大林时期

---

① 有人会质疑列宁主义这个概念,它难道不是在斯大林那里被发明出来的吗?同样的情况不也发生在马克思主义(作为一种学说)那里吗?它主要是一个列宁主义的发明,是不是非要说马克思主义是一个列宁主义概念,而列宁主义则是一个斯大林主义概念呢?

的宪法就是一种不顾社会现实的虚伪。恐怖的可能性被渗透进它的内核之中。既然阶级斗争现在已经不存在且苏联被看做是一个人民的无阶级国家，那么那些（被假定为）制度的反对者就不再仅仅是在冲突中分裂社会的阶级敌人，而就是人民的敌人、害虫、渣滓，他们应该被从人类中清除出去。

这种对制度自身残渣余孽的压迫，同20世纪20年代末30年代初苏联出现的心理个体的建构是紧密联系在一起的。20年代早期的俄国先锋派艺术（未来主义、构成主义）不仅狂热地崇拜工业化，而且竭尽全力去塑造一种新的工业人，这种人不再怀有伤感情绪和传统观念，而是逐渐把自己认同为工厂大型联合机器上的一颗螺丝或螺母。这种极端的正统性也是颠覆性的。就是说，它过分将自己同官方意识形态的内核视为一体：我们在爱森斯坦、梅耶浩德、构成主义的绘画中获得的人的形象，总是在强调那种他或她的机械运动之美、他或她的彻底的去心理化特征。在西方被视作自由主义个人主义的最终梦魇的东西，被视作泰勒制、福特制流水作业对应物的东西，在俄国却被作为自由的乌托邦前景而加以称赞。回想一下梅耶浩德是多么强烈地坚持"行为主义"的表演要求吧——不再倡导那种演员与其所扮演的对象之间的亲密感，只是在严格要求下进行严酷的身体训练，其目标是能够表现一系列机械动作。这就是对于官方斯大林主义意识形态来说无法忍受的东西，因此斯大林主义的社会主义现实主义实际上是一种对"带有人性面孔的社会主义"的重新强调，就是说，将工业化过程再次植入传统的心理个体的约束性之中。在社会主义的现实主义文本、绘画和电影中，个人不再被铆进一个全球机器之中，而是作为温暖的、具有激情的人。

非常合乎逻辑的是，去斯大林化的信号是一个恰好相反的平反过程，是承认过去党的"政治错误"的过程。这样，被妖魔化了的布尔什维克前领导人的逐渐平反就形成了这样一个索引，可以用来衡量苏联的去斯大林化走到了怎样一个程度（什么方向）。首先得到平反的是1937年大清洗中被害的高级军事领导（图哈切夫斯基及其他将领）；到了戈尔巴乔夫时代，就在苏联垮台前不久，最后被平反的是布哈林。当然，这是一个转向资本主义的鲜明标志：被平反的布哈林在20世纪20年代曾经倡导过工人和农民之间的联盟，且提出过著名的口号："发财致富吧！"并且反对暴力的农业集体化。然而，具有特殊意义的是，有一个人从来未曾被平反昭雪过，他既被共产主义者也被反共产主义的俄国民族主义者所抛弃：他就是托洛茨基，一位革命中"流浪的犹太人"，是真正反对斯大林的人，他曾经以"不断革命论"来反对一国建成社会主义的观点。有人可能会在这里冒险用弗洛伊德对无意识中原初压抑和次压抑的区分作类比；对于托洛茨基的忘却在某种程度上类似于苏联政权的原初的压抑，是不能通过平反的方式被重新承认的，因为整个秩序就是建立在对这种忘却的消极姿态上的。（今天很时髦的一件事是宣称，斯大林政治的反讽之处就在于，1928年之后实际上就是一个不断革命的过程，一种永恒的紧急状态，革命重复性地吞噬了自己的后代。然而，这种说法并不正确，因为斯大林主义的恐怖只是将苏联作为一个具有固定边界和制度的国家稳定下来的努力所产生的辩证结果；恐怖只是这样一种恐慌姿态，是对国家稳定所受威胁的保护性反应。）因此，托洛茨基在苏联是这样的一个人，他在1990年之前没有位置，在1990年之后同样也不会有位置。在现在的资本主义环境中，即便是共产主义的遗老也不知道该如何对待他的不断革命论。也许托洛茨基这个能指就是在值得发掘的列宁主义遗产中最合适的一个名称。

对于那些仍然坚持"正统"列宁主义的人来说,问题是他们对自己言说的主体位置不甚清楚。这些正统派以为可以一下子恢复列宁主义,继续讨论阶级斗争以及腐化的领袖对工人群众的革命要求的背叛等等老话题。他们要么会充满激情地加入到关于过去的讨论中(博闻强识地宣布反共产主义的"列宁学家"是怎样?他们在哪里曲解了列宁?诸如此类),在这种情况下他们拒绝回答为什么(不考虑一种纯粹的历史学兴趣的话)今天上述讨论具有重要价值这个问题。他们要么就会越接近当代政治,也就越发操上一口不产生任何威胁的纯粹学术行话。他们的症候随着每一次新的社会动荡(十年前现实社会主义的解体,米洛舍维奇的失败)而显现;每一次,他们都支持一些工人阶级运动(比方说,塞尔维亚罢工的矿工),因为它们据说是体现了一种真正革命的、至少是社会主义的潜质,但很可惜这些运动先是被利用继而被那些支持资本主义的或是民族主义的力量所背叛。以这种方式可以继续梦想着革命就要来临,我们所需要的只不过是那种能够调动起工人的革命潜力的真正的领导者。如果有人相信他们,那么团结工会最初就是一个工人的民主社会主义运动,后来才因为其领导被天主教会和中央情报局腐化而发生了"背叛"。如果我们在这种立场之外再加上四种,我们就可以获得一个有关今天左派困境的思想全图:将文化斗争(女权主义、同性恋、反种族主义、多元文化冲突)接受为解放政治学的主要领域;对福利国家制度成果纯粹的防御性保护;基于赛博共产主义的天真信念(那种认为新媒介将直接为新的真正的共产主义创造条件的观点);以及最后一种,投降主义的第三条道路。对于列宁的诉求应该成为这样一种能指,它代表了那种打碎在这些虚假选项中所进行的无意义循环的努力。

因此，重述列宁不是意味着返回到列宁那里。重述列宁是承认列宁已死，他的特定的解决方案已经失败，甚至是一个巨大的失败，但是其中闪烁着的乌托邦火花却弥足珍贵。重述列宁意味着我们必须在列宁的现实所为和他所开启的可能性空间中有所界划，以及列宁在现实中的作为与另一个可以称之为"列宁的而不是列宁本身"的维度之间的张力。列宁那里的很多东西在今天必须被放弃。而结合今天对量子物理的新纪元运动的解读来重申列宁《唯物主义与经验批判主义》的意义可能会比较有吸引力。在新纪元观念中，物质"消失"了，被消融进能量领域的非物质波动之中。的确（正如卢西奥·科莱蒂所强调的那样），列宁对于哲学的和科学的物质观念的区分暗中消解了自然中的或自然的辩证法的观点；因为哲学的物质观坚持实在独立于心灵而存在，任何哲学对科学的干预都是应该被拒斥的。然而……这个然而涉及一个事实，就是《唯物主义和经验批判主义》并没有讨论过辩证法和黑格尔。列宁的基本论点是什么呢？他拒绝将知识还原为现象论者或实用主义的工具主义（即，宣称在科学知识中，我们知道的是事物独立于我们的心灵存在的方式——声名狼藉的"反映论"），并且坚持知识的不确定性本质（知识总是有限的、相对的，只能以一种无限的接近过程"反映"外部实在）。难道这听起来一点都不耳熟吗？这不就是盎格鲁—撒克逊分析哲学传统中卡尔·波普这位典型的反黑格尔主义者的基本立场吗？科莱蒂回忆说，波普曾在20世纪70年代的一封私人信件中写道："在我看来，列宁关于经验批判主义的著作真是棒极了。"[①] 这封信后来最先刊

---

① Lucio Colletti, "Poppere Lenin", "Fine dell afilosofia" e altri saggi (Rome, 1996), pp. 44 – 51.

登在《时代》周刊上。

重述列宁不是重述列宁做过的东西,而是他没能完成的东西,他错过的机遇。今天,列宁似乎是来自另一个时代的人物:不是说他诸如党的集中制等观念产生了极权主义的威胁,而是说它们似乎属于一个我们无法继续联系上的不同时代。然而,与将这一事实看做列宁过时的证据不同,人们应该,或许也可以尝试相反的做法。一种特定的历史性维度正在远离我们的时代。如果这种与列宁的隔膜是我们生活的时代出了问题的话,该怎么办呢?

(周嘉昕 译)

马克思主义和无政府主义

〔美〕保罗·布莱克利奇

英刊《国际社会主义》第 125 期（2010 年）刊登了英国学者保罗·布莱克利奇题为《马克思主义和无政府主义》的文章。文章辨析了无政府主义和经典马克思主义之间的异同，澄清了无政府主义者对马克思主义在斗争形式和目标上的误解，指出马克思主义超越了无政府主义的理论局限性，并走出了一条正确的实践道路。文章主要内容如下。

当代反资本主义运动的中心存在一个明显的悖论：运动是政治性的这一事实是它确凿无疑的明确特征之一，但是参与运动的很多人却予以否认。在本文中，我将通过考察无政府主义者和马克思主义者之间早期争论中反政治性观点的根源，为这些争论提供来龙去脉。我希望勾勒出无政府主义和经典马克思主义在历史上的共性和分歧，这两种思潮在现代的相遇可能打破过于经常的具讽刺性的不争论。具体说来，我认为无政府主义的合理内核——它期望运动能够免受"中央集权的"政治的有害影响——实际上被其反政治性的立场削弱了。再者，这一弱点因为无政府主义者对他们所谓的马克思主义的"中央集权制"的批评而得

---

* 本文选自《国外理论动态》2011 年第 3 期。

以加强。我们将看到，这一说法是对经典马克思主义的重大误解，不仅掩盖了马克思主义作为工人阶级自我解放的理论的本质，而且模糊了这一理论为超越无政府主义在实践上的局限性所指明的道路。

1871年，国际社会主义运动和无政府主义运动各自最著名的代表——卡尔·马克思和米哈伊尔·巴枯宁都将巴黎公社当作他们社会主义愿景的现实实现来欢迎。这一事实似乎证实了丹尼尔·盖林（Daniel Guérin）在他所著的经典的无政府主义历史中的说法，即越过宗派争论的声音和怒火，"无政府主义实际上是社会主义的同义词"。另外，如果我们接受诺姆·乔姆斯基的评论，"始终如一的无政府主义者……将会是社会主义者，但是是一种特殊类别的社会主义者"："自由主义的社会主义者"，那么我们可能要被导向认为无政府主义是哈尔·德雷珀（Hal Draper）从经典马克思主义的视角出发所称的"自下而上的社会主义"传统的变种。

尽管德雷珀在严厉批评列宁建立了一个"专制主义的"政党时，坚持认为无政府主义是一种自上而下的社会主义，盖林则提出，列宁充其量是一个"模糊不定的"人物，其著作结合了自由主义和专制主义的因素，而乔姆斯基则认为，与始终如一的无政府主义相比，马克思的思想可以表述为早期的自由主义的社会主义和晚期的"专制主义"之间的张力；这种张力在马克思主义历史中表现为自由主义的社会主义思想（其代表人物有罗莎·卢森堡）和国家社会主义思想（主要同列宁相关）之间的斗争。乔姆斯基主张，尽管前者的思想"同无政府—工团主义的因素趋于一致"，后者离这种传统则过于遥远，以致"如果左派被理解为包括'布尔什维主义'在内，那么我要断然决绝于左派"。

类似的争论在当今的自治主义者和无政府主义圈子中非常常见，传达出这些团体倾向于对一般的经典马克思主义者，更具体地说是"列宁主义者"的憎恨。通常,无政府主义者和自治主义者习惯于特别将列宁作为在20世纪尝试国家社会主义传统而后失败的主要代表来批判。理论和政治分歧一般聚焦于马克思和列宁的关系上,探询列宁是否和马克思实行了质的"专制主义的"分裂,或者他只是扩展了马克思的"专制主义"的某些因素,得出符合其逻辑的结论。如果说自治主义者试图将马克思从列宁那里"解救"出来,那么无政府主义者倾向于参考巴枯宁的著名论点——马克思是"国家社会主义的拥护者",而将二人全都摒弃。

我们看到,巴枯宁对马克思的批评是"不适当的"。然而,它同更广泛的自由主义的对同斯大林主义联系在一起的马克思主义的批评相符合。因而,在彼得·马歇尔(Peter Marshall)关于无政府主义史的巨著中,他不仅认为巴枯宁对马克思作为"国家社会主义者"的批评是"富有预见性的",而且认为斯大林主义的经验意味着是巴枯宁而并非马克思"被历史裁定为正确"。

尽管这种说法在表面看来有一定的可信度,但是仔细检视巴枯宁的观点可以看出,它不仅是错误的,而且是反动的。因为巴枯宁的观点并不仅仅是对他讽刺的如果马克思或马克思主义者上台可能会发生什么的批判。它涉及对社会能够民主化的可能性的更为普遍的驳斥。这一问题,实现真正民主的可能性的问题,处于经典马克思主义和无政府主义的政治分歧的核心,表现了关于自由和权威的关系、政治组织问题以及对资本主义伦理批判的特点等方面存在的差异。巴枯宁的思想在这一方面反映出无政府主义在形成适当的民主理论方面的普遍失灵:这个弱点根源于人性前后不一致的模式,它严重削弱了这一说法,即无政府主义的社会主义是自由主义的社会主义最始终如一的形式。

我们将看到,马克思提供了超越无政府主义的人性理论局限性的工具,而列宁充分阐释了马克思自下而上的社会主义的政治意义。列宁远远站在乔姆斯基所指的自由主义社会主义传统的对立面,这一旦恰当地分离于斯大林主义者对他的拙劣模仿,最好被理解为对人类自由斗争作出了基本理论和政治方面的贡献。这不是说,列宁主义的组织没有缺点:远非如此。自治主义者和无政府主义者误解了这些问题的社会基础,他们对经典马克思主义的批评往往不仅被误导,而且在政治上起到了削弱作用。

直接行动和国家

在"公开的马克思主义的"关于列宁的政治主张和无政府主义者和自治主义者的观点有着共同的根基的批判中,约翰·霍洛维(John Holloway)同时指出列宁主义者、民主集中派的组织形式与经典马克思主义者是国家社会主义者的说法之间的关联。他认为,"政党形式"的问题是它以一种使得斗争本身"贫困化"的方式"预设了国家的方向"。结果,即使这些组织形式能够胜利,它们也注定会重新构建那种以等级关系、异化的权力关系为特色的国家。

作为一种改良的社会主义政治组织的表述,霍洛维的观点是富有洞见的:这些政党确实往往使它们的行动在资本主义国家之下产生作用而削弱了它们自己的进步根源。然而,因为他将修正主义者和列宁派合并在一起,他也很快从对前者的批判滑向对后者的摈弃。这一论点的明显弱点是它忽视了两者策略内容的分歧:修正主义派别旨在赢得国家,而布尔什维克意在"粉碎"它!在这一问题上,列宁坚持无政府主义是正确的:"在废除国家是目的这个问题上,我们和无政府主义者完全没有分歧。"①

为了实现这一目标，列宁主义政党和修正主义组织有着根本不同的政治活动模式：如果修正主义组织聚焦于赢得议会多数，革命的社会主义政党则必须扎根于工人有可能推翻旧秩序的所在——他们的车间。无政府主义使用"国家中心"的同样标签描述列宁主义和修正主义这两个派别，无视列宁对社会主义的贡献的解放核心，抹去了夺取和粉碎国家之间的本质差异。

就列宁而言，他认为无政府主义错误地将对修正主义政治党派实践的批评推广到抗拒一切建立政治组织的尝试。结果，"无政府主义往往是对工人运动中机会主义罪过的一种惩罚。这两种畸形东西是互相补充的"。② 这并不是说经典马克思主义者摒弃了无政府主义者对自由斗争的贡献。因而，托洛茨基写到他在巴黎认识的一个无政府主义者的死亡时说："他的无政府主义是对资本主义世界的罪恶和在这个世界面前卑躬屈膝的那些社会主义者和工团主义者的一种深刻的、真正无产阶级的义愤的表达，虽然在理论上并不正确。"列宁和托洛茨基并不怀疑无政府主义者和社会主义者同样怀有真诚的对"资本主义世界的义愤"；更确切地说，他们认为无政府主义理论往往削弱了这种行动主义的希望。

有趣的是，无政府主义的政治弱点反映出了列宁在《怎么办？》中诊断的修正主义的缺点。这本书意在批评俄国社会主义运动中的修正主义思潮——比我们在西方习见的更为军事化的修正主义。在当时的俄国，选举政治绝无可能，但是工会反对地方老板却可行。列宁批评俄国修正主义不是因为它的（并不存在的）选举主义，而是因为它不努力

---

① 《列宁全集》第 2 版第 31 卷第 57 页。
② 《列宁全集》第 2 版第 39 卷第 12 页。

将大量的地方反对俄国体制的各个方面的斗争提升到反对独裁整体的更为广泛的全国运动。为了实现这一计划,需要一个全国性的政治组织通过建立各种斗争之间的联系来克服地区主义的局限性。这是列宁关于革命的社会主义者应当不是作为简单的工团主义者,而应作为更广泛的"民众领袖"来行动的著名观点的基础。

列宁对抗拒"政治"活动的那些无政府主义者的令人信服的答复是,他们远没有战胜政治问题,只不过使得资产阶级的政治统治畅通无阻。他认为,在工人运动中,无政府主义以一种和修正主义的工团主义相并行的方式,"在否定政治的伪装下"导致"工人阶级从属于资产阶级的政治"。为了抵抗这种思潮,列宁认为需要建立全国性的政治党派,旨在将全俄的地区斗争联系在一起,成为反抗国家的普遍斗争。

对国家权力的这种挑战建立在十月革命前一年坚实的理论基石上,当时列宁和第二国际马克思主义的最后残迹彻底决裂,和无政府主义宣称的他和马克思旨在"接管国家"并将其用于自己的目的形成强烈对比,他主张,工人必须在意识形态上、政治上和军事上组织起来(即作为一个国家),以摧毁旧的(资本主义的)国家。这并非接管旧的国家,而是以一种新的组织取代它。虽然工人的国家在某种意义上是国家(下面我们将看到,它们是非常特别的国家,卢卡奇认识到这种差异,称工人权力的新组织为一种"反政府"组织),它们拥有和资本主义国家极为不同的社会内容。资本主义国家部署军事和意识形态力量来维持资本主义的社会关系,工人的国家是为了压制那些阻碍建立一个以满足人类需要为基础的社会的因素而调动资源。因为工人不会剥削在他们之下的任何阶级,随着这些阻碍因素的不断被克服,工人的国家将趋向"枯萎"。不幸的是,因为无政府主义者往往将"这种国家"具体化为自由的敌人,他们容易低估阶级力量的种种形式之间(当自由民主党派和法西斯独裁统治是资本主义国家的形式时,它们之间的差别就极其重要了)和国家权力的社会内容中的更深刻的历史改变(比如,封建的、资本主义的和工人的国家之间的差异)。正是将称为"国家"的东西具体化为自由的敌人的这种倾向削弱了他们的革命政治概念。

在那些想当然认为他们能够绕过国家的无政府主义者的著作中,这也许表现得最为明显,不过它是无政府主义中非常普遍的问题。因而,无政府主义者本·弗兰克斯(Ben Franks)指出,"在当今主张阶级斗争的无政府主义著作中,尽管革命的需要已被普遍接受,在其构成要素和特点方面仍然缺少明晰性"。

在一定程度上有一种无政府主义的革命模式,它往往扎根于直接行动的理念。不是一种直接行动的形式,而是据说预示着真正自由的(无政府的)社会中的各种关系的多元形式。确实,直接行动的多元形式反映在多元的无政府主义中。

尽管支持和呼吁这种或那种形式的直接行动在左翼中非常普遍,对于无政府主义来说,这一策略远远不止是行动主义者军械库中诸多武器中的一种:它直接产生于对国家的抗拒,同更为传统的政治方法形成鲜明的对照。实际上,无政府主义往往是自觉地反政治,这种观点最好被理解成对政治——正如传统对它的定义——与国家相关的观点的反对。当然,一旦我们接受更宽泛的政治概念,这种反政治的形式也是政治的,直接行动的观点明显是政治观点,即使它们不以国家为中心。

大卫·格雷伯(David Graeber)同他所认为的传统的以国家为中心的政治观点相反,他认为,"这种直接行动的观念,连同它对诉诸政府修正他们的行为的政治的抗拒,支持以一种它自己预示为替代物的形式反对国家权力的现实干预——所有这一切都直接产生于自由主义的传统"。从这种观点出发,有人认为,直接行动的多种不同形式预示着非国家形式社会交往的活生生的体现。这种政治方法预示了被无政府主义者和自治主义者欣然接受的各种组织类型。传统的议会和革命党派一直面向的是他们希望攫取或摧毁其权力的政府,因为无政府主义者反对这些方式,支持构想国家替代物,所以他们反对对抗国家必要的中央集权的政治党派,尽管不是统一地,通常接受想象的无等级的"水平的"组织形式。

在这种意义上,至少无政府主义者是好的列宁主义者。正如托尼·克利夫(Tony Cliff)所指出的,在列宁看来,社会主义者需要的组织形式"取决于(确定的)政治任务的性质"。如果布尔什维主义的组织产生于推翻俄国的专制统治的任务,不同的任务则要求不同的组织形式。无政府主义者主张,因为他们反对赢得国家权力的目标,他们不需要志在国家权力的中央集权的政治结构。

这一主张的问题在于,它寄生在资产阶级的政治观点之上:如果说传统的政治理论关注国家,那么无政府主义仅仅倾向于颠覆这些考虑而不是克服它们的局限性。马克思的政治方法则截然不同:正如《资本论》与其说是经济学研究,不如说是政治经济学批判,马克思的政治最好理解为是对传统政治观点的批评。因此,传统(自由主义的)国家方法将其视为不变的人性的必然结果,马克思主义者则认为,国家是历史现象,和特定的生产关系联系在一起,因此消除它们的关键是去除既巩固国家、又靠国家支持的生产关系。

至于现代资本主义国家,马克思关注它们以人类自由为代价帮助维护资本主义体制的方式。这就要分析,国家和阶级斗争、社会运动之间的关系,后者对克服资本主义异化必需的团结和社会主义意识很重要。在这个问题上,清楚的是,一旦这些斗争达到足够大的规模,它们就要遭遇作为资本主义体制的关键的有组织的保卫者的国家。因为,任何自下而上的运动强大到足够挑战资本主义时，都要被迫面对国家。正如亚历克斯·柯林尼克斯（Alex Callinicos）在和约翰·霍洛维交流时写道，"麻烦在于国家不会放任我们"。

这一说法的真相最近在英国由于伊恩·汤姆林森在伦敦 G20 峰会的示威活动中死亡而揭示出来。这一事故像燃烧棒一样，暴露了警察不仅对政治示威者、而且对更广泛的广大群众派别施加经常的、系统性的暴力。它发生在最近国际性的国家干预支持银行系统的进程中，而且在那些国家持续地、经常性地使用军事力量的背景之下，这一事实有助于提醒我们资本主义和国家之间的本质联系。除了其他很多功能，资本主义国家还是政治合法性、社会控制、经济监管和军事竞赛的工具：这些功能都同资本主义"在结构上互为依存"，没有这些，资本主义就不能存活。而且，不管近期的战争和经济救助取得了其他什么成就，它们都应当放下全球化力量已经打击了国家权力的思想。

因此，马克思主义者首先表现出来的对国家的关注并非源自某些假定的对专制的偏爱，而是出现于自下而上的运动的需要：一旦社会运动足够强大，能够指明现状的切实的替代物，国家就会干涉镇压它们。因而，马克思和列宁的所谓的专制主义主要包含的是对自由斗争的敌人的现实评价：工人运动需要一支中央集权的军事力量来战胜它的中央集权的军事对手。正如托洛茨基所写的，"放弃征服权力就是自愿将权力留给那些控制它的人——剥削者"。

具有讽刺意味的是，很多无政府主义者都对阶级斗争的高潮得出了类似的结论，甚至在这些问题上他们未能区分资产阶级的和工人的国家，这一点已经证明是致命的。比如，1936 年在西班牙，主要的无政府组织强制性地加入共和政府，以便针对弗朗哥的法西斯统治的军事对抗能够统一在一个联合的组织之下。虽然从军事角度看，这一政策有些意义，不幸的是，它将无政府主义者置于生命力正受到他们的成员领导的（并且提供了迄今为止法西斯主义最有力的替代物）社会革命威胁的资产阶级国家之内。无政府主义者的革命力量在政府中被削弱了，因为他们陷入了革命需要同维持与资产阶级合作者之间的联合需要的夹缝中。1917 年在类似的情势下，布尔什维克反对科尔尼洛夫亲法西斯的力量，支持克伦斯基的资产阶级政府，但是没有加入资产阶级政府，从而保持了独立。

在这一时期，他们坚持科尔尼洛夫最一致、最有力的替代物应当是工人议会（苏维埃），而工人议会正是克伦斯基——像 20 年后他的西班牙同行一样——希望消灭的，尽管布尔什维克将其看作新的工人国家的胚胎。这两种支持革命实践的不同方法产生了截然不同的结果。西班牙无政府主义者的行动促进了他们自己的力量的瓦解，而布尔什维克同克伦斯基的"联合战线"巩固了自己的力量，为十月社会主义革命的胜利打下了基础——到那时他们推翻了克伦斯基政府，代之以苏维埃统治。尽管在说辞上有差异，1917 年彼得格勒的布尔什维克和 1936 年巴塞罗那的无政府主义者都组织了自下而上的革命运动的"先锋队"，二者都认识到建立军事联合以对抗反革命的必要性。布尔什维克认识到工人的和资产阶级的国家的区别，所以他们能够更好地认识壮大工人运动的联合形式和其他削弱它的形式之间的差异。相比之下，当西班牙的无政府主义者意识到类似的联合的真正必要性时，无政府主义一维的国家观念意味着他们最终走上了将革命运动从属于同他们的资产阶级合作者联合的要求的灾难性道路上来。

如果说马克思主义者的国家思想不能反映他们所谓的"专制主义"，他们将工人议会作为反对资本主义的基础来关注则表明，将预想的政治观点同马克思认为的有效方法相对立，实在太过于简单化了。经典马克思主义者不否认社会主义政治的预设维度——事实上他们坚持预设因素存在于工人阶级的自我组织和团结的机制和文化的形成中。然而，马克思主义者还认识到，资本主义不但在内部瓦解工人阶级，而且从外部以其他剥削和压迫组织来分化它。结果，马克思和（尤其是）列宁坚持社会主义政治包括同这些分裂行为作斗争，这意味着作为社会主义活动者的相对同质的组织的革命政党同依赖于某一时刻的阶级意识的水平而或多或少分散的工人阶级之间的差异。马克思主义者对政党和阶级的区分不是固定的精英和底层战士之间的分歧，而是意识到这样一个事实——工人阶级中存在着多种层次的阶级意识——从工贼到革命者以及他们之间的多种变体。政党的宗旨在于帮助工人阶级中的大多数走向社会主义，组织能够让工人运动之外的其他组织羡慕的自由模式的工人运动。对于政党来说，为了赢得这一任务，必须创造自我消解的条件！因为一旦工人阶级内部的分歧，以及工人阶级和其他受压迫、受剥削群体之间的分歧得以克服，社会主义就得以实现，在一个成熟的社会主义社会中就不需要革命政党了。因此就本质来说，和其他团结一致的形式相反，革命政党并不意味着社会主义：不如说它们是一个为社会主义而奋斗的（必要的和过渡性的）工具。

至于革命的社会主义政党的关键性活动——试图赢得多数人走向社会主义——马克思主义政治的指导性原则是灵活性。真正的国家"社会主义者"往往将一个方面（用暴动或者议会方式改变政府）具体化，无政府主义者将另一方面（直接行动）具体化，马克思主义者则关注在我们有改变体制的潜在能力的场所——车间进行斗争。但是除了这一点，马克思主义者还意在对特别时刻的特别策略进行具体的评价，用一个简单的标准评价其可行性：它们是否能增加工人阶级和其他受压迫、受剥削的群体的自我行动性、自信心和政治意识？因此，当马克思主义者打算一方面参与议会运动,另一方面采取直接行动时,其原因与修正主义者和无政府主义者不同。马克思主义者认为这两种形式的运动都不足以应对左派的任务,而且二者一定会堕落为精英主义的变种。议会政治和直接行动都不是革命政治的最终目标,因为二者都不代表对体制的根本挑战,在两种情况下,行动者都要冒代表普遍群众行动(而不是旁观)的危险。从这个观点来看,对直接行动的教条的承诺最好被理解为不是修正主义专制问题的解决之道,而是议会精英主义的对应物,这就解释了尽管无政府主义言辞极端,德雷珀还称其为自上而下的社会主义形式。并非马克思主义的政党对精英主义的危险有免疫力,而是这种危险往往具有不同的根源:特别当工人斗争处于低潮时,生命力就是斗争的组织往往会堕落为宗派主义。如果无政府主义团体可能有类似的趋势,作为上选的激进策略的直接行动具体化后的问题——其中,正如弗兰克斯揭示性的"整体的一小部分就代表了全部事物"——就是它易于加强而不是挑战对精英主义和包办主义的偏好:行动主义者将他们的行动代替更广泛的社会运动的趋势。这个弱点启发了另外一个表面上令人惊奇的与无政府主义相联系的问题:它对更广泛的民主概念保持缄默。

如果说自下而上的斗争要求是马克思的国家思想的一个方面,另一个方面就是民主问题。从同无政府主义者的辩论来看,这个问题有两个不同的方面:革命组织内部的民主和(革命前和革命后)社会内部的民主。乍一看,无政府主义的反权威主义可能暗示对民主的深层关注。实际上,无政府主义理论家乌里·戈登(Uri Gordon)说过,"在促进行动主义者的集体进程的实践的一些价值观和那些以民主理论的更激进的目标为特点的价值观之间主要是平行关系"。然而,正如戈登继续指出的,因为民主允许多数的控制,而无政府主义捍卫个人反对政府的绝对权利,它最好理解为"一点儿不'民主'"。类似地,乔治·武德科克(George Woodcock)在对无政府主义的经典著作考察中认为,"没有比将无政府主义看作民主的极端形式更偏离真相的无政府主义概念了。民主倡导人民主权。无政府主义倡导个人的主权"。更晚近一些,露丝·金娜(Ruth Kinna)承认,无政府主义者关于民主没有说多少实质性内容,除了希望多数同意的决策,她正确地指出,这一点可能被指责为涉嫌重复乔·弗里曼(Jo Freeman)在20世纪60年代美国无政府—女权主义运动中所作的著名分析中指出的特点,她称之为无体系的暴政:无体系团体的最有表达能力的(通常是中产阶级)成员在其中掌握实际权力的能力。

对于马克思主义者来说,建立民主的、因而中央集权的(如果投票有意义,多数就可以为所欲为)革命组织的要点在于解决这一问题:领导权和政策能够通过关于最佳前进道路的争论得以改变。实际上,恰是因为健康的革命组织将个人从更为广泛的运动中团结到一起,从而为讨论作为整体的运动和特别的地区运动二者的最佳道路提供了舞台。这些争论不仅对于将各种运动统一到更广阔的能够挑战资本主义的运动中的进程是必要的;它们还是非常有价值的机制,通过这一机制,成员互相学习胜利的经验和失败的教训,党可以将这些经验教训切实嵌入运动中。但是因为争论是以行动为导向的,必须作出决策,不管是来自尖锐争论后的一致同意——这与以最慢速度达成的妥协截然不同——还是争论无法取得一致意见后的投票。

革命的社会主义政党是斗争的武器而不是预想的形式,这一事实必然导致其内部结构同其有效行动的能力相比,处于次要地位。然而,因为有效行动要求公开辩论,内部民主是这些组织的必要特点——至少在外部限制允许的地方。争论和行动之间存在着张力,它是这种组织不可避免的问题。不幸的是,寻求一致的无政府替代物只有在相对同质的组织内可能,而且只能经过很长时间才能复制,如果这些团体更为普遍地对团体内的意见分歧保持相对的免疫力;即,如果它们已经是或者正在蜕变成一个宗派。这不是说无政府主义者指出的问题在民主集中制的组织内部不存在——弗兰克斯给出的不幸的拙劣模仿的名单最好理解为列宁主义政党内的宗派主义的倾向——不如说,这些问题是社会主义活动的必要特征,而且它们或多或少也是任何极端的政治组织所共有的特征,包括无政府主义者和自治主义者的组织。

人性和社会主义

民主问题意味着和无政府主义相关的更为根本的问题:无政府主义的人性概念。至于民主本身,19世纪法国的无政府主义者普鲁东抱怨"广泛投票是反革命",而他的俄国同道巴枯宁,当他说"所有的政治组织必定在否定自由中灭亡"时,旨在反对民主。这是非常重要的陈述,从严格意义上来讲,它不是对斯大林主义的危险富有预见性的警告,而是指不但社会主义、而且任何形式的民主社会组织的不可行性。为了使巴枯宁的说法有意义,考察经常被重复的观点,即无政府主义是"对资本主义的社会主义批判和对社会主义的自由批判"的综合,是非常有益的。

这种综合虽然有其表面上的吸引力,但是也有根本的困难:自由主义者和社会主义者所持的人性模式截然不同,指向截然不同的政治方向。自由主义将原子化的、自我的个人预设为分析的出发点,而社会主义、或者至少是马克思的社会主义,承认人类个体的社会属性。从自由主义的人类本性是个人的、自我的预设出发,很难构想出除了凌驾于人的异化权力（国家）之外的社会组织：国家对个人自由来说，既是威胁又是必要的保障。因而用托马斯·潘恩恰当的说法，国家对自由主义者来说，是"必要的罪恶"！在某种意义上，无政府主义可以理解为建立在更乐观的人性观点基础上的这一观点的极端表达：它反对国家——不管是何种形式的罪恶——在事实上是必要的这一观念。无政府主义者在讨论民主方面的缄默表明，他们认为，民主的政治组织保留了国家，因而"否定了自由"。

并不是所有的无政府主义者都持有简单的自我的、个人的人性模式——如果这确实已经成为过去的一个世纪中美国无政府主义中占统治地位的声音，欧洲的无政府主义倾向于更社会化的人性概念。因此，蒲鲁东、巴枯宁、尤其是彼得·克鲁泡特金明确表达了这样一些观念："社会是由团结一致的力量支撑的广泛信仰，社会应被看作一个完整的有机体，个人的自由在其中通过一些共同体的个性的观念得以调解"。然而，正如大卫·莫兰（David Morland）在对经典无政府主义的人性论的详尽分析中所指出的，社会无政府主义并没有成功地综合社会主义和自由主义，而是将人性的两种陈述令人不安地加以混合，将自由主义的自我的、个人的观念综合进更多的社会主义的因素，导致一种"关于人性问题的不确定的说法"。相形之下，因为马克思承认人类个体由我们生存于其中的某种社会形成，所以他不仅能够抓住现代个人主义的社会的和历史的根源，而且认识到民主化不仅不会导致一种新的不自由的形式，而且还会扩展个人自由的空间和性质。因而，马克思和恩格斯同意巴枯宁关于组织意味着权威的说法，但是意识到因为社会是一种组织，设想没有权威的社会是愚蠢的。

从这种观点出发，为社会主义而斗争并没有太多的针对权威而斗争的意味，因为它是摧毁一种不民主的权威形式、代之以民主的权威形式的斗争。自由主义和无政府主义发现设想人性的社会方面非常困难，除了异化的国家形式之外，马克思则认为，因为工人只能通过集体组织来解放自己，所以他们的团结朝向以具体的民主替代异化。因此，恩格斯评论说，当所有的革命社会主义者同意"政治国家以及政治权威将由于未来的社会革命而消失"① 时，这并不意味着社会组织的消失。而是——他坚决主张——在社会主义社会中丧失它的（异化的）政治特征，代之以行政职能的民主控制的形式。因此，马克思主义诉诸任何社会的关键问题，不是它是否具有某种权威的形式（这个问题的答案只能是"是"），而是权威是否受制于民主，如果不受控，谁受控制。正如赫伯特·马尔库塞所评论的，马克思关注的不是权威的终结，而是权威的完全民主化。

再者，因为社会组织经久演化，社会本身具有历史性：如果我们对社会实施民主控制，首先必须考察它在特定的历史时期的具体性质。对于史前的狩猎采集者，社会是个人所属的小群体。相比之下，现如今，因为我们生活在由国家分工形成的世界市场之中，我们的社会是全球性的。因此，我们的社会问题，以及这些问题的最终解决方式，也是全球性的：虽然地区行动是为更好的世界而斗争的必要的组成部分，最后的胜利还是只能通过全球范围的社会民主化才能赢得。这不是某些中央集权者的偏爱——是无政府主义者眼中的马克思的另一个罪恶——他的中央集权主义——的物质基础。

这种中央集权主义根源于社会的物质转化，这一事实揭示出无政府主义的另一个神话：马克思认为资本主义的异化"只要通过改变政府形式——将政府控制置于社会主义者的掌握之中"就可以克服。马克思涉

---

① 《马克思恩格斯全集》第 1 版第 18 卷第 344 页。

足政治，所认为的恰恰相反：争取自由的斗争的胜利不能通过政府的简单改变到来，而必须根植于深入得多的社会运动之中。

通往巴黎

关于马克思认为改变政府就足以带来社会主义这一神话，其合理内核可以追溯到他和无政府主义者在第一国际针对提高政治要求、即要求政府进行改革问题的争论。

从蒲鲁东和巴枯宁的人性观推测，他们都认为存在一种自然的社会和谐，它只有通过清除政府和国家才能重新获得。因此，虽然马克思在英国工联主义者支持下强调为改革而斗争的必要性——马克思坚持认为，一旦工人赢得了改革并将新的法律付诸实施，他们不能"巩固政府权力，而是相反，他们将现在针对自己的权力转换为自己所用"——无政府主义批评者认为，对政府提要求只能使事情变得更为糟糕。如果上述陈述导致对马克思作出改良主义的错误阐释，这一说法和类似的说法最好理解为马克思寻求促进和强化工人阶级的社会主义意识的过程的一部分。正如柯林斯（Collins）和阿布拉姆斯基（Abramsky）在他们富有创意的第一国际的研究中所指出的，马克思认为"工联斗争代表了工人阶级在通往完全解放的道路上的必要进程"。对国家的要求最早产生于工人运动当中，马克思支持诸如限制工作日等改革，这不仅本身是好事，而且是只有通过革命才能最终实现的社会主义改造的漫长进程的一部分。

这在他对巴黎公社所作的评论中表现得很明显。也许因为马克思对巴黎公社的分析使他是一位"国家社会主义者"的神话破裂，无政府主义关于他的政治观点的先入之见和马克思政治学符合。尽管马克思认为巴黎公社是真实的生动的社会主义的例证，表明了无产阶级"不能简单地掌握现存的国家机体并运用这个现成的工具来达到自己的目的"①，但巴枯宁坚持认为，马克思主义者"认为有必要组织工人力量，以便夺取国家的政治权力"。虽然无政府主义者比如彼得·马歇尔将马克思、恩格斯和列宁所认为的巴黎公社是无产阶级专政的例证拒斥为"历史的反讽"，事实上，正是无政府主义者在构想巴黎公社方面存在更重大得多的问题。

马克思在对巴黎公社所作的分析中指出，尽管国家权力的旧体制（至少在巴黎）被摧毁了，工人取而代之的不是对权威的否定，而是他们自己的统治：公社是在巴黎拥有真正（不是伪善的议会的）权力的"工人阶级的政府"。他解释说，这就是他所说的无产阶级专政概念的意思，或者更简单地说，工人阶级的统治。尽管马克思主义者将这种情形描述为工人的国家，更恰当地说，正如恩格斯数年后评论的，"国家"一词在这里被误解了："应当抛弃这一切关于国家的废话，特别是在巴黎公社以后，巴黎公社已经不是原来意义上的国家了。"② 因为工人的国家和以前所有的国家不同，是大多数人而不是少数人的统治的表达，它们就不再是维持剥削的社会关系的专门的强制机器。尽管巴黎公社没有存活到足够表明这一点：当资产阶级反革命的威胁消退时，甚至这些体制都将消亡。

相比之下，鉴于巴枯宁曾经宣称自己是"一切政府和一切国家权力"的敌人，很难理解他怎么能够欢迎巴黎公社的。事实上，正如克鲁泡特金几年后从非常接近巴枯宁的观点出发所认为的，公社的关键

---

① 《马克思恩格斯文集》第 1 版第 3 卷第 218 页。
② 《马克思恩格斯全集》第 1 版第 17 卷第 642 页。

性失败在于它欢迎代表制度，这意味着它要复制议会制政府的典型罪恶。他坚持认为，公社的弱点并不在于领导它的人，而是它拥护的"制度"。从无政府主义的观点来看，似乎克鲁泡特金在两人中更具一贯性：公社保留了代议制政府的形式，因而是无政府主义者反对的形式——国家——的另一种样本。马克思对这些观点所补充的，不是对"中央集权主义"的捍卫，而是意识到，虽然巴黎公社得以保留国家和政府的形式的方面，但一旦新的阶级掌握权力，它们的内容就会极大地改变。革命问题的这种方法引爆了关于经典马克思主义的另一个无政府主义神话：它是一种雅各宾主义。

雅各宾主义、布朗基主义和马克思主义

关于马克思是一个信奉单单改变政府就足以带来社会主义的国家主义者的说法和一个指控相关，即他未能逃脱法国大革命最极端阶段革命者的雅各宾主义的局限性。例如，巴枯宁在《国家制度和无政府状态》中认为，"从教育和本性上看，[马克思]都是一个雅各宾，他的美梦是政治专政"。将巴枯宁假设马克思的权力欲望的愚蠢言辞暂且搁置，雅各宾主义的指控是非常重要的问题，值得一驳。

1793—1794年，雅各宾党人置身于法国大革命的前线。在罗伯斯庇尔的领导下，他们在当政时期处于矛盾之中。一方面，他们认为自己是依循卢梭的"公意"教导行事。然而另一方面，他们从未恰当地解决公意在一个阶级分裂的社会如何得以存在和表达的问题。实际上，雅各宾党人远未能代表公意，他们是靠所谓的"无套裤汉"——城市"小店主和工匠（包括师傅和学徒）、仆人和短工"的支持上台的，实际上也代表他们的利益。因为罗伯斯庇尔确实意识到他的社会基础的有

限性，即使他不能提供合适的理论陈述，他也开始相信，公意要作为对"个人的缺点和不足"的纠正而必须加诸社会。因此，尽管他狂热支持民主，但或多或少持一种隐含的观点：不但"民主必须自上而下实行"，而且"人民自发的革命热情无需任何依赖"。这就是他的形式上的民主政治和他获取的支持的有限社会基础之间的矛盾，在外部军事干涉法国大革命的背景下，这导致了恐怖统治。

尽管盖林反对革命必然蜕变为暴政的观点，但是他仍然同意，马克思没有完全克服他政治观点中的"集体的"和"雅各宾的"方面之间的张力，而列宁在雅各宾的道路上走得更远。提到列宁就要提到他著名的评论："同已经意识到本阶级利益的无产阶级的组织密切联系在一起的雅各宾派分子，就是革命的社会民主党人。"① 这句话经常被引用来证明，列宁至少未能摆脱雅各宾主义的局限，因此，俄国革命像它的法国前辈一样，注定结束于恐怖之中。然而，从列宁写这句话的背景来看，很清楚，提到雅各宾主义首先是因为对试图完全抛弃革命政治的马克思主义的修正主义的批判，列宁指出，和雅各宾主义者一样（但是环境截然不同），马克思主义者是统治阶级的最坚定的组成部分。

作为马克思热忱的学生，列宁认为，导致雅各宾主义的情势和支持现代社会主义兴起的状况之间的不同是基本事实。米歇尔·罗伊（Michael Löwy）指出，尽管马克思明显赞扬罗伯斯庇尔的"历史伟大性和革命力量"，他也清楚地反对将雅各宾主义"作为社会主义革命实践的模式或灵感源泉"。实际上，马克思在早期著作中引用了黑格尔对雅各宾主义的批判。在黑格尔看来，罗伯斯庇尔的恐怖统治是他试图自上而下地将一幻景强加于社会，这一努力并非扎根于其光必需的本民族"性

---

① 《列宁全集》第 2 版第 8 卷第 383 页。

情和宗教"的转变之中。

马克思意识到黑格尔观点的力度,但是不同意雅各宾主义暴露出了革命事业的有限性。更确切地说,他认为革命领袖和广大群众之间的鸿沟并非革命的普遍特征,而是反映了法国大革命的资产阶级性质。他指出了他的政治主张和雅各宾主义之间质的差别,将这种革命形式同现代无产阶级革命区分开来。马克思认为,资产阶级革命产生于新兴的资本主义生产关系和业已存在的资本主义之前的国家之间发展的矛盾之中,并且成功地去除了锁链,促进了资产阶级的进一步发展。尽管这些革命被普遍认为是同前资本主义的等级制度的进步性相分裂的,它们的特征仍然是权力从一个统治阶级转移到另一个统治阶级,充其量牵涉到它们的领袖和人民大众之间的矛盾关系。例如,诸如俾斯麦统一德国式的"从上至下"的资产阶级革命根本就没有群众行动参与进来,而英国、美国和法国的"自下而上"的资产阶级革命虽然通过下层阶级的参与而胜利,但是最终都同样将穷人排除在权力之外。相比之下,因为无产阶级革命的目的和主体都是工人阶级——"工人阶级的解放应该由工人阶级自己去争取",所以就必然在性质上更为民主,无论在革命实施时还是胜利之后。

马克思对资产阶级和无产阶级革命的区分,表明了从罗伯斯庇尔到马克思存在延续的轨迹的说法的根本错误。与罗伯斯庇尔不同,马克思非常清楚,在一个阶级分裂的社会,没有被普遍接受的善的观念,但是同时工人的集体斗争却独一无二地能够指明资本主义异化的体系替代物,因为它们能够远远超出自己的等级来诉求。因此如果现代社会主义只能随着现代工人阶级出现而产生可能性,为了实现这一潜能,至少要求社会主义者为运动中的领导权作出两方面的斗争:马克思主义者为社会主义在工人阶级中的领导权而斗争,同时要为赢得工人阶级社会主义者在更广泛的社会中的领导权而斗争。因而，其核心是，作为马克思革命策略基础的新的社会力量的出现——资本主义的增长以及随之而来的现代工人阶级的增长。因此，这完全不同于先前的（自上而下的/中央集权的）实现一个更好的世界的想法，这在一定程度上解释了为什么马克思认为确切掌握历史对革命者来说至关重要：如果社会主义革命只能在特定的历史情境下才有可能，那么，意识到这些历史情境是什么、它们同引起其他革命时刻的情境有什么不同，就显得非常重要。

和马克思不同，19世纪有社会主义者仍然继续雅各宾的传统——马克思同他们的政治观点保持距离。例如，法国社会主义者布朗基将革命设想为由代表工人行动的一小部分革命精英所赢得的行动。恩格斯评论了巴黎公社进程中的布朗基主义者，认为这个集团"只是感情上的社会主义者"，因为他们的社会主义模式并不是根植于对阶级斗争或社会主义本身的历史基础的恰当考虑之上。和恩格斯与马克思是私下的雅各宾主义者的说法形成强烈对比，恩格斯驳斥了布朗基的革命是"由少数革命家所进行的突袭"的提法，声称布朗基主义（雅各宾）的方法是"独裁"的"过时"的革命模式。

在某种意义上，马克思主义超越了无政府主义和布朗基主义之间的差别：像前者一样，它根植于自下而上的真实运动，但是又像后者一样，它意识到社会主义领导权在推翻旧国家上的关键作用。要点在于，社会主义者的领导权必须扎根于现实运动中，而不是自上而下地实施。正如托洛茨基认为的，将自发行动同领导相对立是一个错误，因为它们最好被理解为一个硬币的两面。

革命问题的这种思路填充了马克思和恩格斯在1845年制定的普遍模式的一个方面。他们认为，革命之所以必需，不仅是因为"没有任何其他的办法能够推翻统治阶级"，而且还因为"推翻统治阶级的那个阶级，只有在革命中才能抛掉自己身上的一切陈旧的肮脏东西，才能胜任重建社会的工作"。① "自下而上的社会主义"的思想是马克思主义的定义性特征，不仅将马克思主义区别于任何形式的国家社会主义，而且区别于无政府主义的反中央集权制。正如一些无政府主义者所认为的，马克思和无政府主义者使用不同的方式、为了相同的目标而斗争的说法只是部分正确。因为，马克思为社会权威的民主化而斗争在一定程度上避免了无政府主义理论的局限性。如果说这意味着，像无政府主义者一样，马克思为了"推翻"资本主义国家而斗争，我们还要意识到，有时走向更大的民主要求更多的国家行动：只要想到美国医疗改革的反对者使用的反中央集权的言辞，就能意识到，"认为在任何时代、任何地方，'自由个人的主要敌人'是国家的观点是荒谬的、反历史的"。

尽管无政府主义理论的民主方面反映出自由和权威之间零和平衡的关系，马克思主义者认为，因为个人自由由社会组织决定，它只能以某种组织形式实现。从这一观点出发，自由和权威远远不是互相对立的关系，它们最好被理解为互为补充的概念：如果后者民主化，前者就能得以扩展。因而，如果我们的民主目标是一种权威形式，替代物不是没有权威，而是不民主的权威。

这种观点阐明了巴枯宁的著名预测：如果马克思主义者夺取了政权，他们的国家将"只能是由新的、非常少的贵族统治的高度专政的群众性政府"。正如我们已经指出的，众多的无政府主义者，以及（非常奇怪地）有些马克思主义者，都将这一评论看作对官僚主义危险的雄辩的警告。然而，事实并不是这样。更确切地说，它最好被理解为罗伯特·米歇尔斯的著名的"寡头统治铁律"的先驱，根据米歇尔斯的说

---

① 《马克思恩格斯文集》第 1 版第 1 卷第 543 页。

法，所有的组织都不可避免地产生统治精英。达肯·哈拉斯（Ducan Hallas）认为，这种评论应用到民主的中央集权的组织上，似乎是"原始的原罪神话的世俗版本"，正如原罪神话迫使我们艰辛地生活，尽管无政府主义的所有组织都拒斥自由的思想具有形式上的极端性，它为资本主义的进步的替代物留下了很小的希望。

结 论

正是因为马克思主义者和无政府主义者有着不同的目标，所以他们以不同的方式为自己的目标而奋斗。正如我们已经看到的，无政府主义者往往设想政府之外的自然的（非历史的）社会和谐，而马克思主义者的社会主义被设想为以历史上新的社会关系的产生为基础的社会的完全民主化。无政府主义者因而试图预想通过直接行动获得自由，马克思主义者在工人阶级中为社会主义而斗争，在反资产阶级的活动中以工人阶级为取向。如果说直接行动除了一个松散的联邦组织结构外没有要求任何东西，为反国家的民主社会而斗争则需要民主的、中央集权的斗争组织，这个组织通过集中资源使胜利的机会最大化。尽管无政府主义的说法与之相反，这并非说必须要有自上而下的领导模式。更确切地说，为了胜利，党必须不仅自下而上地对运动进行领导，同时还要反对运动中的宗派主义。正如克利夫所说，这种领导模式最好被理解为，既不是管理主义的多种形式，也不是知识分子精英主义的形式，而是根植于斗争中的同志关系。

"革命政党必须要同它之外的工人进行对话。［它］不应当凭空发明策略，而应当将从群众运动的经验中汲取教训作为第一责任，然后从中加以综合……马克思主义者［应当］自觉表达工人阶级的内在动力，以在社会主义基础上重组社会。"

克利夫并非凭空造出这种领导模式，而是在研究第一次世界大战前后短暂时期内发生的马克思主义的复兴而得出的结论。这场运动同战前为了对抗修正主义在工人阶级中出现的工团主义潮流有着相似的根源。工团主义建立在自下而上的阶级斗争的复兴的基础上，将蒲鲁东和巴枯宁的直接行动的概念作为资产阶级政治的替代物，赞成马克思的作为工人阶级的自我解放的社会主义概念。和更多的新近的反资产阶级者一样，工团主义者"没有什么，除了对以妥协和机会主义为特征的议会'政治'的轻蔑"。尽管更新的马克思主义运动与工团主义一样对修正主义左翼的机会主义政治表示憎恶，但是通过重新研究马克思更为广博的政治概念，他们指明了超越了工团主义的局限性的道路。和列宁、托洛茨基和卢森堡的著作相联系，这一运动在列宁1917年的著作《国家与革命》中找到了自己的最高政治表达，《国家与革命》将国际社会主义运动向修正主义转变的思想根源追溯到了第二国际内部对马克思关于国家的批判理论的任意曲解。

葛兰西的发展轨迹突出了20世纪早期复兴的马克思主义和无政府—工团主义之间的分歧和相似。为了回应对他和围绕社会主义报纸《新秩序》（*L'Ordine Nuovo*）的小组的其他人1919年和1920年在都灵以工团主义的方式行动的谴责，他答复道，是的，像工团主义者一样，反对统治第二国际的对马克思主义日益增长的修正主义阐释，他的组织试图将他们的社会主义根植于自下而上的实际的自发的工人运动，而不是提供"抽象的"领导形式。然而，这种方法的弱点——葛兰西认为这是工团主义更为普遍的弱点——在于，《新秩序》未能明确表达一种策略，能够将都灵工人的需求和意大利南部农民的需求联合起来，从而实现推翻意大利政府的目标，代之以建立在工人议会基础上的民主。

在接下来的几年里,葛兰西寻求依托《新秩序》时期的力量克服这些弱点。像无政府—工团主义者一样,他将自己的实践根植于日复一日的普通工人的斗争中,但不像他们,他将这种方法扩展为政治策略,其目的不仅在于作为广泛的反资产阶级运动一部分的"推翻"资产阶级国家,而且还要代之以民主的替代物。这一目标以及他寻求实现目标的列宁主义的方法和"国家社会主义"的标签没有任何共同之处。

然而,它确实以马克思的人性观及其必然结果——他的民主的进步模式——为先决条件。列宁对自下而上的社会主义的贡献表明,为了既赢得全社会的大多数,又推翻旧国家,左派要求民主的和中央集权的党。葛兰西正是从列宁那里学到了他的政治思想,他们对社会主义的贡献不但建立在马克思批判无政府主义逻辑不严密性的基础上,而且为今天的反资本主义者和社会主义者保留了丰富的学习资源。

(金建 译)

国外学者关于毛泽东思想与经典马克思主义关系的争论(上)*

〔澳〕保罗·哈里

《当代亚洲杂志》2008年11月号刊登了澳大利亚学者保罗·哈里题为《对毛泽东阶级和阶级斗争理论的误读》的文章,批驳了这样一种常见的观点,即毛泽东思想是对经典马克思主义传统的背离。这种背离通常被认为是从20世纪50年代中期开始,并主要体现在以下两个方面:一是经典马克思主义所坚持的经济第一性的观点被毛泽东强调政治和意识形态的"唯意志论"所取代;二是经典马克思主义从经济层面来定义阶级,而毛泽东则从政治行为和意识形态上来定义阶级。本文不同意这些说法。本文认为:毛泽东在1955年以后关于阶级、阶级斗争的理论与经典马克思主义之间存在着基本的连续性,他也是把阶级视为一种经济范畴,这和经典马克思主义是一致的;而且,毛泽东和马克思主义经典作家都把阶级视为由生产力和生产关系的矛盾运动所决定的上层建筑领域的阶级斗争的积极参与者;最后,毛泽东也同意经典马克思主义的观点,即经济层面上的阶级由上层建筑领域一定的政治机构和意识形态形式来代表。文章主要内容如下。

---

* 本文选自《国外理论动态》2009年第5期。

近三十年来，马克思主义在理论上的困境令人感到遗憾。马克思主义作为整体陷入了困境，尤其是其阶级分析和阶级斗争理论。从某种意义上讲，出现这种"马克思主义的危机"并不奇怪。因为（20世纪80年代以来）随着苏联解体和东欧社会主义国家的终结，随着中国和越南对苏联式社会主义的放弃，随着大多数西欧共产党的式微，马克思主义无论是在政治上还是在学术上都走向了衰落。但伍德认为，危机的源头还可以再往上追溯至20世纪60年代，更为明确的就是西方马克思主义热衷于毛主义的时代。

伍德认为，在经济落后和工人阶级不成熟的历史条件下，毛主义的特征就是强调政治和意识形态领域斗争相对于客观物质条件的"自主性"。毛泽东认为，政治行动、意识形态和文化领域的斗争具有相对于经济领域的"极大的自主性"。这种认识在"大跃进"和"文革"时期达到顶峰，并形成了一种"极端的唯意志论"。而"自主性"也正是西方马克思主义理论出现问题的根源。毛泽东关于阶级和阶级斗争、社会结构和社会变革、特别是关于社会主义过渡时期的"洞见"，激发了一些西方马克思主义者对经典马克思主义进行重新解释。这些解释主要包括：普兰查斯关于阶级、社会主义和国家的相关论述；阿尔都塞的结构主义马克思主义；辛德斯和赫斯特对经典马克思主义"经济主义"和"简化论"的批评等。毛泽东关于社会主义过渡时期经济发展和阶级斗争的思想被描绘成了对经典马克思主义的背离。对于这种"新型的'真正'的社会主义"（伍德语）而言[1]，毛泽东对传统的背离成为他

---

[1] 伍德在她的《从阶级理论退却——论一种新型的"真正的"社会主义》一书中，把某些在马克思主义或社会主义名义下，却从阶级政治转向话语政治的"后马克思主义"思潮，称为新型的"真正的"社会主义（简称NTS）。——译者注

们所寻求的诊治经典马克思主义理论问题的一种万能药。而对伍德而言，这是对马克思主义令人遗憾的背离，导致了马克思主义理论和社会主义政治实践中的阶级退却。

伍德在论述中使用的是含糊的"毛主义"的概念，而不是含义确切的毛泽东思想。在其他从事毛泽东研究的学者的著述中也存在相似的问题。这些著述中反复出现的一个观点就是认为毛泽东明显地背离了经典马克思主义理论。学者中的多数人认为背离主要发生在 1957 年，起始点是 1955 年。他们通常认为背离体现在两个相互联系的方面：一是在经济基础和上层建筑之间关系上的偏离，经典马克思主义经济第一性的论点在毛泽东那里变为强调政治、意识形态和人的主观意志起决定作用的"唯意志论"；第二个方面也是本文将讨论的核心问题，即毛泽东对经典马克思主义阶级和阶级斗争理论的背离。他们认为，经典马克思主义把阶级视为一个经济的范畴，毛泽东则是从上层建筑领域政治行为和意识观念的角度来定义阶级，而这种阶级的定义正是根源于毛泽东所说的上层建筑的第一决定作用。斯图尔特·施拉姆和理查德·克劳斯都持这种观点。

例如，施拉姆就认为毛泽东在界定阶级成员时更为强调主观因素而不是客观因素。经典马克思主义按照人们和生产资料之间的关系从经济层面来定义阶级，而毛泽东则是从"意识形态和政治"的层面来定义阶级。这种阶级定义来自毛泽东"对政治首要地位的强调"。施拉姆认为，1957 年是毛泽东从政治和意识形态层面定义阶级以及对社会主义过渡时期阶级斗争问题进行思考的关键一年，也是和经典马克思主义发生分歧的关键一年。作为其思想基础的"唯意志论"倾向常常出现。在 1955 年毛泽东关于农业化合作化问题的"7·31"讲话以前，这种"唯意志论"倾向还是潜在的。1955 年到 1957 年之间，"唯意志论"倾向日益加剧,最终引发了被称为"极端唯意志论"的"大跃进"和"文革"。因此,施拉姆认为,1955年是对毛泽东思想的发展具有决定性意义的一年,是"唯意志论"从潜在走向显著的转折点。①克劳斯也进行了类似的分析,他认为从1957年开始,毛泽东对阶级问题的认识和马克思列宁主义的传统发生了分歧,和马克思主义从经济层面定义阶级不同,毛泽东开始从上层建筑层面、尤其是从政治表现上来定义阶级。

如果毛泽东对阶级的认识确实是这样,那么就表明毛泽东思想的确是对经典马克思主义的背离,因为这种对阶级的认识是对经典马克思主义社会结构理论的否定,是对"政治和意识形态领域的斗争就是或反映着经济领域的阶级斗争"这一传统理论的抛弃。和以上观点不同,我认为毛泽东在1955年以后关于阶级、阶级斗争的理论与经典马克思主义之间存在着基本的连续性。大体上,我的观点可以概括为相互联系的几个方面。首先,和经典马克思主义相一致,毛泽东也把阶级作为一种经济范畴。他认为,阶级是在一定的生产关系形式中占特殊地位的人类集团,阶级划分的原则是生产资料的所有权和支配权。其次,毛泽东和经典马克思主义都把阶级视为上层建筑领域斗争的积极参与者,双方都认为阶级是由生产力和生产关系之间的矛盾所产生的政治和意识形态组织。最后,毛泽东和经典马克思主义都同意这样一种观点,即经济领域的阶级是由上层建筑领域的政治组织、意识形态的机构和形式来代表的。国家、政党、观念和意识形态都具有阶级性,它们代表特定阶级的

---

① 莫里斯·迈斯纳也认为毛泽东的思想中总是有一些唯意志论的倾向,但在1955年"7·31"讲话之后这种倾向开始变得明显起来,到"大跃进"时这一倾向得到了进一步强化。

利益并维护特定阶级的利益。简言之，毛泽东和经典马克思主义关于阶级和阶级斗争的理论范畴是相同的。本文将对此进行详细的阐述。由于普遍和长期存在着的对毛泽东关于阶级和阶级斗争问题的误解，这种阐述是非常有必要的。我首先从毛泽东关于阶级的经济定义入手。

一、作为经济范畴的阶级

毛泽东认为，社会生活的主要区分就是阶级的区分："世界上的（任何）事物都可以分成不同的种类，而人是由阶级所区分的。"毛泽东在1956年的讲话中也曾这样谈到：随着对马克思主义掌握的不断深入，党在对农村问题的认识上也不断提高，从最初"平面地"看农村转变为"立体地"看农村。通过自觉地运用阶级分析法，看到了农村"有富的，有贫的，也有最贫的，有雇农、贫农、中农、富农、地主之分"。① 被剥夺了土地的贫农、拥有土地的富农等说法意味着毛泽东是从经济层面来定义阶级的。在中共八大的预备会议上，毛泽东更为明确地指出：中国农村是一个小资产阶级群体极其广大的国家，这些小资产阶级群体的眼睛"经常看到的是他们那一点小财产"，小财产既包括生产工具也包括土地。他还谈到了小资产阶级在城市和农村中对生产资料的所有权。②

毛泽东在《关于正确处理人民内部矛盾的问题（讲话稿）》中重申了这种对阶级的经济分析方法："因为这个时候，社会主义社会没有剥削者，所有制是全民的所有制和集体所有制；没有私人的资本家、私人

---

① 《毛泽东选集》人民出版社1977年版第五卷第306页。
② 《毛泽东选集》人民出版社1977年版第五卷第301—302页。

土地所有者、私人的工厂所有者、企业所有者。"① 这里,毛泽东明确地从所有权关系方面来定义资产阶级。在郑州会议上的讲话中,毛泽东又把农民称为"他们自身的劳动力、土地、生产资料(种子、工具、水池、森林、化肥等)以及他们的产品的所有者"。② 毛泽东还指出,农民"要过渡到工人阶级那方面去",随着所有权从个人所有变为集体所有再变为全民所有,工农差别将会消失,农民将变成"集体化的农民",最终成为"国营农场的工人"。③

在中苏论战中,毛泽东以生产关系中所处地位作为阶级划分标准的观点更为明晰。论战伊始的"二十五条",④ 毛泽东论述了社会主义社会几种不同的所有制形式,其中不可避免地涉及阶级和阶级斗争问题,他这样说道:"从社会主义社会的经济基础来看,在所有社会主义国家中,毫无例外地都存在着全民所有制和集体所有制的差别,也还存在着个体所有制。全民所有制和集体所有制是社会主义社会的两种所有制,是社会主义社会的两种生产关系。在全民所有制企业中劳动的工人和在集体所有制农庄中劳动的农民,是社会主义社会中的两类劳动者。因

---

① 参见《关于正确处理人民内部矛盾的问题(讲话稿)》,http://rwxy.shfu.edu.cn/xueshujingdian/guanyuzhengquechulirenminneibumaodundewenti-jianghuagao_7。

② 参见《建国以来毛泽东文稿》中央文献出版社 1988 年版第七册第 514 页,以及毛泽东在为八届六中全会作准备的郑州会议上的讲话第六次讲话(http://www.wyzxsx.com/Article/Class10/200903/74324.html)。

③ 《毛泽东选集》人民出版社 1977 年版第五卷第 487 页。

④ 对于著作权的问题,普遍认为《无产阶级专政的历史经验》和中苏论战等文章应该归于毛泽东。从毛泽东的文稿中可以看出,他参与了这些文章的起草和作了相关评论。

此,在所有社会主义国家中,毫无例外地都存在着工人和农民的阶级差别。"①

在以上这段话中,毛泽东对工人和农民两大阶级的区分,不是根据其政治行为或意识观念的差异,而是根据城乡所有制形式的不同。毛泽东对社会主义时期经济结构多元性的观察十分敏锐。他认为,只要这种多元结构存在,阶级就会作为社会主义社会的基本特征一直存在。只有到了所有制差别消失时,社会中的阶级才会消失。可以看到,阶级在这里指的就是被生产关系尤其是被所有制关系所划分的经济集团。

在稍后的论战中,毛泽东在《南斯拉夫是社会主义国家吗?》一文中再次提到社会主义时期不同所有制形式的共同存在。他认为,在南斯拉夫,能够雇用工人和购买各种生产资料的私人企业越来越多,这些企业主就是"典型的私人资本家"。从他们所掌握的生产资料、所得到的利润以及他们和工人之间的关系来看,他们无疑是"不折不扣的资本家"。作为剥削阶级的农业资本家在南斯拉夫的农村也处于支配地位,这个阶级和大批靠出卖自己劳动力过活的农民之间的差别正是在于他们所拥有的土地所有权和生产资料,在于他们对雇佣劳动者的"资本主义剥削"。②

文章也谈到了南斯拉夫"公营企业的蜕化变质"问题。这些公营企业名义上是工人自治,实际上却被新型的官僚买办资产阶级所占有:

"A 在这些所谓'工人自治'的企业内部,经理同工人的关系实际

---

① 《关于国际共产主义运动总路线的建议和有关文件》,人民出版社 1963 年版,第 32 页。
② 《南斯拉夫是社会主义国家吗?——三评苏共中央的公开信》,人民出版社 1963 年版,第 1—13 页。

上是雇佣同被雇佣、剥削同被剥削的关系。

"B 实际情况是，经理有权决定企业的生产计划和经营方向，有权处理生产资料，有权决定企业收入的分配，有权招收工人和解雇工人，并且有权否决'工人委员会'或'管理委员会'的决议。

"C 南斯拉夫报刊反映的大量材料证明，'工人委员会'只是一个徒具形式的'举手机器'，企业的'一切权力都操在经理手中'。

"D 由于经理掌握和支配生产资料，并且掌握和支配企业收入的分配，这就使他们可以利用种种特权，侵占工人的劳动成果。"①

生产资料实际上"属于"一个新的资产阶级，这一阶级掌握着"公营"企业的财产和人员，并从中攫取好处。在这篇文章中，生产关系的三个方面，即对生产资料的占有（或不占有）、劳动过程中形成的关系以及分配关系都被用来作为阶级划分的标准。

对阶级的经济界定也出现在《关于赫鲁晓夫的假共产主义》一文中。这篇文章分析了苏联社会主义全民所有制企业的蜕化。分析表明，这些企业在法律上的名义所有权和实际占有关系之间并不一致。社会主义只是名义上的，企业实际上已经落入了新的资产阶级手中：

"从这些事例中可以看到，这些蜕化变质分子所把持的工厂，名义上是社会主义企业，实际上已经变成他们发财致富的资本主义企业。他们同工人的关系，变成了剥削与被剥削、压迫与被压迫的关系。像这样的蜕化变质分子，他们占有和支配着部分生产资料，剥削别人的劳动，难道不是地地道道的资产阶级分子吗？……所有这些人，都是属于同无

---

① 《南斯拉夫是社会主义国家吗？——三评苏共中央的公开信》，人民出版社1963年版，第15—16页。

产阶级相敌对的阶级，属于资产阶级。"①

农村地区的情况也是如此：

"从这些事例中可以看到，这些农庄领导人所把持的农庄，实际上变成了他们的私产。他们把社会主义集体经济变成为新的富农经济。他们在上级领导机关中往往有着自己的保护人。他们同庄员的关系，同样变成了压迫与被压迫、剥削与被剥削的关系。像这样的压在农民头上的新的剥削者，难道不是货真价实的新富农分子吗？

显而易见，所有这些人，都是属于同无产阶级和劳动农民相敌对的阶级，属于富农阶级也就是农村资产阶级。"②

毛泽东之所以把社会主义条件下产生的新的官僚资产阶级称为一个阶级（不管是城市的还是农村的），主要依据是它掌握着生产资料。官僚资产阶级对生产资料的有效地占有和控制形成了事实上的资产阶级私人占有制。在以上这些相关的论述中，毛泽东几乎完全是在经典马克思主义的含义上来定义阶级的，即从占有或没有占有生产资料的经济集团的含义上来定义阶级。在事实占有而不是法律占有意义上的所有权制度是毛泽东对阶级进行界定的根本出发点。

此外，毛泽东关于"自在阶级"和"自为阶级"的理论也表明他是从经济层面来界定阶级的，毛泽东用"自在阶级"描述那种没有意识到自身是作为阶级存在、仅仅是经济意义上的阶级形态。自在的阶级是指这样一些人类集团，他们在经济结构中处于特定的位置，即从经济

---

① 《关于赫鲁晓夫的假共产主义及其在世界历史上的教训——九评苏共中央的公开信》，人民出版社1964年版，第16页。

② 《关于赫鲁晓夫的假共产主义及其在世界历史上的教训——九评苏共中央的公开信》，人民出版社1964年版，第5—6页。

地位上而言是一个阶级，但他们并没有意识到自身所处的经济地位。这种"分散"的阶级在一定条件下会发展成为"自为的阶级"，即一种认识到自身阶级地位和阶级利益的"有组织的"、"自觉的"集团。阶级意识是否形成和发展是区分自在阶级和自为阶级的关键。这里必须注意的是，阶级意识并不是界定阶级的出发点，经济的决定性才是其出发点。从阶级的最直接的意义上来讲，不管阶级意识是否已经形成或仍处于潜在状态，也不管阶级意识的程度如何，阶级始终是一种经济上的客观存在。

总之，从1955年以后的著述来看，毛泽东是把阶级作为一种经济实体来认识的，并用经济结构中所处的不同地位来界定阶级。毛泽东界定阶级的根本出发点是实际所有权，即对生产资料的实际占有或是实际不占有，而不是人们在劳动过程中的关系和分配过程中的关系。这样来看，那种认为毛泽东是从政治和意识形态方面来定义阶级的说法是成问题的。

二、作为政治和意识形态组织的阶级

毛泽东对阶级的经济规定性的坚持并不妨碍他也把阶级作为一定条件下的政治和意识形态组织来看待。关于阶级作为政治和意识形态领域斗争参与者的问题，毛泽东有很多的评论，其中多数是和社会主义过渡时期上层建筑领域的阶级斗争相关。我们首先考察毛泽东关于阶级作为上层建筑领域冲突参与者的前提的论断。毛泽东从经典马克思主义出发明确指出：生产力和生产关系之间的不平衡是阶级成为政治—意识形态组织的前提。

毛泽东认为，自为阶级和自在阶级只是代表着阶级在政治和意识形态发展过程中的不同阶段。在阶级形成初期，阶级意识是"分散的和无组织的"，既没有形成对社会结构本质特征的认识，也没有形成对阶级剥削和阶级压迫的认识。在谈到工人阶级时，毛泽东这样说道："在实践初期，工人阶级还是一个所谓的'自在的阶级'，他们还不理解资本主义。"① 由于没有形成对自身阶级身份和阶级利益的认识，自在阶级的斗争是孤立的、自发的和局部的。斗争不是直接指向现存的社会体系，而是为了解决个体或局部所遭受的苦难。在这个时期，阶级成员并没有作为一个阶级采取政治行动。阻碍他们在政治上形成阶级的原因是他们还停留在对资本主义的感性认识上。毛泽东并没有纠缠于一个阶级内部可能存在着各种不同的观念（尤其是在其形成初期），坚持认为意识形态总是带有特定阶级的印记。一个阶级的成员可能会采取另一个阶级的"立场"，或许是由于政治和经济上占统治地位的阶级的意识形态霸权所致。

虽然一个阶级的意识形态并不是必然地表现出同一性，但是具有相同阶级地位的人类集团在思想观念上总是会朝着系统化的方向发展。在经过一个时期以后，"自在的阶级"会变成"自为的阶级"，成为一个对阶级身份和阶级利益有自觉的组织。由于认识到自身处于被压迫的地位，他们开始联合起来进行有组织、有目的的斗争，这种斗争不再是仅仅对个别剥削者的反抗，而是针对整个剥削制度的斗争。当斗争转向政治斗争阶段时，斗争的根本目的就是争得政治权力，因为只有拥有这种权力，才能对现存的社会秩序进行有利于被压迫阶级利益的改造。也正是在这个意义上，毛泽东把"一切阶级斗争都是政治斗争"理解为"马克思主义的基本点"。阶级意识是一个阶级成为政治和意识形态组

---

① 《毛泽东选集》人民出版社1991年版第一卷第288页。

织的必要前提。一旦认识到这个前提,政治的"基本内容"就是联合起来同"阶级敌人"作斗争。①

当阶级斗争成为联合起来的共同行动时,这一阶级就会逐步地改造自身,改造其"主观世界"。但是,这种觉悟不是凭空产生的,它需要一定的物质基础:"总的来讲,一种意识形态成为系统,总是在事物运动的后面。因为思想、认识是物质运动的反映。"② 所谓物质运动指的是生产力的发展以及随之而来的生产关系对生产力的束缚。毛泽东认为,由生产力的发展所引起的生产力和生产关系之间的矛盾,是推动社会形态更替(社会性质的根本改变)的基本矛盾。

这一矛盾促使阶级分化,促使被压迫阶级在上层建筑领域为现在已经意识到了的自身利益而斗争。这就是阶级社会上升和下降的历史:

"自从人类社会分裂为几个利害不同的阶级以来,经历过奴隶主的专政,封建主的专政,资产阶级的专政,这些专政继续了上千年……人类才开始经历无产阶级的专政。前三个专政都是剥削阶级的专政……这些在社会发展史上曾经起过一定进步作用的剥削阶级,总是在很长的时期中犯过无数历史性的错误,而且是反复地一犯再犯,才能积累他们的统治经验。但是随着他们所代表的生产关系同生产力之间的矛盾的尖锐化,他们仍然不可避免地要犯更大更多错误,激起被压迫阶级的大规模反抗和他们自己内部的分崩离析,以至促进了自己的灭亡。"③

这里所说的"被压迫阶级的大规模反抗"指的是政治和意识形态领域所发动的暴力革命。在"旧的阶级社会"如资产阶级社会中,生

---

① 《建国以来毛泽东文稿》中央文献出版社 1988 年版第七册第 53 页。
② 《读苏联〈政治经济学教科书〉》下册谈话第四部分。
③ 《关于无产阶级专政的历史经验》,人民出版社 1956 年版,第 2—3 页。

产力和生产关系之间的不平衡表现为"剧烈的对抗和冲突,表现为剧烈的阶级斗争"。① 在资本主义条件下,社会生产力和资本主义生产关系之间的矛盾发展将会"激发它本国人民的革命"。② 即便生产力的发展已经使统治阶级成为累赘,他们也决不会自愿让出政权,而且还要利用国家机器维护其特权。因此,"国家权力"是革命的"基本问题",被压迫阶级为了夺取政权被迫进行长期的政治和意识形态斗争,最后被迫进行武装斗争。无产阶级革命当然也是这样,因为只有通过暴力手段粉碎资产阶级的国家机器才能实现向社会主义的过渡,这是一个"普遍规律"。

尽管革命过程中会有一些"曲折"和"倒退",但从长期来看,由生产力和生产关系不相容所引起的被剥削阶级的暴力革命一定会爆发。毛泽东通过社会主义必然取代资本主义说明了这点:

"教科书在 327 页说资本主义生产方式的发展和资产阶级社会中的阶级斗争的整个进程,'不可避免地'会使社会主义用'革命手段'代替资本主义。资本主义的生产关系和生产力之间的冲突,在帝国主义时代达到了空前尖锐的程度。无产阶级发动的社会主义革命具有客观必然性。……这些提法很好,不能不这样讲……既然是客观必然性,就是不以人们的意志为转移,也就是不管你是赞成还是不赞成。你不赞成,它也还是'客观必然性'。"③

纵观人类历史也是这样。奴隶制度被封建制度所取代,封建制度又被资本主义制度所取代。在这些过程中,不管反动阶级怎样企图阻止

---

① 《毛泽东选集》人民出版社 1977 年版第五卷第 372—373 页。
② 《列宁主义万岁》,人民出版社 1960 年版,第 2—3 页。
③ 《读苏联〈政治经济学教科书〉》下册谈话第四部分。

"历史车轮的前进",革命或迟或早总会发生,最终统治阶级被消灭,被统治阶级取得了革命的胜利。①

在取得了上层建筑领域的胜利之后,被压迫阶级还要利用刚刚掌握的政权按照自己的阶级利益来改造生产关系,主要是消除阻碍生产力发展的那部分生产关系。这也正是中国革命所经历的:

"一切革命的历史都证明,并不是先有充分发展的新生产力,然后才改造落后的生产关系。我们的革命就是以马克思列宁主义的宣传开始的,宣传是为革命造舆论。此外,在革命过程中,在我们推翻旧的上层建筑之后,再来消灭旧的生产关系是可能的。消灭了旧的生产关系,确立了新的生产关系,这样就为新的生产力的发展开辟了道路。"②

欧洲的资产阶级革命也是遵循同样的规律。新兴资产阶级是作为适应生产力发展的一种政治和意识形态组织出现的。它在推动生产关系变革之前就已经实现了上层建筑领域的变革,掌握了国家政权:

"从世界的历史来看,资产阶级工业革命,不是在资产阶级建立自己的国家以前,而是在这以后:资本主义的生产关系的大发展,也不是在上层建筑革命以前,而是在这以后。都是先把上层建筑改变了,生产关系搞好了,上了轨道了,才为生产力的大发展开辟了道路,为物质基础的增强准备了条件。当然,生产关系的革命,是生产力的一定发展所引起的。但是,生产力的大发展,总是在生产关系改变以后。……在英国,是资产阶级革命(17世纪)以后,才进行工业革命(18世纪末到19世纪初)。法国、德国、美国、日本,都是经过不同的形式,改变了

---

① 《列宁主义万岁》,人民出版社1960年版,第32页。
② 《读苏联〈政治经济学教科书〉》下册谈话第四部分。

上层建筑、生产关系之后，资本主义工业才大大发展起来。"①

我们必须注意到，这里所说的作为上层建筑组织的阶级，是生产力"一定程度发展"的结果。虽说这种生产力发展的程度相对于上层建筑和生产关系变革之后的要小，但也足以引起社会结构内部的矛盾，通过上层建筑领域的阶级斗争来推动矛盾的解决。在这种认识中，生产力的发展及其与现存生产关系之间的矛盾引起政治和意识形态领域的阶级斗争，经济上的阶级通过参与这种斗争才得以形成。生产力和生产关系之间的矛盾迟早将导致阶级意识的发展，被压迫阶级开始意识到自身作为阶级的存在，意识到阶级成员处于相同经济地位中的共同利益。阶级意识使孤立的、自发的个体斗争转变为有组织的、联合起来的斗争，转变为上层建筑领域中政治和意识形态的斗争。

这也是经典马克思主义的观点。上层建筑领域的斗争被看作是经济关系上阶级对抗的结果，而经济关系上的阶级对抗根源于生产力和社会关系之间的不平衡发展。上层建筑领域斗争的发展，特别是政治和意识形态领域的发展，从根本上讲是经济层面上的阶级和他们经济利益的反映，是生产力发展程度的反映。

三、社会主义过渡时期的阶级斗争

毛泽东认为，社会结构的一个重要特征就是其复杂性。社会的一般发展趋势是旧的阶级被消灭、新的阶级产生并取而代之：旧的社会形态被消灭、新的社会制度取而代之。但这个过程中的一切都不是那么"纯粹"。旧的因素会在新的社会形态中存活并发展，比如"奴隶制度的一

---

① 《读苏联〈政治经济学教科书〉》下册谈话第四部分。

些因素"会在封建社会中存在。因此，即使经过了激进革命，先前存在的社会结构也不能被完全消灭，旧的意识形态、生产关系和阶级仍然存在。虽然不再占据统治地位，但是它们的存在说明了社会结构中的各种矛盾并没有完全解决。中国革命也是这样。生产资料所有制问题基本得到了解决，但并不彻底。生产关系的其他方面、"思想战线方面和政治战线方面"的问题都没有得到"彻底的解决"，有待于以后的努力。①

这种无产阶级革命所推动的社会变革的不彻底性，说明了在社会主义过渡时期无产阶级和资产阶级之间的斗争"决没有结束"。而且，这一斗争还要经历"长时期的、曲折的"过程才能最终决出胜负。按照毛泽东的观点，无产阶级和资产阶级之间的斗争在"整个过渡时期"都将存在。他在1962年的讲话中强调指出：反动阶级残余和新的资产阶级分子的威胁意味着"长期的、复杂的、有时甚至是很激烈的"阶级斗争将会贯穿"整个社会主义阶段"。② 同年的晚些时候，毛泽东又谈到了这些问题，并指出社会主义时期的阶级斗争具有长期性，资产阶级复辟的威胁也时时存在：

"那么，社会主义国家有没有阶级存在？有没有阶级斗争？现在可以肯定，社会主义国家有阶级存在，阶级斗争肯定是存在的。列宁曾经说，革命胜利后，本国被推翻的阶级，因为国际上有资产阶级存在，国内还有资产阶级残余，小资产阶级的存在不断产生资产阶级，因此被推翻了的阶级还是长期存在的，甚至要复辟的。……我们一定要承认阶级长期存在，承认阶级与阶级斗争，反动阶级可能复辟。"③

---

① 《毛泽东选集》人民出版社1977年版第五卷第225—226页。
② 《建国以来毛泽东文稿》中央文献出版社1992年版第十册第25页。
③ 《毛泽东在八届十中全会上的讲话》，http://www.weiweikl.com/ZHXJJ8.htm。

毛泽东在1955年以后的著述中反复地强调"阶级和阶级斗争将贯穿整个社会主义时期"这一观点。

毛泽东认为，无产阶级革命以后阶级斗争仍继续存在的原因包括：外部资产阶级的存在；反动阶级的残余；资产阶级意识形态的影响；多种所有制体系的存在；小商品生产产生的新的资产阶级分子；分配领域的"资产阶级法权"和"不平等"等等。对于第一个原因即外部资产阶级的存在，毛泽东这样评论道：国际资本主义对社会主义国家的包围以及帝国主义的武装干涉和颠覆活动，是社会主义国家内部阶级斗争继续存在的外部条件。国际间的阶级斗争，"不可避免地反映到社会主义国家内部来"。国内被打倒的残余势力同国际资产阶级有着"千丝万缕"的联系，这些外部条件成为他们寻求帮助的源泉。他们不甘心失去国家权力，继续在政治领域同无产阶级进行较量。他们在经济领域企图破坏社会主义的全民所有制和集体所有制。①

毛泽东对资产阶级意识形态的影响特别关注。他指出，由于都要"按照自己的世界观"来改造世界，无产阶级和资产阶级之间在意识形态上的斗争持续不断。② 资产阶级思想的有效传播是其在社会主义社会中的影响持续存在的重要因素。客观条件发生改变之后残余势力继续存在，加上意识形态上层建筑的内在本性，结果就是在所有制改造完成以后资产阶级的意识形态仍然持续地发挥着作用：

"社会经济制度变了，旧时代遗留下来残存于相当大的一部分人们头脑里的反动思想，亦即资产阶级思想和上层小资产阶级思想，一下子

---

① 《关于赫鲁晓夫的假共产主义及其在世界历史上的教训——九评苏共中央的公开信》，人民出版社1964年版，第6页。

② 《毛泽东选集》人民出版社1977年版第五卷第389页。

变不过来。要变需要时间,并且需要很长的时间,这是社会上的阶级斗争。"①

资产阶级虽然相对弱小,但它的意识形态却能渗透到其他阶级之中。无产阶级成员会被资产阶级思想所腐蚀并采取资产阶级的立场。因此,无产阶级只有被迫发动意识形态领域的斗争,使其阶级成员摆脱资产阶级的侵蚀,并对资产阶级思想意识进行改造。

所有制改造的不彻底性也是阶级和阶级斗争持续存在的重要因素。所有的社会主义国家都是多种所有制形式:有全民所有制、集体所有制和个人所有制。这是阶级存在的一个原因,也是阶级斗争持续存在的经济基础。毛泽东在1957年讲话中这样指出:"我们说基本解决了所有制问题,并没有说完全解决了。阶级斗争并没有熄灭。"② 苏联的情况也是这样:"他们现在有三种生产资料所有制形式……有三种所有制,就一定有矛盾和斗争。"③

多种所有制形式的存在和社会主义制度下资产阶级分子的出现密切相关。生产关系的不完全改造给新资产阶级分子的产生提供了肥沃的土壤。中国有着城市的和农村的小生产者、农民等"广大的小资产阶级"。按照毛泽东的观点,这些小生产者的存在"不断产生新的资产阶级分子"。从南斯拉夫和苏联的情况来看也是这样。他们社会中存在的个人所有制和小商品生产在"新的资产阶级"的产生和资本主义的复辟过程中扮演了重要角色。这些例子都说明"个体经济、小生产每日每时都在产生着资本主义"。农业集体化运动也不能解决这一问题。虽然

---

① 《建国以来毛泽东文稿》中央文献出版社1992年版第八册第451—452页。
② 《毛泽东选集》人民出版社1977年版第五卷第476页。
③ 《读苏联〈政治经济学教科书〉》下册谈话第四部分。

农业集体化使个体农民变为集体农民,为彻底改造农民提供了有利条件,但是只要集体所有制还没有提高到全民所有制的程度,农民就不可避免地保留着原来"小生产者的某些固有的特点"。而这种小资产阶级本性将会导致"资本主义的自发倾向",产生"新的资产阶级分子"。①

分配关系对社会主义条件下资产阶级分子的不断出现也起到了重要作用。毛泽东在1964年的著述中较为详细地阐述了这一点,并引用列宁的话说:"在社会主义社会里,还存在着工农之间、城乡之间的差别,还存在着体力劳动和脑力劳动之间的差别,资产阶级法权还没有完全取消,还'不能立即消灭按工作(不是按需要)分配消费品这一仍然存在的不公平现象',因而还存在着富裕程度的差别。要使上述这些差别和现象归于消失,要使资产阶级法权归于消失,只能是逐步的,而且必然要经过一个很长的时期。"②

相似的观点也出现在毛泽东1975年关于无产阶级专政的指示中。他指出:社会主义的中国实行商品制度,工资制度也不平等,这些跟"旧社会"没有多少差别。这些只能在"无产阶级专政下受到限制"。③不同的所有制形式,再加上资产阶级法权和分配领域的不平等,都给新的资产阶级分子的不断产生提供了经济基础。正如毛泽东在1964年曾指出的,"资产阶级法权的影响……带来……新的资产阶级分子"。只

---

① 《关于赫鲁晓夫的假共产主义及其在世界历史上的教训——九评苏共中央的公开信》,人民出版社1964年版,第4页。

② 《关于赫鲁晓夫的假共产主义及其在世界历史上的教训——九评苏共中央的公开信》,人民出版社1964年版,第6页。

③ 中共中央文件,中发(1975)5号,http://blog.703804.com/?uid-14222-action-viewspace-itemid-196690。

有消除生产资料所有制之间的差别,消除资产阶级法权的影响,才能消灭"阶级重新出现和资本主义复辟"的经济基础。

一旦多种所有制形式被同一的社会主义全民所有制所取代,一旦分配体系的不平等被超越,"新资产阶级"问题就会得到解决。同一的生产关系是阻止新的资产阶级产生的关键因素。生产关系的差别一旦消失,持续产生资产阶级分子的经济基础就会消失。

以上这些因素揭示了阶级斗争在社会主义过渡时期持续存在的原因。这一时期的阶级斗争主要是政治和意识形态领域的斗争:

"阶级斗争并没有结束。无产阶级和资产阶级之间的阶级斗争,各派政治力量之间的阶级斗争,无产阶级和资产阶级之间在意识形态方面的阶级斗争,还是长时期的,曲折的,有时甚至是很激烈的。……社会主义和资本主义之间谁胜谁负的问题还没有真正解决。"①

"文革"(的"蓝图")就是从这些方面进行描绘的。毛泽东认为,它是"社会主义条件下无产阶级反对资产阶级和其他剥削阶级的一场伟大的政治革命",当然也是一场意识形态的革命:

"资产阶级虽然已被推翻,但是,他们企图用剥削阶级的旧思想,旧文化,旧风俗,旧习惯,来腐蚀群众,征服人心,力求达到他们复辟的目的。无产阶级恰恰相反,必须迎头痛击资产阶级在意识形态领域里的一切挑战,用无产阶级自己的新思想,新文化,新风俗,新习惯,来改变整个社会的精神面貌。"②

因此,无产阶级革命之后的阶级斗争是由上层建筑领域引导的有意

---

① 《毛泽东选集》人民出版社1977年版第五卷第389页。
② 参见《中国共产党中央委员会关于无产阶级文化大革命的决定》,1967年8月9日《人民日报》。

识的斗争。正如毛泽东所说,革命的"根本问题是政权问题,是领导权掌握在哪个阶级手里的问题",资产阶级为了达到他们复辟的目的,就要为推翻无产阶级的政治统治而斗争。这首先需要在意识形态领域做工作,"凡是要推翻一个政权,总要先造成舆论,总要先作意识形态方面的工作。革命的阶级是这样,反革命的阶级也是这样"。[①] 为了防止资产阶级复辟,无产阶级不得不通过不屈不挠的斗争来维护和巩固其在政治和意识形态领域的统治。如果不这么做的话就会导致向资本主义的倒退。

尽管社会主义过渡时期无产阶级和资产阶级之间的斗争是长期存在的,资本主义复辟的危险也是长期存在的,但毛泽东认为斗争的结果却是毫无悬念的。来自生产力的压力最终将会为自己开辟道路,无产阶级将会胜利,资产阶级将被消灭,共产主义社会的目标将会实现。

因此,毛泽东后期所频频强调的社会主义时期阶级斗争继续存在的问题,并没有构成对经典马克思主义的背离。无产阶级革命只是标志着不相容的生产力和生产关系之间矛盾的部分解决。生产力在一定程度上得到了解放,但生产关系和上层建筑领域的完全改造却仍待时日。资产阶级被打倒但并没有被消灭,资产阶级意识形态也没有被消灭。多种经济结构是新资产阶级产生的基础。在这种经济结构中,旧的社会制度的因素(如小资产阶级商品生产)和分配领域的不平等继续存在。资产阶级为了达到复辟目的要在政治和意识形态领域进行"最后一战",无产阶级为了阻止其复辟也要在这些领域进行战斗,因此,社会主义过渡

---

① 参见《中国共产党中央委员会关于无产阶级文化大革命的决定》,1967 年 8 月 9 日《人民日报》。

时期的阶级斗争将会持续存在。阶级将会一直是上层建筑舞台上阶级斗争的参与者,直到生产关系领域的进一步改造彻底消除了资产阶级分子产生的条件,直到上层建筑领域的进一步改造彻底清除了资产阶级的意识形态。

(范春燕 译)

国外学者关于毛泽东思想与经典马克思主义关系的争论(下)*

〔澳〕保罗·哈里

四、阶级的代表之一——国家

毛泽东关于阶级是一个经济范畴、阶级是上层建筑领域阶级斗争的参与者等观点,看来是完全符合经典马克思主义的传统认识的。和马克思主义经典作家相似,"代表"的观点也在毛泽东1955年以后的著述中占据重要地位。毛泽东认为,各种代表机构如国家和国家机器、政党、意识形态机构和形式等按照阶级利益行动并表达出阶级利益,"代表"之间的斗争是经济层面上阶级关系和阶级利益的产物。

在毛泽东所提到的各种不同的代表机构中,国家占据了最重要的地位。国家是统治阶级用来维持其优势地位的主要机关,也是被压迫阶级试图推翻剥削阶级的首要行动目标。毛泽东坚持认为国家具有阶级性:"在马克思列宁主义者看来,没有什么非阶级的、超阶级的国家。只要是国家,总是具有阶级性的;只要还有国家存在,就不可能是'全民'

---

* 本文选自《国外理论动态》2009年第6期。

的。一旦社会没有阶级了,也就没有什么国家了。"①

因此,国家的存在和阶级的存在密不可分。只要有阶级存在,就会有具有特殊阶级印记的国家存在。毛泽东曾这样说道:"国家是一个阶级的概念……只要国家还存在,就不可能是超阶级的,就不可能是全民的。"②

国家的阶级性通过它的镇压功能表现出来。国家是"阶级斗争的工具",它通过镇压反对派来为经济上占统治地位的阶级服务。③ 在另一篇文章中,毛泽东把国家界定为"一个阶级压迫另一个阶级的机关"。④ 这就是国家的结构,这种结构使国家按照特定的方式运行。尽管国家和它所代表的阶级并不是同义语,但是"国家是由占统治地位的阶级出一部分人(少数人)组成的"。⑤ 国家的工作人员可能会犯一些"个别的"和"暂时的"错误,但是从长期来看,特定的阶级结构使国家行为和它所代表的阶级利益之间保持一致。

具有强制性是国家的一个主要特征。为了维护它所代表的阶级的利益,国家必然要压制任何实际存在的或是潜在的对这一利益的威胁。毛泽东把国家称为"暴力机关",国家机器主要就是那些实施和掌握暴力的机构,"国家的性质是一个阶级压迫另一个阶级的机器……所谓国家

---

① 《关于国际共产主义运动总路线的建议和有关文件》,人民出版社 1963 年版,第 31 页。
② 《关于赫鲁晓夫的假共产主义及其在世界历史上的教训——九评苏共中央的公开信》,人民出版社 1964 年版,第 30 页。
③ 《毛泽东选集》人民出版社 1977 年版第五卷第 357 页。
④ 《关于赫鲁晓夫的假共产主义及其在世界历史上的教训——九评苏共中央的公开信》,人民出版社 1964 年版,第 30 页。
⑤ 《毛泽东选集》人民出版社 1977 年版第五卷第 357 页。

的形式，不外军队、监狱、法院、捉人、杀人，等等"①。法院和安全机构通过强制执行旨在维护现存社会秩序（包括现存的生产关系）的法律来服务于统治阶级的利益。军队是"国家机器中最重要的部分"，它保卫着统治阶级的基本利益。"军队是阶级的实力。"② 当统治阶级的统治可能面临着严重挑战时，军队会采取行动阻止上层建筑或生产关系中发生的任何变革。国家所具有的阶级性和强制性，意味着不存在向社会主义和平过渡的可能。陶里亚蒂的"结构改革"论，即认为无产阶级能够通过选举取得政权并对上层建筑领域进行改造、引入社会主义生产关系，最终还是以失败而告终。因为军队作为"上层建筑最重要的和基础的环节"，会为了资本的利益阻止任何可能发生的有目的的社会改革。与之相似，赫鲁晓夫的"议会道路"论也是由于这一原因遭到了失败。这种认为在当代政治形势下能够实现和平过渡的说法不符合马克思列宁主义。虽然马克思在19世纪70年代曾把英国和美国作为一种例外，认为这两个国家具有和平过渡的可能性，但是他认为产生这种可能性的条件在于"那时候这两个国家的军国主义和官僚制度还不大发展"。到了20世纪初这一条件就不复存在了。这些国家的资产阶级开始加强他们的"军国主义和官僚制度的压迫机器"，尤其是他们的军事机器，这就排除了向社会主义和平过渡的任何可能性。③ 因此，"议会道路"论忽视了作为国家机器主要部分的军队及其他强制机构，而把仅仅是作为"资产阶级统治的装饰品和屏风"④ 的议会错放在了重要位置。

---

① 《读苏联〈政治经济学教科书〉》下册谈话第四部分。
② 《读苏联〈政治经济学教科书〉》下册谈话第四部分。
③ 《列宁主义万岁》，人民出版社1960年版，第38—39页。
④ 《无产阶级革命和赫鲁晓夫修正主义——八评苏共中央的公开信》，人民出版社1964年版，第26页。

无产阶级即使能够获得议会多数,国家的强制机关和官僚机器也将会迅速通过修改宪法、宣布选举无效、解散议会、宣布共产党不合法、排除政府内的共产党成员、用暴力镇压工人运动等方法来维护资产阶级的利益。

因此,无产阶级为了实现自身的目的,除了武装斗争没有其他道路可走。毛泽东指出:"暴力革命是无产阶级革命的普遍规律。无产阶级必须经过武装斗争,打碎旧的国家机器,建立无产阶级专政,才能实现向社会主义过渡。"① 无产阶级专政的国家和以往存在的国家在性质上是根本不同的,以往的国家都是"代表剥削阶级对被剥削阶级实行镇压的特别力量"。② 而无产阶级国家不是代表少数剥削阶级的专政,而是"被剥削阶级的专政",是"多数人对少数人的专政"。通过无产阶级国家的行动,无产阶级利益得以体现:"(无产阶级专政在)国内方面的任务,主要是彻底消灭一切剥削阶级,高度地发展社会主义经济,提高人民群众的共产主义觉悟,消除全民所有制和集体所有制之间、工农之间、城乡之间、脑力劳动和体力劳动之间的差别,根绝产生阶级和资本主义复辟的任何可能性,为实现'各尽所能,按需分配'的共产主义社会准备条件。"③

如果没有无产阶级专政来实现这些任务,工人阶级就不能实现自身的利益,也不能实现最后的解放。

主张用"全民国家"代替无产阶级专政的观点会影响到无产阶级

---

① 《无产阶级革命和赫鲁晓夫修正主义——八评苏共中央的公开信》,人民出版社1964年版,第36页。

② 《列宁主义万岁》,人民出版社1960年版,第22页。

③ 《关于赫鲁晓夫的假共产主义及其在世界历史上的教训——九评苏共中央的公开信》,人民出版社1964年版,第11页。

利益的实现。这种观点不仅没有认识到国家不管形式如何、必然是建立在特殊阶级的利益之上,而且也没有认识到阶级和阶级斗争将在社会主义时期长期存在。而在这些条件下坚持无产阶级专政是非常重要的:"社会主义社会是一个很长的历史阶段。社会主义社会还存在着阶级和阶级斗争,存在着社会主义和资本主义这两条道路的斗争。……在社会主义这个历史阶段中,必须坚持无产阶级专政,把社会主义革命进行到底,才能防止资本主义复辟,进行社会主义建设,为过渡到共产主义准备条件。"①

在整个社会主义时期,无产阶级被迫要对反动阶级进行镇压,消灭那些产生资产阶级和向资本主义倒退的条件。要完成这些任务,无产阶级专政是不可或缺的。

作为一种国家形式,无产阶级专政在本质上是镇压性的,是一个"革命的暴力"机关。但是它具有一个与之前的国家类型相区分的重要特征,以前的国家的目的是维护特殊阶级的长久统治。而无产阶级专政则不同,它的目的在于阶级和阶级统治的消亡。作为"人类历史上最后一种国家形式",它的目的就是为其自身的消亡准备条件,并逐渐走向消亡。毛泽东认为,这种消亡是有条件的,既有内在条件也有外在条件。从内在条件来讲,国家应该达成其历史使命,即阶级差别消失、"无阶级"的共产主义社会产生。从外在条件来讲,国家消亡的前提是国际上"帝国主义、资本主义和剥削体系"的废除。在这些目标实现以前,在一个"完全的共产主义社会"产生以前,无产阶级国家将会一直为了自己阶级的利益而行动,为了无产阶级的完全解放而斗争。只

---

① 《关于赫鲁晓夫的假共产主义及其在世界历史上的教训——九评苏共中央的公开信》,人民出版社1964年版,第59页。

有到了那个时候它才会退出历史舞台。

五、阶级的代表之二——政党

国家只是阶级利益在上层建筑领域的代表机关之一。政党是阶级在政治层面表达其利益的另一个主要载体。毛泽东指出："党是阶级的组织。"[①] 这一论断并不意味着政党处于社会结构的经济层面上，因为毛泽东把政党界定为政治上层建筑的重要构成；这一论断也不意味着退回到阶级的政治定义上。毛泽东的观点是：政党总是和社会经济层面上存在的阶级分离相联系。政党具有阶级性，并代表经济领域的特殊阶级及其利益。

赫鲁晓夫的"全民党"就是一种对政党的错误理解："马克思列宁主义的常识告诉我们，政党和国家一样是阶级斗争的工具。一切政党，都是具有阶级性的。党性是阶级性的集中表现。从来没有什么非阶级的、超阶级的政党，从来就不存在什么不代表一定阶级利益的所谓"全民党"。[②]

在1955年以后的许多场合里，毛泽东多次强调政党所固有的阶级性，反驳"非阶级"、"超阶级"、"全民党"等观点。在1962年元月的中央扩大会议上，毛泽东对共产党的性质作了澄清："有些人说共产党是'全民的党'，我们不这样看。我们的党是无产阶级政党，是无产阶

---

① 《毛泽东选集》人民出版社1977年版第五卷第335页。
② 《关于赫鲁晓夫的假共产主义及其在世界历史上的教训——九评苏共中央的公开信》，人民出版社1964年版，第39—40页。

级先进部队……"① 在另一个地方，毛泽东也认为，共产党作为"无产阶级政党"，是"无产阶级利益的代表者，是无产阶级意志的集中者"。②

共产党作为无产阶级利益的代表，并不和其成员的具体社会背景相联系。当然，共产党不能凭空产生，它形成的前提是无产阶级的存在。毛泽东曾指出在非洲"建立一个共产党必须要看那里是否有产业工人"。但这并不是说共产党的成员必须是无产阶级出身。虽然把中国共产党称为"无产阶级政党"，毛泽东也指出其成员具有不同的出身和背景。毛泽东关于阶级出身和阶级立场之间的区分是非常重要的，因为那些非无产阶级在加入共产党时并不是作为其出身的阶级的代表；而且他们必须要抛弃原来的阶级意识，"站到无产阶级的立场上来"。③ 尽管共产党的成员来自各个阶级，但却不能说无产阶级政党立于各阶级之上或是说它不代表特殊阶级的利益。政党领袖的品质确保他们是"无产阶级的真正代表"，这样的领袖也是群众公认的。④ 另外，党的意识形态倾向也反映了特殊阶级的利益。正如毛泽东所指出的，"党性"就是"阶级性的集中表现"。⑤

---

① 《建国以来毛泽东文稿》中央文献出版社1992年版第十册第98页。
② 《关于赫鲁晓夫的假共产主义及其在世界历史上的教训——九评苏共中央的公开信》，人民出版社1964年版，第40页。
③ 《关于赫鲁晓夫的假共产主义及其在世界历史上的教训——九评苏共中央的公开信》，人民出版社1964年版，第40页。
④ 《关于斯大林问题——二评苏共中央的公开信》，人民出版社1963年版，第15页。
⑤ 《关于国际共产主义运动总路线的建议和有关文件》，人民出版社1963年版，第38页。

无产阶级政党在社会主义革命中起到了至关重要的作用。作为无产阶级的先锋队,它通过实施意识形态、政治、组织、军事等行动,引领革命进程,促进阶级意识发展,为革命铺路。总之,它为无产阶级的"根本利益"而斗争。无产阶级政党通过这些方式为客观条件成熟时成功夺取国家政权打下了基础。毛泽东认为,作为先锋队的政党所领导的有组织、有意识的斗争是非常重要的,"中国和俄国的历史经验证明:要取得革命的胜利,就要有一个成熟的党,这是一个很重要的条件"。①

无产阶级取得国家政权之后并不意味着共产党就要停止为无产阶级的利益而努力。共产党在无产阶级国家中依然扮演着重要角色。在社会主义社会中,国家政权"处于共产党的领导之下",无产阶级的领导作用是通过共产党的领导来具体实现的。无产阶级专政承担着镇压阶级敌人、消除阶级差别、建立社会主义生产体系等繁重任务。这些任务的完成对于实现向共产主义过渡的目标是非常重要的。毛泽东认为,党在这一过程中不可或缺:"列宁主义认为,在社会主义国家中,无产阶级政党必须同无产阶级专政一起存在。在无产阶级专政的整个历史时期,不能没有无产阶级政党。因为无产阶级专政要反对无产阶级和人民的敌人,要改造农民及其他小生产者,要经常整顿无产阶级的队伍,要建设社会主义和过渡到共产主义,没有无产阶级政党的领导,是不行的。"

如果没有党的领导,无产阶级专政的能力就会被削弱。要实现共产主义,实现无产阶级最根本的利益和彻底的解放,党在整个无产阶级专政时期的继续存在是十分必要的。

无产阶级政党的集中性是反动阶级试图破坏其无产阶级性质并使其转变为"资产阶级政党"的一个因素。无产阶级政党并不是立于社

---

① 《读苏联〈政治经济学教科书〉》下册谈话第四部分。

各阶级之上、且不受阶级斗争影响的中立者。阶级斗争总能在党内得到"反映"。毛泽东认为，资产阶级意识形态的腐蚀作用和党的成员不同的社会背景，都是阶级斗争从党外向党内转变的原因。所有的政党成员不管出身如何，都潜在地具有抛弃无产阶级世界观、投向资产阶级世界观的可能。

无产阶级的反对派总是在党内寻求和培养自己的代理人。毛泽东认为，新旧资产阶级分子和新旧富农"构成修正主义的社会基础"，"他们千方百计从共产党内寻找自己的代理人"。[①] 这些代理人千方百计地在党内进行修正主义和资产阶级复辟活动，试图变无产阶级专政为资产阶级专政。毛泽东在1955年以后的著作中有很多关于党内"资产阶级代表"的论述。这些代表发出的政治声音并不是为了无产阶级的利益，而是为了资产阶级的利益。他们试图通过控制党达到颠覆无产阶级专政和恢复资产阶级秩序的目的，他们为党外的资产阶级谋利益。他们的政治斗争是有组织的，并在党内形成了一个特殊的派别，一个鼓吹不利于社会主义的政策的资产阶级派别。

作为各自阶级利益代表的社会主义派别和资本主义派别在党内的斗争会引起一些后果。一旦资产阶级派别试图控制党的企图取得成功，它就会蜕化成"资产阶级政党"。一旦他们在社会主义国家中占据领导位置，就会发生资本主义复辟。这些已经成为南斯拉夫和苏联的现实。但是，尽管有这些挫折的存在，毛泽东仍然相信无产阶级专政最终必将胜利，共产主义必将实现。一旦无产阶级政党在党内外的阶级斗争中取胜，清除了向共产主义过渡的障碍，它就完成了自己的"历史使命"。

[①] 《关于国际共产主义运动总路线的建议和有关文件》，人民出版社1963年版，第38页。

到那个时候，和国家一样，党也将会消亡。这些观点中十分明确的一点是：即使政党和派别遭到了内部的进攻且能"改变颜色"，它们也必然表达特殊阶级的利益。在1955年以后的著作中，看不到毛泽东对政党作为阶级代表的机构有丝毫的怀疑。

六、阶级的代表之三——意识形态

另一个被毛泽东视为特殊阶级利益代表的上层建筑实体是意识形态（包括机构和观念两个方面）。毛泽东指出，意识形态"反映阶级关系"，不能不具有"阶级性"。① 毛泽东并没有讨论同一阶级内部成员的意识形态的统一性问题，他仍旧是把不同的意识形态形式和不同的经济地位相联系。既可以说资产阶级的"思想意识"，也可以说资产阶级和小资产阶级"表现出他们自己的思想观念"，还可以说和资产阶级"旧思想"相对立的无产阶级的"新思想"。意识形态在这里指的是一种系统的、一致的思想观念，毛泽东称之为"世界观"。在社会主义时期，有两种基本的世界观，即资产阶级世界观和无产阶级世界观。可以看出，毛泽东认为意识形态上层建筑和特殊阶级相联系。意识形态表现了特殊经济集团的基本利益、利害关系和思想观念。

意识形态是阶级斗争的重要载体，意识形态的冲突折射出阶级力量的角逐。在这个意义上，毛泽东把社会主义时期无产阶级意识形态和资产阶级意识形态之间的斗争称为"长期的、激烈的阶级斗争"。他指出，在过渡时期，资产阶级意识形态总是和无产阶级世界观相对抗，每

---

① 《关于赫鲁晓夫的假共产主义及其在世界历史上的教训——九评苏共中央的公开信》，人民出版社1964年版，第8页。

个阶级都寻求"按照自己的世界观来改造世界"。这一冲突的结果直接影响到社会主义的前途。因此，通过宣传无产阶级的世界观来反对资产阶级思想意识的斗争是十分必要的。毛泽东指出，资产阶级的"旧思想、旧文化、旧风俗、旧习惯"一直被用来创造有利于资本主义复辟的"公共舆论"，有必要通过无产阶级的"新思想、新文化、新风俗、新习惯"的积极传播来应对这一挑战。只有通过这种方式，社会主义的根基才能得到巩固。

意识形态首先通过各种组织机构来维护所代表的特殊阶级的利益。这些意识形态机构中最为重要的是媒体。毛泽东认为，只要阶级差别存在，报纸就是"阶级斗争的工具"。上海《文汇报》的例子就说明了这点。通过发表《反映资产阶级观点》的新闻，《文汇报》具有资本主义报纸的"倾向"。简单地说，它采取了"资产阶级的立场"，并发起针对无产阶级的意识形态斗争。

因此，毛泽东认为，报纸作为阶级斗争的工具发挥着重要作用。通过向读者传达一定的观点，报纸作为载体表达了特殊阶级的利益。毛泽东在1957年的讲话中又明确指出了这一点。他首先肯定了报纸属于意识形态范畴，接着又继续谈道："有人说，报纸没有阶级性，报纸不是阶级斗争的工具。这种话就讲得不对了。至少在帝国主义消灭以前，报纸，各种意识形态的东西，都是要反映阶级关系的。"[①] 剧场、图书馆、艺术团体、教育机构等文化部门也是这样。"文革"期间，毛泽东十分关注这些意识形态机构的行动。他曾说道：电影院和剧院是完全为资产阶级服务的，而不是为无产阶级服务的。文学艺术机构用资产阶级意识"使大众堕落"，因此，"为资本主义复辟铺平了道路"。因此，无产阶

[①] 《毛泽东选集》人民出版社1977年版第五卷第444页。

级的图书馆和艺术机关要和资产阶级的领导人作斗争,"把伟大的无产阶级文化大革命进行到底"。教育部门也没有在意识形态斗争中保持中立,它们被"资产阶级掌握"并用来增进资产阶级的利益。毛泽东指出,所有这些文化机构,"都是意识形态,都是上层建筑,都是有阶级性的"。①

七、结 论

毛泽东在1955年以后的著述中表达了这样一种观点,即政治力量、意识形态机构和形式代表着经济上的阶级和它们的利益。这些带有特殊阶级印记的上层建筑实体反映着特殊阶级的利益、目的和利害关系。毛泽东的这一看法和马克思主义经典作家完全一致。和经典马克思主义传统相似,毛泽东也认为,政治和意识形态是经济上的阶级利益的具体表达并作为阶级的代表发挥着作用。

经典马克思主义认为,经济上的阶级通过政治和意识形态领域的斗争得到表现;同时也认为,经济上的阶级成为上层建筑领域斗争的参与者,根源于生产力和生产关系的不相容性。毛泽东和他的欧洲前辈都认为,生产力的发展将在一定阶段超过现存生产关系所能容纳的范围。而这迟早会唤醒被压迫阶级的阶级意识,并促使他们为这些新近认识到的共同利益而斗争。无产阶级的力量开始积累,上层建筑领域的斗争也开始发生。统治阶级试图维护现存的、对其有利的生产关系和上层建筑形式,同时被压迫阶级开始采取旨在消灭统治阶级的行动。暴力革命随之出现,被压迫阶级取得胜利并重新改造旧的上层建筑和生产关系,被束

---

① 《毛泽东选集》人民出版社1977年版第五卷第444页。

缚的生产力通过这种形式获得解放。

但是,对生产关系和上层建筑的改造是不彻底的。一方面是生产力得到了一定程度的解放和发展,另一方面旧秩序的特征还继续存在。社会主义过渡时期的阶级和阶级斗争也继续存在。这一点在毛泽东的讨论中尤为清晰(列宁和斯大林也是这样)。经过无产阶级革命,资产阶级被打倒但并没有被消灭,他们的阶级意识也是这样。生产关系改造的不彻底性是资产阶级继续存在和重新出现的经济基础。因此,阶级斗争在无产阶级掌握政权之后仍然存在。阶级作为阶级斗争的参与者也仍然存在,而这些阶级在资本主义社会后期作为政治和意识形态的组织彼此对立的根源是生产力和生产关系之间的矛盾。斗争会一直持续到生产关系的进一步改造完成,持续到上层建筑领域资产阶级意识形态完全被消灭,持续到新的资产阶级产生的经济基础完全被消灭。

对于毛泽东关于阶级和阶级斗争的理论,我的观点是:毛泽东在1955年以后的思想和经典马克思主义之间是基本一致的。双方都认为,阶级是一种经济范畴,阶级是与生产力和生产关系矛盾相对应的上层建筑领域阶级斗争的参与者,阶级利益通过上层建筑领域各种政治和意识形态机构得以表达。因此,那种认为1955年左右或1955年以后毛泽东和经典马克思主义传统之间存在着断裂的说法是站不住脚的。毛泽东在这一问题上的看法并没有离开经典马克思主义。

这并不是说"晚期毛泽东"和经典马克思主义之间不存在小的差异(如对社会主义时期阶级斗争的程度以及解决难度的估计上的差异),也不是不相信毛泽东把1955—1966年作为他理论发展的重要阶段来认识(毛泽东深信他提出的发展战略对处于社会主义过渡时期的中国是适合的)。但是,毛泽东在1955年以后提出的关于阶级和阶级斗争的主张,属于经典马克思主义的概念领域,差异只是处于相同的理论框架和前提之下的差异。

讽刺的是，毛泽东在社会主义过渡时期所表达的观点，被普遍视为是与经典马克思主义的一种断裂，并作为新马克思主义对经典马克思主义"经济主义"和"简化论"批判的理论来源。同样令人费解的是：毛泽东关于阶级和阶级斗争的理论（尤其是在1955年以后）至少是间接地启发了新马克思主义的研究方法，而这种研究方法正是对马克思主义核心理念的背弃。

（范春燕 译）

当代马克思主义研究：从理论走向现实[*]

〔英〕肖恩·塞耶斯

一、黑格尔与马克思主义研究

林进平：塞耶斯教授，感谢您接受这一次访谈！在您的马克思主义研究中，我觉得您的研究有别于英美的分析马克思主义者，也有别于欧洲大陆的结构主义者。在您的文章和著作中，您多次强调，不论是英美的分析马克思主义还是欧洲大陆的结构主义的马克思主义，在研究路径上都明显表现出拒斥黑格尔主义的倾向，而您认为这种拒斥将导致人们难以准确地理解马克思和马克思主义，因而，您强调黑格尔对于理解马克思的重要性，并注重从黑格尔的视角去阐释马克思的思想。[②]

---

[*] 本文选自《马克思主义与现实》2013 年第 1 期。肖恩·塞耶斯（Sean Sayers），英国肯特大学哲学教授，英国《激进哲学》杂志和"马克思与哲学学会"的创立者之一。林进平，中央编译局马克思主义研究部研究员。

[②] Sean Sayers, "The Importance of Hegel for Marx: Reply to Zarembka", *Historical Materialism*, No. 8 (Summer 2001), pp. 367 – 372; Sean Sayers, *Marxism and the Dialectical Method: A Critique of G. A. Cohen* (1984), reprinted in S. Sayers and P. Osborne (eds), *Socialism, Feminism and Philosophy: A Radical Philosophy Reader*, (London: Routledge, 1990), pp. 140 – 168; Sean Sayers, *Marxism and Human Nature*, (London and New York: Routledge, 1998); Sean Sayers, *Marx and Alienation*, (UK: Palgrave Macmillan, 2011).

对此，学界有人依据您的研究取向和风格而将您归为新黑格尔主义的马克思主义者。那么，您觉得为何需要强调黑格尔的重要性？

塞耶斯：我强调黑格尔对于理解马克思的重要性，有两方面的因素。一方面，上世纪六七十年代开始盛行于英美的分析马克思主义和欧洲大陆的结构主义的马克思主义都以不同的方式拒斥黑格尔在马克思思想中的地位和作用；① 另一方面，我认为，要准确地、全面地理解马克思，就不能剔除他思想中的黑格尔因素。马克思在青年时期就已经研读黑格尔哲学，并深受其影响。不论是他的博士论文，还是《黑格尔法哲学批判》，直至《资本论》，都是如此。我们从马克思的很多重要文本中都能看到黑格尔思想的印记。可以说，黑格尔的影响，几乎决定了马克思根本的思维结构和思维范式；黑格尔的思想，也几乎为马克思思想的每一方面提供了框架和基础，为他的经济理论和政治理论提供了一个定位。因此，拒斥黑格尔在马克思思想中的地位和作用，在相当程度上，将意味着我们无法全面、准确地理解马克思，甚至会背离马克思。

林进平：我非常认可您这一思想。特别是，如果在社会历史哲学方面拒斥黑格尔，我们就难以准确理解马克思。我认为，黑格尔的社会历史哲学思想对马克思的影响，不但包括《黑格尔法哲学批判》等早期文本，而且包括后期的政治经济学文本，特别是《资本论》。出于这种理解，我不认可那种把《资本论》仅仅视为经济学或政治经济学著作的做法。在我看来，马克思的《资本论》延续了他在《黑格尔法哲学

---

① 参见〔英〕肖恩·塞耶斯：《马克思主义哲学在英国》，载《现代哲学》2008年第2期。

批判》等文本中关于政治社会的一些思考,但也隐藏了马克思关于政治现象的某些观点。

塞耶斯:我觉得你这个观点很有意思,你可以尝试从这样的视角去挖掘。确实,将《资本论》仅仅视为经济学或政治经济学文本,太狭隘了。以现在越来越分化和细化的学科观点去看待马克思的研究成果,难免片面。对待马克思这样的思想家的著作,我们有必要跨越现在的学科壁垒。

林进平:据我所知,您在很多方面都强调黑格尔对马克思的影响,但相比之下,我觉得您更为强调黑格尔的辩证法思想和异化观念对马克思的影响。假如这一理解没有错误的话,您可否说说您的依据何在?

塞耶斯:你的理解是对的。虽然黑格尔对马克思的思想影响是多方面的——马克思在法哲学、市民社会和美学等方面也都深受黑格尔的影响——但相比之下,我更为强调黑格尔的辩证法和异化思想。这一方面是因为它们为分析马克思主义和结构主义的马克思主义所拒斥,另一方面是因为,我认为透过马克思的辩证法思想和异化观念,能够把握其思想的实质并厘清学界的一些误解。辩证法使马克思的历史唯物主义与其他的唯物主义相互区别开来。分析马克思主义拒斥了辩证法,从而使历史唯物主义成为一种机械的、决定论的唯物主义。这在 G. A. 柯亨的《卡尔·马克思的历史理论》一书中对生产力与生产关系的论述表现得尤为明显。再比如,结构主义认为晚期的马克思拒斥所有的异化观念,这既不合乎文本事实,也难以解释马克思的《资本论》中所包含的人道精神和剥削概念。

林进平:学界也有一些学者并不认可您的观点。如特里·伊格尔顿(Terry Eagleton)就曾经撰文认为,您在《马克思主义与人性》一书中对人性的辩证解释充满了"歧义"、"不一致"、"混淆"和"不清晰"的缺点。① 对此,我很想听听您是如何看待伊格尔顿的批评的。

塞耶斯: 对于伊格尔顿的批评,我曾经撰文予以回应。② 我认为他的批评观点并没有摆脱学术界的两种对立的主流成见:一种认为马克思主义是拒斥人性的,是"反本质主义"或"反人道主义"的;另一种相反的观点则认为,这样的马克思主义会导向灾难性的相对主义,为了让社会理论和批判价值有所依托,马克思主义必须持有一种普遍的人性观念。而我认为马克思对待人性的立场和态度不同于上述两种成见。马克思认为人性——我们的基本需要、力量和能力——并不是固定的、普遍的,而是在社会和历史中发展变化的,但是,这样的发展变化对我们来说并不是随意的、偶然的,而是受制于特定的历史规律。我认为,这种关于人性的立场并不会导向道德的相对主义或站不住脚的普遍主义,而只会导向一种人道主义的历史形式。这是辩证的历史的立场。我觉得伊格尔顿并没有很好地理解我这一立场。

林进平: 在您新近出版的《马克思与异化》③ 一书的序言中,您继续强调黑格尔对于马克思的重要性。它与您此前的《马克思主义与人性》是否有所关联或推进?

---

① Terry Eagleton, "Self-realization, Ethics, and Socialism", *New Left Review*, September-October 1999, pp. 150 – 161.

② 据塞耶斯自己介绍,在伊格尔顿的批评文章发表后,他曾应《新左翼评论》之约,在1999年11月写出《马克思主义与人性——对伊格尔顿的回应》("Marxism and Human Nature: A Reply to Terry Eagleton") 一文,但《新左翼评论》在收到该文后却丢失了该文稿,随后又拒绝发表。

③ Sean Sayers, *Marx and Alienation*, (UK: Palgrave Macmillan, 2011).

塞耶斯：与之前的《马克思主义与人性》一样，这本书同样是对英美的分析马克思主义和欧洲大陆的结构主义的马克思主义拒斥黑格尔的回应。本书试图通过对马克思异化思想的梳理来展示黑格尔哲学对于正确理解马克思的必要性；在这本书中，我一如既往地强调辩证法对于正确理解马克思的重要性，是辩证法让我们正确地理解马克思的异化观念。在我看来，异化并不是通常所认为的道德观念。与《马克思主义与人性》相比，《马克思与异化》有一个推进，就是更明确地强调了黑格尔哲学对于理解马克思的重要性。例如，在我此前的书中，我曾谈到劳动对于人类生活的作用。我知道，这在马克思的著作和一般社会理论中是个重要的主题，但我对于这些理念来自何处并无太大把握。而在我的进一步思考和阅读的过程中，我发现它们源自黑格尔，特别是源自黑格尔的美学。这对我来说是一个突破。它引导我去弄清黑格尔哲学对于马克思的重要性，并成为贯穿本书的一条主线。

二、分析马克思主义的得与失

林进平：如果我没记错的话，您之所以批评分析马克思主义，主要是因为它"祛除"了马克思思想中的辩证法因素，又给马克思"添加"了他原本并不喜欢谈论的道德、正义和善等论题。按照您的说法是，分析马克思主义把马克思由一个"德国人"变成了"英国人"，把马克思弄成一个自相矛盾的思想家。[①] 也许可以说，像诺曼·杰拉斯那样断言

---

① 参见〔英〕肖恩·塞耶斯：《马克思主义哲学在英国》，《现代哲学》2008年第2期；〔英〕肖恩·塞耶斯：《马克思主义与道德》，《哲学研究》2009年第9期；〔英〕肖恩·塞耶斯：《分析马克思主义与道德》，载〔加〕罗伯特·韦尔、凯·尼尔森编：《分析马克思主义新论》，中国人民大学出版社2002年版。

马克思既赞成正义又否定正义,这与其说是马克思的思想,不如说是分析马克思主义者赋予马克思的思想。分析马克思主义者不仅把马克思由德国人变成英国人,而且,他们还把马克思带到了"罗尔斯时代",围绕正义问题让罗尔斯和马克思进行"对话"。但是,我同时又在想,分析马克思主义的这种"拒斥"和"添加"是否也包含着合理性呢?

塞耶斯:这一点是应该肯定的。分析马克思主义尽管表现出对马克思思想的一些背离,但其基调还是基于现实的需要而去发展马克思主义。它对马克思主义的伦理思想和政治哲学的挖掘,一方面体现了在新的历史背景下发展马克思主义并且回应欧美学界的自由主义主流话语的努力,另一方面也为现实的社会主义实践提供价值支撑和思想资源,比如柯亨与凯·尼尔森等人的作品。这些都是其合理性所在。但是,分析马克思主义在挖掘或重构马克思主义的伦理维度和政治哲学维度时强调哲学分析而拒斥辩证法的做法,却使得马克思陷于自我冲突之中。他们一方面认为,马克思拥有一个"科学的"历史理论,依据这个理论,道德是历史的产物;另一方面又认为,在马克思谴责资本主义和倡导社会主义中充满了道德判断。很多分析马克思主义者认为,马克思的这两个方面是不能相容的。他们认为,价值的社会历史描述将不可避免地导向相对主义,而这将危害马克思对于资本主义的批判力度。因此,他们认为马克思对资本主义的批判必须依赖于某种超验的价值。但在我看来,马克思的批判不是依赖于某种外在的超验价值,而是内在的、历史的、辩证的,它是在现存的社会条件中为其批判寻求理据。不过,虽然我不认可分析马克思主义的方法,但我也认为,分析马克思主义者所关注的正义、权利、道德等政治哲学和伦理学问题,应该成为当今马克思主义的研究主题。

林进平：分析马克思主义拒斥黑格尔色彩的辩证法，不等于他们摆脱了黑格尔的问题语境。毕竟，道德、正义和权利等伦理政治问题，恰好就是黑格尔的社会历史哲学所着力探讨的问题。分析马克思主义让马克思主义的研究重心转向这些问题，是否也是以另一种方式向黑格尔的回归？

塞耶斯：你的想法有一定道理。的确，黑格尔的思想不仅体现在辩证法上，而且体现在关于法哲学、社会哲学等论题的思考上。因此，拒斥马克思与黑格尔相联结的辩证法，并不等于割断了马克思与黑格尔的联系。如你所说，分析马克思主义所探讨的道德、正义和权利等问题，恰恰是黑格尔的法哲学和社会哲学的核心问题。在这个意义上，我们也可以说，分析马克思主义在方法上把黑格尔从马克思的思想中赶出去，却在论题上把黑格尔请了回来。

林进平：您对分析马克思主义所研究的道德、正义等问题并不排斥。您自己对这些问题也深有研究，对此，我想请教的是：当代的马克思主义者是否有必要研究道德、正义等问题？如果答案是肯定的话，这种必要性又体现为何种意义？

塞耶斯：正如我刚才所说的，分析马克思主义的论题是有意义的。这不仅在于，分析马克思主义通过这一研究，参与了西方学术界的主流话语，激活了马克思的理论资源，而且在于，分析马克思主义所研究的道德、正义和权利等主题恰恰是当下社会主义国家所亟须探讨的。尽管在马克思的文本中，马克思批判甚至拒斥道德或正义的论辩，但这并不意味着马克思认为道德或正义是过时的语言垃圾。即使马克思本人认为道德或正义是过时的语言垃圾，也不意味着现实的社会主义国家和当今的马克思主义者就没有必要探讨道德、正义问题。因为理论是否有必要，应该由现实本身来界定，而不应该由某种思想教条来界定。再说，依据马克思的文本，社会主义国家仍有必要研究道德、正义等论题。因为马克思所设想的共产主义的过渡阶段（即社会主义）还无法告别道德、正义和权利这样的意识形态观念。而我们现实的社会主义，其实还要落后于马克思所设想的那种社会主义，因此更是无法逾越这些问题。

林进平：既然如此，那么您主张采用何种研究方法来讨论这些问题呢？

塞耶斯：我主张采用马克思的历史唯物主义方法，但这种方法不是把辩证法拒之于门外的那种历史唯物主义，比如，柯亨的历史唯物主义，那会把马克思主义描述为一种机械的、技术决定论的唯物主义。在这样的唯物主义视野下，现实是一幅缺乏整体感的、碎片式的、孤立的画面，这样的唯物主义难以还原历史过程的复杂性和丰富性。而辩证的历史唯物主义强调把道德、正义等看作一种社会历史现象，看作一种意识形态的形式，看作不同社会和历史环境的产物——即，不存在超历史的、绝对的道德和正义观念；任何道德、正义都相对于特定的历史发展阶段和特定的生产方式而言。但是，我们不应由此而引向相对主义，认为不同的道德、正义之间不存在着可比性。否则，就忽略了历史唯物主义中的历史进步观念的地位和作用，从而没有完整地运用历史唯物主义方法。

在历史唯物主义的进步观念视野中，我们会发现，尽管特定历史时期的道德、正义相对于其特定的发展阶段具有一种不可取代的确定性——在这个意义上，我们甚至可以说它们就是绝对的，因为在相对应的历史阶段上，人的本质都在当时条件下得到了实现——但是，如果从发展的观念来看，从更高的历史阶段来看，人的本质其实没有得到充分的实现，较低阶段的道德和正义依然具有不完善性。人类的道德、正义就处于这种由不完善到完善的不断发展的过程中，是相对和绝对的统一体。

林进平： 辩证的历史唯物主义为剖析道德、正义等意识形态现象提供了根本的、整体的方法路径。我想，如果用历史唯物主义来统摄分析方法，是否更有利于理解道德、正义等意识形态现象？

塞耶斯： 我认为可以。辩证的历史唯物主义并不完全地反对分析马克思主义的分析方法，它所反对的，主要是分析马克思主义对历史唯物主义的辩证法的不恰当的排斥。在我看来，分析马克思主义所强调的明晰、精确、严谨，正是我们运用历史唯物主义去分析道德、正义等意识形态现象所需要的。但是，分析马克思主义所强调的明晰、精确、严谨是一切好哲学的要求，而不是分析马克思主义的特有要求。柯亨的《卡尔·马克思的历史理论》一书取得的成功，与其说是运用了分析哲学方法，不如说是因为它具有好哲学的特性的缘故。因此，我认为，明晰、精确、严谨也应是历史唯物主义的追求。另外，将分析马克思主义的分析方法统摄在历史唯物主义的总体框架之下，我认为可以避免分析马克思主义缺乏整体感和孤立分析的缺陷，也有利于更准确地理解道德、正义等问题。

三、社会主义的现实反思

林进平： 我记得在《市场的人文冲击》一文中，您以历史唯物主义的观点，批判了对市场予以片面肯定或片面否定的观点。您认为市场在摧毁已有的生活方式和联系纽带的同时，也在建立新的生活方式和联

系纽带。针对当时苏联和东欧正在兴起的自由市场,您说:

苏联与东欧正在开始着类似的自由市场的过程。……可以确信的是,它将带来大范围的混乱和灾难,它将恶化社会的不平等和分化,它将撕碎社会的组织结构。然而,从长远来说,假如市场的力量的引入能成功地引导这些社会走出目前的停滞,获取新的增长与发展,那么积极的因素将会变得更加显明。在这些社会,不论面临什么问题,都有理由在这一点上树立希望,如果这些希望已被证明很好地建立起来了,那么市场的引入就不是"历史的终结",而是一个新的开始。①

我觉得,您的这一观点对于当下中国正在经历的市场经济也富有启示。为此,我想请教的是:您如何看待当下中国的市场化进程?如何看待在这个进程中所出现的不平等的扩大化以及权力腐败等问题?

塞耶斯: 我的这篇文章主要是针对英国的市场化而写的。我觉得,中国的市场化与我当时所批评的英国的市场化有所区别。当时英国的市场化已经得到充分的发展,并且有可能走向极端,而中国现在的市场化则刚刚起步。我们必须意识到,市场化对于两个处于不同发展阶段的国家,有不同的意义和作用。中国的市场经济的确立,为中国的经济带来了腾飞和整体国力的提升,但同样无可否认的是,也为中国带来了环境污染、不平等扩大化和权力腐败加剧等问题。但我认为,这在一定程度上恰恰是由于中国的市场经济的发育还不够成熟和完善。比如,中国的权力腐败,不仅与中国的市场经济的消解能力还不足以消解公共权力的神圣性或专断性有关,而且与未形成对权力的必要制度约束有关。随着

---

① Sean Sayers, "The Human Impact of the Market", in P. Heelas and P. Morris (eds.), *The Values of the Enterprise Culture:the Moral Debate*, (Routledge:London,1992). pp. 120 – 138.

市场的不断膨胀,公共权力与市场之间的纠合所产生的腐败问题将会越来越严重,以至于最终只有通过制度的创新才能减少此类问题的产生。但这显然需要有一个过程。

林进平:那是否可以说,中国目前所出现的问题是推行市场经济的过程中自然要出现的问题?如果是的,那么,这是否意味着随着中国市场经济的"自然"发展,这些问题也会"自然"解决?

塞耶斯:我并不这么认为。市场经济的发展当然能够为它所引发的那些问题的解决创造条件,但这些问题不可能被"自然地"解决!它们的解决,依赖于主体的努力。当市场经济发展到不解决这些问题就难以获得进一步发展的时候,我们的制度和观念就必须要有相应的变革或创新,从而解决问题,为经济和社会开拓道路。

林进平:据我所知,您既肯定市场的积极作用,也警惕市场的消极作用,反对市场崇拜,对市场持有一种辩证的批判。那么,您是否认为中国也应该反对市场崇拜,批判自由市场?

塞耶斯:我认为,反对市场崇拜,对市场持有批判的维度,绝对是有必要的。但我也认为,对于当下中国来说,紧要的不是批判市场崇拜或自由市场,而是为市场的成熟发展创造必要的条件,特别是法制条件和观念条件。因为,就目前来看,中国的市场化程度还不够成熟,还没有强大到可以消解特权崇拜的地步。如果两相权衡的话,我觉得,中国还是需要借助市场的完善与成熟去消解特权的空间。至于市场崇拜,我觉得那是要到市场获得充分发展之后,才需要格外警惕的。目前来看,中国的市场显然还没有发展到这一程度。

林进平：顺着您的思路，我想，当今中国对于那些与市场相伴随的权利、正义等观念尽管也需意识到它们的局限性，但是，我们的关键任务还不在于拒斥和批判它们，而在于接纳和发展它们。因为当代中国的经济发展和社会发展仍然需要这些法权观念，才能持续并走向成熟。

塞耶斯：是的。对于今天的中国来说，关键还不在于批判这些被马克思称作法权观念的因素的局限性，而在于如何完善它们，推进你们的市场经济的健康发展。

林进平：让我们来谈谈另一个社会主义的范例。我记得在《马克思逝世100周年》这篇纪念文章中，您针对当时英国普遍存在的误解，提出了这样的观点：马克思主义不是极权主义的哲学，它并不必然导向苏联模式；马克思主义不是教条，而是一个富有活力的、充满生机的思想体系。现实的社会主义实践虽然存在通向苏联式极权主义和教条主义的可能，但这并不是不能避免的。[①] 对于理论与现实之复杂关系的问题，我想请教的是：第一，社会主义国家怎样才能避免陷入极权主义？第二，社会主义国家怎样才能避免陷入教条主义？

塞耶斯：对于第一个问题，我想指出，认为马克思主义必然导向苏联式的极权主义，这是错误的观点。这种观点是那些敌视马克思主义的西方媒体和自由主义思想家把苏联模式当作马克思主义的唯一实现模式所导致的。而事实并不如此！在当今世界，有很多马克思主义者，包括西欧和东欧的马克思主义者，都拒斥苏联模式。马克思主义的真正内涵必定是反极权、反异化、反阶级剥削与阶级压迫的；马克思主义所真正

---

① Sean Sayers, "On the Centenary of Marx's Death", in *Labour Herald*, Vol. 2, No. 27 (March, 1983), pp. 12 – 13.

寻求建立的社会，只能是一个为个体的真正自由和全面发展创造条件的社会。

林进平：苏联模式之所以导向极权主义，原因在于理论与现实之间的一种未经批判的结合。我们知道，马克思当年设想的社会主义，是从欧美发达国家的资本主义走向社会主义。这样，社会主义不论是在作为经济基础的社会生产方面，还是在作为上层建筑的制度和思想观念等方面都有坚实的基础，而在权力观念上更是接受了民主的充分洗礼，权力不再被认为是少数人的专利，而是属于广大人民的权利。在此意义上，马克思强调权力的高度的民主集中也是可以理解的。然而，由于现实的社会主义国家是在社会整体发展较为落后的基础上建立的，这些国家不仅原有的经济基础较落后，而且在社会制度和观念等方面也较滞后，在权力观念上更是有着浓厚的特权崇拜的残余。因此，当现实的社会主义国家取得革命胜利并以马克思的权力思想去指导政权建设时，如果对现实的权力缺乏反思与批判，而且观念性地认为权力来自人民，权力本身具有正当性，那么，这就会忽视对权力的制度规制与监督，最终有可能导致极权主义。

塞耶斯：的确如此。社会主义国家的权力由于无法摆脱历史上的落后观念的影响和现实社会中存在的多元的利益分化，因而可能沦为一些人或特殊阶层谋求私利的工具。因此，对于社会主义国家来说，需要对权力腐败的必然性和现实性保持冷静的认识，并探讨约束权力的有效机制。在这方面，市场经济的发展，在破除权力的理想性质的同时，能够为权力的制度约束创造条件。因此，我认为，对社会主义国家来说，在发展市场经济时，警惕市场泛化和反对市场崇拜固然必要，但借助市场经济的力量来消解权力的特权崇拜并创造约束权力的制度条件同样必要。另外,社会主义国家在处理市场与权力的关系上,应该是市场与权力的相互约束,而不应该是市场与权力的相互利用。否则必然导致绝对的腐败,而市场也难以良性地运作。我想,这也是苏联留给现在的社会主义国家的一个教训。

对于第二个问题,我们都知道,马克思主义本身就不是教条主义。马克思不想也没有为我们描绘社会主义的某种固定不变的模式,而社会主义在现实上也存在各种发展形态。这意味着,社会主义不论在理论上还是在实践上,都没有一个固定的样板。当然,必须承认,社会主义国家还是有某种"家族相似"的,它们会坚持和共享作为社会主义的共性。而正是在这种理解与坚持上,社会主义有时会陷入教条主义。但我想,差不多每一种思想在被运用时都有可能面临这种危险。马克思主义也不例外。

林进平:可问题是,我们如何才能避免陷入教条主义的危险呢?

塞耶斯:我认为有三点值得强调:首先,社会主义国家必须依据自己的具体情况和时势的要求去发展符合本国实际的社会主义。这是马克思主义本身的要求,也是避免教条主义的要求。其次,在资本主义与社会主义都有所发展并且同处全球的时代,社会主义的不能停留或固守于马克思主义的某些已有观点,而有必要在全球化交往中丰富和发展马克思主义。我想,这应该是马克思主义的内在诉求。最后,就防范教条主义的危险来说,我觉得在思想交流上持有一种辩证的观点是必要的。思想的交流必然会碰到具有一致性的思想,也会遭遇相互冲突的思想。如果在遭遇冲突的思想时,能够多一种理解与包容的态度;在碰到具有一致性的思想时,又能够持有一种批判的视角,那么,对于避免或减少教条主义将是有所助益的。

林进平：我认可您的观点，但我想，在理论上能够说得清楚的，在实践中也许会相当困难。在现实中，一个政党或政权常常出于意识形态的考虑，认为肯定的、赞扬的或与其观点一致的就是有利的；而否定的、批判的甚至只要是不同的观点或思想就是不利的。这是否依然容易导致现实的教条主义？

塞耶斯：没错，这确实是意识形态所内含的教条化倾向。这种倾向也是可以理解的，因为意识形态的本性就包含着一种服务于统治需要的普遍诉求。可以说，对异己声音的约束和压制是意识形态的一种"本能"。在这方面，我们会发现，历史上很多思想家就曾因意识形态之故而遭到放逐甚或迫害。而当我们回顾历史时，又会发现，对社会起重大推动作用的，却常常是那些在某个时期被意识形态视为"异端"的思想家。比如，被雅典视为异端的苏格拉底促进了希腊文明的发展，被资本主义社会视为异端的马克思推动了整个人类社会的完善。

四、哲学批判与生活世界

林进平：您和杰里·柯亨（Jerry Cohen）、乔纳森·里（Jonathan Ree）、斯科特·梅科尔（Scott Meikle）等人共同创办了《激进哲学》杂志（Radical Philosophy）。[①] 我很想知道，是什么原因促使您和朋友们创立这本杂志以及这种哲学思路？

---

① 关于该刊物的介绍，参见〔英〕肖恩·塞耶斯：《激进哲学》，载《哲学动态》1991 年第 11 期。

塞耶斯：我们创立《激进哲学》，主要是出于对当时哲学界和哲学教育的不满。当时哲学的学院化倾向越来越严重，成为一种脱离生活实际、无助于社会实践的所谓"高雅的职业"；大学的哲学教育成了一种学生难以参与其中、只有教师孤芳自赏的"高深的学问"。这种"高深的学问"严重脱离学生的生活实际，使得学生只能揣摩老师，模仿老师去思考。这让学生们在老师面前似乎显得笨拙与无知。但是，真正无知的，或造成这种无知的，并不是学生，而是学术的意识形态。正是不满于哲学的学院化和学术意识形态，我们创办了《激进哲学》。

林进平：据我所知，《激进哲学》的一些创刊诉求与当时法国的"五月风暴"和中国的"文化大革命"有些类似。《激进哲学》的创立是否受到这些思潮的影响呢？

塞耶斯：是的。我和其他几位创立者都是20世纪60年代的学生，我们都参与了反越战争、反美帝国主义的学生运动。法国1968年的"五月风暴"与中国的"文化大革命"对我们的思想确实产生了巨大的影响。

林进平：激进哲学作为一种哲学思路，在批判风格上颇为接近马克思主义，那么《激进哲学》这本杂志是否算得上一份马克思主义的刊物呢？

塞耶斯：《激进哲学》不是也从来不是马克思主义的出版物。当初创立这一刊物时，我们讨论过是否应该将其归在马克思主义名下。但我们考虑到马克思主义在英国还不够强大，所以就没有将其归于马克思主义。我们当时创立这份刊物的本质目标是想创立一个论坛，以使所有左派的、激进的思想家都有一个表达思想的平台，但我们又避开具体的政治立场。对于这方面，我们在《激进哲学》的创刊号中作了说明。由于在当时的英语世界没有这样的哲学刊物,因此这份刊物从一开始就在英国的大学院校里取得巨大的成功,成立了各个分部,讨论各种激进的思想,并倡导哲学教学方式的变革。

林进平:尽管《激进哲学》不能完全算作马克思主义的刊物,但是,激进哲学无疑继承了马克思主义社会批判的精神,展现了包括马克思主义在内的左翼思想家介入生活的诉求。您在《马克思主义哲学在英国:一个概览》这篇文章中,一方面深信"马克思主义在理解和回应现代社会的问题上,依然提供了最为全面和最为有力的理论资源",另一方面又深感马克思主义在欧美的复兴还有待加强。① 那么,其中的主要困难是什么?

塞耶斯:我想困难有很多。其中的一个主要困难就是,在欧美缺乏强大的社会主义国家的政权和政党。因此,马克思主义的研究比较分散,在欧美学术界没有获得主流的学术话语权,对欧美社会的影响还相对有限。

林进平:不过,我比较好奇的是,虽然马克思主义研究在欧美没有获得这样的支持,但其研究却常常表现出建设性,而社会主义国家的马克思主义研究虽然获得支持,但原创性仍然不足。目前看来,社会主义国家的马克思主义研究还较多地向欧美学界学习。尽管这种学习是必要的,但研究者的研究水准却与其所获得的国家支持有些不相称。这是一种奇怪的现象,不知您如何看待?

---

① 参见〔英〕肖恩·塞耶斯:《马克思主义哲学在英国》,载《现代哲学》2008年第2期。

塞耶斯：我也觉得是一种奇怪的现象。但我不知道具体原因。不过我希望以后会改变，也相信以后会改变。

林进平：马克思主义在欧美学界不属于主流思想，但保存和发挥了哲学的批判精神，这是不是它富有原创性的原因之一呢？我觉得，以哲学的自由精神为诉求的学者和思想家，似乎充当了"社会的啄木鸟"的角色，他们的职责和使命也许不在于给意识形态提供诠释或辩护，而在于以批判者的视角去发现社会的问题和不足。

塞耶斯：是的。尽管在马克思看来，哲学也是一种意识形态，但哲学的精神在于其批判精神，没有批判精神就不成其为哲学。如果回顾马克思及其时代，我们会发现，不论是被马克思批评为意识形态家的鲍威尔和蒲鲁东等人，还是马克思本人，他们对当时社会问题的不同批判都共同地促进了社会的进步。哲学如果不能发挥其批判功能，哲学的知识分子如果不能通过理性的研究去介入和规范这个社会，就是一种资源的浪费。马克思之所以伟大，就在于他通过批判而揭示了资本主义社会的缺陷，使人类看到了自身的问题，从而才有机会去避免和解决它们。

（林进平 译）

英国学者论马克思与马克思主义研究之今昔[*]

英国伦敦大学的政治理论教授戴维·麦克莱伦是西方知名的马克思主义研究专家,他在英国《政治研究》杂志(1999年12月)第47卷第5期上发表《过去与现在:马克思与马克思主义》的文章,分析了30多年来西方研究马克思及马克思主义的历史过程。文章主要内容如下。

近30年或更长时间以来,人们认知范式的深刻变更,强烈地影响着马克思与马克思主义的研究。西方诠释马克思的历史过程,就是将它不断容纳甚至融合于西方主流思潮的过程。马克思在发展其理论时受了黑格尔著作的影响,恩格斯受19世纪实证方法及自然科学的影响更大。"一战"前20年科学主义的马克思主义观一直支配着德国社会民主党理论的产生,战后出现了黑格尔精神的复活,另外弗洛伊德理论对法兰克福学派有影响。纳粹的兴起使西方马克思主义的理论研究中心从德国转移至法国。在法国,存在主义首先展示了其优势,接着是结构主义的快速兴衰和后现代主义的喧闹,到20世纪80年代分析马克思主义又有所表现。

---

[*] 本文选自《国外理论动态》2000年第10期。

20世纪60年代的西欧和北美,正是存在主义的人道主义盛行之时,社会富裕与对资本主义物质主义的严厉批判并存,这种批判在1968年风暴中达到高潮。许多人投入到"青年黑格尔"运动的研究中。罗伯特·塔克的《卡尔·马克思的哲学与神话》对马克思早年著作及其知识来源作了详细而值得思索的描述,但是他的马克思和马克思主义观误入歧途,变成了准宗教,比哲学还神秘,涉及的社会科学也是凤毛麟角。欧仁·卡门卡的《马克思主义之道德基础》分析缜密,坚定地忠于马克思的早期作品,它丝毫不亚于30年后涌现出的大量关于马克思伦理学的书籍。

1960年前后马克思研究出现热潮的原因有三。第一是马克思早期著作被译成英语并传播。在评价过程中有人激进地将马克思定位成一位地道的人道主义者。埃里希·弗洛姆甚至声称马克思是"唯灵论的存在主义者",认为其思想与佛教禅宗非常接近。基督徒与马克思主义者的对话也日益普遍。在日趋繁荣的60年代,人们很难相信无产阶级的贫困化和工人的革命性作用;而技术日益增长的操纵力使许多激进分子又开始关注马克思关于资本主义社会人的异化的观点,并声称这一观点对富裕工业社会更有意义。

第二,20世纪60年代马克思的作品出版都以黑格尔当时的强烈影响及其在英语世界的复兴为前提。德国的卢卡奇和马尔库塞,法国的伊波利特和科热韦首先作了铺垫。考夫曼、凯利和佩尔金斯基的作品开创了关于黑格尔作品出版之先河,在20世纪70年代这类著作的数量不断攀升。

第三,也是最重要的一点,就是1956年赫鲁晓夫公开抨击斯大林以及随后出现的马克思主义世界的逐渐多元化。1963年《新左翼评论》形成特色,翌年《社会主义阵线》年刊发行。意识形态与现实的鸿沟引起了东欧人对马克思早期著作的兴趣。青年马克思的人道主义立场被当作反对斯大林主义残余势力的依据。在捷克，1968年苏联入侵之前，其领导人力图实现"社会主义的人性面孔"，特别是《"2000字"宣言》，与马克思早期著作的精神十分接近。在波兰，1959年柯拉柯夫斯基的文章《卡尔·马克思和真理的经典定义》把青年马克思的认识论与恩格斯和列宁的认识论截然分开，并暗示马克思根本不是一位恩格斯和列宁意义上的辩证唯物主义者。这一观点被亚当·沙夫采用，他进而探索社会主义不能消除人的异化的原因。在南斯拉夫，对于早年马克思的研究集中展示在萨格勒布的哲学刊物《实践》上。

历史行进到70年代，法国的结构主义风尚开始影响马克思研究，萨特开始让位于阿尔都塞。阿氏的《保卫马克思》和《解读〈资本论〉》，利用当时流行的结构主义的语言学、心理学和人类学，力图"恢复"马克思作为先于结构主义时代的结构主义者的地位。于是阿尔都塞继承了斯大林主义而以1845年为分界点把马克思划分为早期的前马克思主义的马克思和后期的科学的马克思。概括地说，结构主义认为理解社会体系的关键是它各部分的结构关系，也就是这些部分按系统的调节原则所结合的方式。阿尔都塞对于永恒理性的研究同时排斥了历史和哲学，认为任何把马克思解读成人道主义者、黑格尔主义者和历史学家的做法都应弃之不理。阿尔都塞的马克思与存在主义以及基督教的极端形态显然是不相容的，这就吸引了一些感到他们的信仰被"对话"冲淡了的人。他玄秘地强调理论分析而轻视经验研究的著作也受到某些类型知识分子的欢迎。阿尔都塞首先使人们对于上层建筑（尤其是意识形态）的兴趣合法化。而强调上层建筑就损害了经济分析方法。阿尔都塞有一句名言，认为经济存在的最终决定作用"从来没有发生过"。在此影响下新马克思主义的文艺和文化研究开始兴起，但社会学家巴里·

欣德利斯和保罗·海斯特将他们老师所谓的理论的严密性发挥到了极致，而使它最后毁灭于自身的无谓的循环争论之中。

随着世界革命在阶级斗争领域的低潮，阿尔都塞的光彩开始消逝。如果说阿尔都塞自圆其说的严密性难以维持的话，葛兰西更为灵活的研究方法则具有较强的免疫力。葛兰西所提供的是对有组织的知识分子的肯定。他的领导权思想对资本主义得以在西方资产阶级民主制度下生存之谜作出了解答。他认为，统治阶级的世界观由其知识分子如此彻底地传播开来，以至于使其成为整个社会的"共识"。韦伯所分析的官僚政治和技术理性主义是资本主义意识形态统治的一部分，这种统治的功能在于压抑工人阶级的创造性和创新性。统治阶级在大多数情况下，不必总是靠诉诸武力来维系其统治。葛兰西把这种认识看作自己理论的核心："甚至可以断言，现今的马克思主义的本质特征恰恰就是领导权这一历史政治概念。"葛兰西也在哲学上有容忍的雅量：他的研究既可与改变了的阿尔都塞主义联姻，又可轻易地同传统的社会主义的人道主义相结合。葛兰西的研究也是一种政治文化上的多元主义，在这种多元主义政治文化传统之下，意大利共产党很早就坚持各国实现共产主义可以走不同的道路。也许更为重要的是，葛兰西的马克思主义恰恰触动了人们当时的情感。与前十年的兴奋不同，70年代晚期的类似性行为后的忧郁，与葛兰西的著名口号"智力的悲观主义，意志的乐观主义"相吻合。但意志应朝向什么方向呢？《今日马克思主义》杂志从僵化的教条主义演变为培养了"新工党"的大批杰出人士的杂志的过程昭示着葛兰西的理论具有何等的适应性。

尽管（也许正是因为）法兰克福学派的著作进一步背离了马克思，它才更为普及。法兰克福学派的大部分研究工作以物化概念为中心。物化概念是卢卡奇《历史和阶级意识》一书的核心概念，而卢卡奇对于整体性概念的强调帮助法兰克福学派矫正了相对忽视上层建筑因素的现象。但他们的工作不仅仅是重申马克思主义中黑格尔主义的一面。霍克海默认为，黑格尔的全盘唯心主义中具有寂静教派的政治含义，而且，他希望根本消除主观与客观、物质与精神等矛盾以达到某种实在的倾向，减少了其思想的批判方面，并因此削弱了真正改变世界的可能性。而且，法兰克福学派并不仅仅关注恢复传统马克思主义的某些方面，他们还试图将一些一开始就是非马克思主义教规的因素诸如心理分析等加以吸收。在哲学领域里，霍克海默很早就受到唯心主义哲学家如叔本华、康德和晚近的非理性主义思想家如尼采、狄尔泰、柏格森的影响。在他看来，非理性主义是对日益束缚发达资本主义社会中个体个性发展的抽象同一性的反叛。霍克海默和阿多尔诺探讨所谓的"启蒙的自我毁灭"。"启蒙运动"产生了工具理性，这种理性的作用是对自然界实行技术上的控制，没有什么不屈从于计算和效用。在文化领域，"启蒙"不仅没有因为打破前资本主义秩序的束缚而创造出一个色彩斑斓的自由文化天地，而且恰恰相反，它使文化本身也被工业化了。作为20世纪30年代法西斯主义的受害者，法兰克福学派的早期成员也对权威的本质和发展感兴趣，并特别致力于将国外马克思主义他们的分析方法与弗洛伊德的理论相结合，并且视家庭为联结经济基础与上层建筑的基本环节。在这方面埃里希·弗洛姆的早期作品非常突出。马尔库塞的《爱欲与文明》运用弗洛伊德理论勾画出一副乌托邦的图景，在那样的社会里，劳动将由一种最终要消灭死亡本能的力量的美学的消遣所代替，这成了20世纪60年代人们所追求的美好社会的典型特征。但是，晚期法兰克福学派中主要弥漫的是一种浓厚的文化悲观主义，并在美学领域中找到自己最适宜的栖息地。70年代初出版的詹姆逊的《马克思主义和形式》一书为仍未被超越的马克思主义美学的讨论确立了标准。在阿多尔诺和本杰明作品的基础上，70年代关于马克思主义美学的著作相当丰富，都明显地受到了批判理论的影响。

法兰克福学派对美学的兴趣可以说是对以后20年发展起来的政治美学化的预见。基于想象的宏大叙事权力的衰落，导致人们开始注重体验和选择。事实上，稳固现实和稳固自我观念的消失，与近来的从里根和撒切尔时代开始浮现出来的反计划的经济观念的流行是并行的。"自由"市场的支配作用导致了经济和道德的混乱。信息技术的发展使资本周转速度加快，从而使社会经济生活越发缺乏稳定性。这种"后现代主义"，一经为人所知，就被看作资本主义晚期的文化逻辑。对后现代主义的两本最佳著述都具有马克思主义传统的影响：一本是观点来自法兰克福学派的詹姆逊的《后现代主义》，另一本是哈维的使用接近早年恩格斯经验主义方法写作的《后现代主义状况》。

伴随后现代主义的兴起，出现了所谓新社会运动。马克思主义很难在与新社会运动的妥协中不丧失自己的特性。后者的理论同马克思主义一样，在某种意义上将社会经济因素作为社会的基础，喜欢按照其所属的"社会阶级"把个体分开，并用来解释其立场和行为。然而在划分社会方面有比阶级分析方法更有效的方法。最明显的就是种族的划分方法，把人区分为白人和黑人比区分为工人和资本家更根本。另一方法就是仍被人憎恨的民族的划分方法。不仅如此，社会的最重要的划分可说是按照性别而非无产阶级和资产阶级进行的，正是妇女与男人间的差别与斗争以及后者对前者的压迫过程形成了历史的基本脉络走向。最近几十年来一些关于马克思主义的最吸引人的作品是在马克思主义和女权主义的相互综合下完成的。朱丽叶·米切尔和米歇尔·巴雷特的书中都曾提出这个基本的辩证问题：人们究竟是劳动的一分子，还是性别之下的一员？或者两者能否通过父权的观念联系起来？尤其是，妇女的家务劳动在维系资本主义生产关系方面究竟起着什么样的作用？还有，生态政治学的应用又一次给马克思主义者们提出了难题。马克思主义同自由资本主义一样，认为生产力的自由发展将最终解决我们面临的许多问题。可是在本世纪最后20年，崇尚生产力的观点已经造成了危害生态的结果，从而面临严峻压力。

尽管如此，马克思主义传统中的许多人总的来说欢迎新社会运动、身份政治（identity politics）以及后现代主义，他们把这些看为旧的独裁主义意识形态的摧毁者，并认为它们将导致超多元主义社会的出现，使得不同的集体的社会实践共同繁荣。由于正统社会主义对民主自组织认识不足，这种趋势得到有力支持。任何政治形式的现代国家官僚体制都威胁这种民主的自组织（self-organization）。单一制的国家并未成为楷模，而拥有形形色色的机构、俱乐部、职业协会和压力集团的公民社会被看作有利于培养身份政治的多样性。

随着自由个人主义和市场作用优势渐显，一些人希望马克思主义者能为实现其自身目标而尝试吸收其主要对手的方法论原则。G. A. 柯亨的《卡尔·马克思的历史理论》首揭序幕。"分析"或"合理选择"的马克思主义的倡导者除柯亨之外，还有约翰·罗默和乔恩·埃尔斯特，他们都认为马克思主义并没有并且不需要一种不同的哲学。使用主流社会的政治思想，特别是新古典主义经济学家帕累托和哈耶克的方法论的个人主义完全可以保卫任何马克思主义所要捍卫的观点。20世纪80年代后的十年中，许多分析马克思主义者的作品，放弃了较为激进的个人主义形式，同时也放弃了过去对马克思社会理论的许多信仰。

分析马克思主义的一个分支近来推出了关于基本收入的资本主义特别是市场社会主义的有一定影响力的著作。虽然市场社会主义在克服资本与劳动力的背离这一点上是社会主义的，但却很少注重经济的平等。

马克思对于市场并没有好感，他的共产主义社会原则是根据需要而非个人应得来决定收入。从马克思的观点来看，目前可能达到的最好（或比最好更好）的社会可能就是市场社会主义。

同分析马克思主义的经验指向和所谓的科学方法不同，20世纪80年代的道德危机重新唤起人们对马克思主义与伦理学关系问题的兴趣。在这一领域中关于马克思与正义的争论最为突出。其中一位主要倡导者认为马克思为道德作了超越时代的评判，但同时又坚持在不同社会中正义原则都是具体的，不能用以往社会的正义原则来评价现今社会的正义及其有无。通过比较，卢克和伍德认定马克思对资本主义的排斥是建立在像自我实现以及自由这样的价值标准之上的，这与建立在先验的永恒原则之上的正义概念是不同的。

（冀红梅、范文 编写）

乌拉圭学者谈马克思主义研究的新课题[*]

1998年2月出版的纪念《共产党宣言》发表150周年巴黎国际会议资料集第3卷刊登了乌拉圭学者朱昂·格罗波纳的论文《马克思主义，第三次行动》。作者列举了当代马克思主义研究的12个课题，现将该文主要内容介绍如下。

马克思主义漫长发展过程中的第一次行动随着马克思的逝世而结束。这时，马克思的强大思想已成为国际左派的所有哲学、经济学和政治学的核心。第二次行动开始时，左派试图继续发展这种已失去其导师的思想。这时，有人把修正主义引入了马克思主义。

工人运动、国际左派认为，在马克思的著作中，似乎所有的问题都被研究过或已被解决，只要研究或解释一下他的已发表的著作或手稿就够了，因为它们对所提出的问题能提供确切无疑的答案。这种看法一经形成，所有那些持不同观点的人往往都被打成修正主义者。有时甚至产生很深刻的矛盾。考茨基和列宁都相互指责对方为修正主义者。

随着柏林墙的拆除与苏联制度的崩溃，人们看到了马克思主义历史

---

[*] 本文选自《国外理论动态》1998年第7期。

的第二次（也是阴暗的）行动的终结。今天我们开始了第三次行动，现在我们能够回过头来自由地阅读马克思的所有著作，填补在这些圣书中一直存在的很多空白，消除由于历史的变化、哲学与科学的发展而在马克思主义旧的思想大厦上出现的新的巨大漏洞。

一、关于出版《资本论》的新版本

由原东德出版的《马克思恩格斯全集》历史考证版是这一基础性著作的正统出版物。其中，《资本论》第1卷于马克思在世时发表，而第2卷、第3卷则是由恩格斯根据马克思的手稿编辑发表的。可以认为，恩格斯采用了很多使人不太感兴趣的材料，而且把第3卷的一些片断同第4卷（由考茨基整理）的一些片断相混淆。在涉及重新出版《资本论》的一种新版本的任务时，人们不应该忘记，《资本论》曾被马克思看作是一种普及性的读物，应该以尽可能既清楚又容易理解的方式向读者介绍。

二、关于出版马克思、恩格斯著作的考证性版本

《资本论》的情况并非是唯一的。很多其他著作也是未完成的手稿。最典型的是恩格斯的《自然辩证法》。这部饶有趣味的著作很值得借助现代科学技术的进步和最近发生的历史事件，专门出版一部新的考证性版本。

三、关于对辩证法的理论和形式的研究

以往对辩证法的大多数研究都是哲学的和纯粹思辨的，它们的主要目的是说明辩证法。这些研究成果是想说服人们，辩证法存在于物理学、数学和我们的日常生活中。例如罗森塔尔就是这样做的。辩证逻辑是人脑经常使用的形式逻辑的集合（至少包含两种逻辑价值）。数学的某些困难的论题（例如胡塞尔的悖论，戈德尔的定理和其他建立在悖论基础上的理论）只能够借助于这种性质的逻辑来考察。

四、关于历史唯物主义的理论研究

在常见的文章中,人们很少研究封建社会和奴隶社会。不存在对这些社会形态完全的与社会的研究。人们很少研究新石器时代的社会(原始共产主义),却总是有人致力于恢复马克思后来放弃了的"亚细亚生产方式"的观念。

五、关于价值规律的历史研究

人们总是把价值规律作为一种理论问题来研究,而不是作为一个历史的和实践的对象来研究。同一定的货币数量等价的劳动数量的有效确定,在每一个历史时期,对历史研究来说,都是一个重要的实践问题。最有意思的是对奴隶制社会中奴隶劳动与货币之间等价的确定。

马克思没有认识到的一个新问题是价值规律如何运用到服务性生产劳动而非物质性生产劳动中。当代资本主义生产的大多数部门都呈现这种状况,这种状况显然已超越了经典马克思主义的分析。

六、关于对资本主义经济"其他的"规律的研究

在《资本论》中,人们可以找到很多可以同价值规律相比、但只适用于资本主义的理论命题,对这些命题应该进行一种历史性的与科学性的研究。比如,在《资本论》第二卷中,人们几乎可以找到列昂杰夫根据马克思的价值观点进行分析的关于投入与产出的理论。在第三卷中,马克思介绍了利润率下降趋势的规律。在同一卷中,人们还能找到一种很有启发性的危机理论。

七、关于社会阶级问题

在《资本论》第 3 卷第 52 章中,恩格斯的一个明确的注解是:"到这里手稿中断。"马克思对这个重要问题的研究只是开了个头。在《共产党宣言》中存在一种对资本主义各个阶级的概括性描述。我们有理由怀疑:在资本主义第三阶段,事实同《共产党宣言》中所描写的

简单性有所不同。

八、关于历史研究的科学性与反驳

20世纪,波普尔通过他的反驳理论改进了经典的认识论。波贝的理论对马克思的历史方法尤其具有挑战性。在这一点上,20世纪科学与哲学的进步要求对历史唯物主义和对它的反驳方法作精确的表述(就像在辩证法中的情况一样)。

九、关于研究20世纪社会主义的某些失败

在20世纪后半叶,人们经历了马克思主义实践的许多失败。仅仅举中国的"文化大革命"和苏联的解体情况就可以说明。人们当然研究过这些情况,但并非用马克思主义的方法。举例来说,在我们如何看待苏联解体这个问题上,每一位马克思主义者(只要还没有放弃他的信仰)都有一种"解释",但人们总是停留在一种心理学和社会学的解释上,而马克思主义者只能接受以经济为基础的解释。

十、研究资本主义的现有阶段

马克思在《资本论》中研究过资本主义的所有不同阶段。在他的著作中,提到了贸易阶段、工业阶段和金融阶段。列宁用了"帝国主义"这个名称来表述第三阶段。到20世纪末,人们已经感觉到了资本主义列强的银行与竞争的重要性,而且也认识到在占支配地位、同时又具有自我调节能力的世界资本主义社会中,各种"服务性"的生产是最重要的活动。马克思1880年的观念和列宁1910年的观念都显得过时,现在关于资本主义的第三阶段,应该提出一种新的观念。

十一、关于对新社会的理论与实践的研究

现在人们知道,建设一个新的社会要比人们所想象的难得多。苏联的情况已明确表明了这一点。举例来说,关于民主的概念。人们曾经生活在主要依靠马作为交通工具的艰难时代,而现在人们开始进入信息社会，可以想象，民主的概念已经发生了多么大的变化。现在需要完成的一个任务是研究、想象和界定这种后工业资本主义，显然这一任务既非容易、也不会很快就能完成。

十二、关于世界政治斗争的新组织

在资本主义发展的第三阶段，很需要有一种能适应经济全球化的组织。现代经济学已经使我们能应用发达的科学技术来建立一个总体的社会。今天我们能够想象，从资本主义作为统治工具而使用的电子计算机中将产生一个"潜在的国际"。

（李青宜 编写）

马克思主义在今天的意义[*]

〔波〕亚当·沙夫

最近,有位朋友在同我讨论《忏悔时代》一书时,提出了一个令人发窘的问题:为什么你在新的形势下还需要社会主义和马克思主义?

这个问题不容易回答。由于我觉得这是个重要问题,我愿意在这里谈谈我个人的一些想法。这些想法主要不是针对是否还需要社会主义,关于社会主义的答案是简单明了的:社会主义是近代工业革命的结果,它不是由某种社会观念,而是由没有社会主义就无法生存的整个社会造就的必然性。社会主义的名称倒无关紧要。现在的问题不是考虑社会主义是否必要,实际上社会主义已经出现。

相反,问题的第二部分却需要仔细斟酌。我再说一遍,从预言社会生活中会出现一个社会主义这一点而言,暂时未必需要马克思主义。只要了解事实,能够理性地思考,就足以看到这一点。假如事情真是如此(对此我深信不疑),那么我为什么还需要马克思主义?人们究竟为什么还要自称是马克思主义者?这是一个合理的问题。如果不想让人怀疑仅仅是在怀旧或者是出于"革命者"的态度而人云亦云,就要认真回

---

[*] 本文选自《马克思主义与现实》1998年第1期。译自德国《马克思主义革新杂志》1996年3月,略有删节。译者为中央编译局当代所副研究员。

答它。

我要说的还不是这些。首先,我可能出于一些与预言社会制度无关的、别的原因需要马克思主义;其次,即使真的不依赖马克思主义理论也能认识到现在条件下向社会主义过渡的必然性,那么,借助于马克思主义理论则能更容易地、通过对形势的更深刻理解得出上述结论。这一点并非无关紧要。我想,就我而言,掌握了科学依据以后,处理疑难问题就自信一些。同样,在反对低估理论以及以理论为依据的马克思主义意识形态的观点时也是如此,低估理论的观点在不同国家有不同程度的表现,造成了随现实社会主义解体而来的重大理论危机。

那么,我为什么在理论和实践中需要马克思主义?或者,换句话说,马克思主义在今天还有什么样的实用价值?这样的表述克服了看问题时的个人主观色彩,因为它不仅涉及如何观察问题,也涉及(从旨在实现左翼目标的实际斗争要求的立场看)这些问题在客观上是怎么一回事。

没有哲学不行

我们先来看看世界观意义上的和公理形式的自然规律,它们虽然只是间接地与人的活动有关,但没有它们人便无法活动。活动的主体通常意识不到它们的作用,主体是在特定环境中通过教育强制性地获得动机的,而环境往往是主体所信仰的宗教。如果主体是有一定知识的人,那么环境的影响会因主体自觉地接受某种世界观和它所包含的价值体系而削弱。知识水平越高,这个过程发生得就越自觉。这种情况同样与科学理论和个人所选择接受的宗教信仰有关。否则,在这种智力水平上,人的自觉活动是不可能的。

我个人以为哲学家并非太多，我作为这个领域的专家这样说时也非常清楚，他们过分地沉溺于空洞的言论。持这种观点的不只我一个人，著名的波兰哲学家卡茨米尔茨·阿杜基维茨不断重复道（并非开玩笑），哲学的历史是人类愚蠢的历史。但是，如果没有某种哲学，无论是有意或无意地接受它，没有人能够行得通（只要想想像莫里哀喜剧中茹尔丹先生那样的外行就够了，他说了一辈子散文，自己却不知道）。为了弄清自己生存在什么样的世界，为达到所期望的目标应该怎样活动，人必须拥有一种价值体系，这种价值体系能告诉人们什么是善，什么是恶，在活动中应该追求什么和避免什么。

有人可能会觉得这些都是陈词滥调，用不着再表白一番。但是，如果深入思考一下，就会发现事情并不那么简单。即使智力发达的人也要受到一些价值观念的约束，因为它们便是如"以太"哲学所说的所谓人的结构的组成部分（即便它们在形式上表现为由教育灌输的宗教）。实际上，任何人，即使是最原始的人，都是不自觉的哲学家，正如上面提到的茹尔丹先生说散文一样。

我也算是一个在行动时（或好或坏地）进行哲学思考的人，而且作为这个领域的行家我还知道，在这个领域有许多解决问题的办法。我了解这些办法，很长时间以来就熟悉它们，并且必须在它们中间作出选择。在这里想说出什么比它们更新的东西，只能是幻想。

就我而言，经过深思熟虑之后，我决定选择马克思主义。我认为它提供了最好的解决办法。人们可能对此提出异议，但是内行的人很清楚，在这个领域期待一个明确的决断是徒劳的。我们再来看看"以太"哲学，从这种哲学观念来看，最终答案只能是接近争论的焦点，然后是参与争论者各走自己的路。其他的答案是不可能的。任何一方都没有说服另一方的最终论据，正如信徒同非信徒争论上帝是否存在一样。但是人们必须作出选择，之所以这样，正是因为人们必须活动。任何人都知道，作出这种决定往往要以残酷的斗争为代价。

这是我要归功于马克思主义的第一点。我知道，有些人的决定与我的决定完全相反，我也知道，我无法说服对手，让他们信服我为什么作出这样的而不是那样的决定。我作出这种选择的原因在于，这种选择能使我比对手更好地理解环境，并按照自己的目标对环境施加影响。虽然在这里选择马克思主义与我的活动没有直接关系，但它对实现自己的意图来说是不可或缺的。在这一点上马克思主义也有实用价值。正是出于这种原因我成为马克思主义者，而不是（譬如说）康德主义者，尽管我推崇康德对分析认识过程的贡献。我也没有成为黑格尔主义者或新实证主义者，或是别的流派的信徒，尽管我尊重所有这些流派对解决一般哲学问题的贡献，并试图把它们当中的一些内容融入我的世界观。我之所以倾向于马克思主义，是因为它为我提供了比这些流派更好的世界图景，并且开辟了更广阔的活动可能性和活动范围。

谈到马克思主义的实用功能时，我要提到另一项哲学内容：马克思主义关于个人的观点和马克思主义的自治人道主义。这两个概念很少为人所知或承认，在所谓正统马克思主义那里更无立足之地。但我认为，它们不仅具有理论意义，也不乏实践—政治意义。假如不了解这两个概念，就很难理解我为什么会同"解放神学"领域中的天主教徒合作研究基督教人道主义的问题。

能够"部分地"接受马克思主义吗？

由于我提到了同激进派基督教思想家代表人物的合作，我便想趁机回想一下对"马克思主义者"这个名称的解释，我认为这是个重要问题。我必须指出，我那些（宗教意义上的）信徒朋友同马克思主义的关系是密切的，对它的态度是真诚的，他们当中许多人既是公开的、积极的天主教徒，同时又是共产主义的或社会主义的政党的成员，这在我们听起来有点儿像童话。但是在马克思主义哲学观点同它的理论体系的关系问题上，多年以来我同他们的观点一直不同。在规定社会活动目标的意识形态方面，问题则相对简单一些，人们可以把为意识形态提供活动依据的价值体系的起源打上括号（借用胡塞尔现象学的术语），换句话说，可以暂时不去讨论它。

否定哲学在马克思主义整个体系中的作用，在基督教思想家那里是可以理解的。信徒，尤其是笃信教义的人，无法接受马克思主义的哲学观点和结论，如价值的观点、个人观点、自治人道主义观点（把人视为人在历史中的自我创造），因此，他们虽然接受马克思主义的社会、政治观点，却把它的哲学内容分离出去。

事实上，人们可以只是接受马克思主义学说的某些内容（与社会活动的要求有关），并在这个范围内自称是马克思主义者。然而，如果人们否定哲学内容的合法性和根据部分接受或完全接受去评价它，又不想承认这只是部分地接受马克思主义时，那么事情就要复杂得多。我觉得应该列出这样或那样的相关流派来说明这个问题。

问题的实质不在于关于"马克思主义者"名称的表面上的争论（在像波兰这样的国家，连马克思主义本身都受到攻击，它的信仰者还在为争夺"完全的"马克思主义者的称号争论，听起来真有点儿像童话故事），人们应深入思考争论的真正意义。

就我而言，我不赞同上面所说的部分接受的立场。我只接受一种世界观或价值体系，从它的功能来看，它除了完全来自人的社会活动以外，没有别的来源。同时我内心又是宽容的，因此，我不仅乐于同教徒合作，也非常坦率地评价教徒和他们的积极动机。当然，教徒们在某些方面的处境要好得多。对他们来说，真理来自天启，他们不必像我这样绞尽脑汁去思索真理的来源。

像我这样的人必须仔细思考知识的起源，而教徒们则直接用天启来解释。也正是在这里，马克思主义帮助我们有意识地活动。这里所说的马克思主义，是指包括哲学内容的，没有割裂其不可缺少的组成部分的完整的马克思主义。这里也可以看出，马克思主义实用价值的因素对我们是重要的。

个人、自治人道主义、异化

现在继续讨论为什么说马克思主义关于个人、关于自治人道主义的理论是马克思主义学说的重要部分，而且是不仅具有现实意义，也具有重大实践意义的部分。

我当然不想讨论这个问题的全部细节，只想谈谈它的主要内容，它包括三个方面。

首先，个人是对社会问题进行任何恰当的分析所不可缺少的出发点的基本原理（马克思恩格斯：《德意志意识形态》）；

其次，个人是社会关系的总和和产物的观点（马克思：《关于费尔巴哈的提纲》）；

第三，人是其社会现实的创造者的观点。从这种观点看，马克思主义的人道主义是自治人道主义（作为一种社会、政治和文化观点，它把拥有多方面利益要求的人放在中心地位），它使任何非人力量的干预成为多余的东西。与它相反，他治的人道主义，尤其是以宗教信仰为依据的人道主义，完全以来自非人（超人）力量的戒律、戒条为基础。

这些论点看似简单，但其含义是深刻的。受马克思主义影响的法国存在主义者出色地看到这些内容，并公开讲述它们。遗憾的是，某些官方的马克思主义者无法理解这些观点，他们把马克思主义作非人的解释，把这些论点视为禁忌。

我要强调，如果没有上述论点作为理论前提，我的社会研究工作和活动就不会取得任何进展。我相信，我比没有这种理论前提的竞争对手处境优越。在实践中也是如此，理论总是与实践密切相关的。这一点，正是得益于马克思主义的实用功能。

谈论马克思主义的实用功能时，还要提一提"异化理论"的观点。

异化理论曾被错误地认为只是青年马克思的思想，实际上它在马克思主义体系当中有重要的理论和实践意义，尤其是在政治方面。我在《作为社会现象的异化》一书中指出，马克思自始至终坚持异化理论的观点。由于这种理论作为批判分析的工具可以不加限制地应用社会主义制度，它便引起一些人的恐惧，他们把它说成是理论偏差。

然而，在另一方面，异化理论不仅在存在主义者和一些社会学、社会分析学派代表人物那里得到认同，而且被善意地收进天主教的正式文献。教皇约翰·保罗二世在第一个通喻《人的救赎者》中，在分析社会时很大程度上以异化理论为依据。此外，通喻还谈到主、客体异化的重要区别。

阶级、阶级斗争、社会革命

我们再讨论一些能说明马克思主义实用价值的概念。我现在要说的题目，在行家看来是不言而喻的，并且可能指望我把它们排在首位。这个题目就是"阶级、阶级斗争和社会革命"。成堆的著作论及这个题目,它的地位可见一斑。虽然也有人试图否认马克思主义这些内容的意义,但那是出于知识贫乏,对此不必在意。

为说明这种情况的怪异之处,我想谈一个正常人都知道的事实。那就是,这些内容的确是马克思主义社会科学的重要组成部分,但是,正如马克思在致魏德迈的信中所说,他只是以特有的方式进一步发展了复辟时期法国历史学家,特别是梯也尔、梯叶里和基佐的理论。那些今天否认阶级、阶级斗争这些科学概念的价值的人,是想把社会科学不仅扯回马克思主义以前的水平,而且想使它落后于法国革命后的资产阶级历史学家和社会学家所达到的水平。这种损害科学的政治图谋甚至在非马克思主义阵营的学者那里也遭到反对。

在马克思逝世一百周年之际,法国《世界报》发表了几年前去世的法国历史学泰斗斐迪南·布罗代尔写的一篇文章。布罗代尔(我得再说一遍,布罗代尔不是马克思主义者)在该文中写道,如果不借助于马克思主义的方法论工具,他在历史研究中就不会取得成就。

我建议马克思主义的追随者从现在起重新探讨马克思主义的革命理论。现实社会主义国家的解体所引起的动荡不仅使马克思主义革命理论有了现实意义,也有助于消除强加于它的责难。

最后,我还要提到马克思主义的精髓,即作为社会科学方法论的历史唯物主义。

我希望那些把运用历史唯物主义这个工具视为社会科学中不言而喻的事情的人,那些与这个工具密不可分的人,不要忘记或排斥这种理论的马克思主义来源。对一种科学理论来说,能够被当作平常的东西运用,以致人们忘记了它的起源,应该说是一种极大的荣耀。但是,这并不意味着可以取消它的起源及其意义。难道还有人怀疑万有引力规律在某些领域是科学实践的常理吗?难道能因此忘记它是出自牛顿的理论吗？诸如此类的事例不胜枚举。在这一点上，马克思和马克思主义也不例外。

限于篇幅，在这里无法说出更新、更有意义的内容。我只想说明，对社会科学来说，马克思主义更具有实用价值，它能（比其他流派更好地）促进解决与我们这个时代的实践密切相关的热点问题。

马克思主义的转变

同样，也必须明确指出，在马克思逝世以后的上百年间，马克思主义经历了多次转变。对一种科学理论来说，这是完全正常的。

正如社会现实发生了变化一样，有些部分自然而然地变得陈旧，成为历史。对不是作为宗教信条，而是作为科学思想的观念来说，这也是通常的命运。人们必须把这一点视为称道科学社会主义理论，而不是证明它的弱点的理由。现代工业革命导致了马克思主义雇佣劳动意义上劳动的消亡和无产阶级的消亡，与这个过程相联系，还将发生许多类似的变化。事情必然是这样——按照马克思、恩格斯一再表示的观点，他们的理论不是教条。

还有些部分经受不住现实的检验，被证明是错误的（如关于中产阶级消失的预言，对市场关系在社会生活中的作用的估计，对人的活动中宗教信仰的估计，等等）。对这些内容人们不必感到不好意思，也不必以这样或那样的方式掩盖和抹掉它们。马克思和恩格斯是人，是学者，不要要求其学说正确无误如某种宗教信仰的预言家。虽然他们都是有天才的人，但也会有失误。与宗教信条不同，没有任何理论是绝对真理，而宗教信条是立足于彼岸的。

此外，还有一些内容，没有导向合乎逻辑的结论，在概念上不够准确或意义杂多,尤其是在我们所关注的一些问题上,如国家、民主,等等。我想,马克思的逝世中断了《资本论》第3卷的工作,而那个时候,恰好是马克思致力于研究这些问题的时候。正是在这里,有时甚至在基本的思想上,向追随马克思足迹的人敞开了误解和不同观点的大门。面对这类情况,马克思曾经说过,我所唯一知道的是,我不是马克思主义者。人们在今天应该经常回顾这句话,尤其在面对现实社会主义国家对他的观点所做的解释时。

然而,同时也要强调指出,马克思主义学说的整体不仅依然具有生命力和现实意义,而且它还是解决许多严峻问题不可缺少的工具,这些问题是今天左翼在理论领域面临的问题,解决它们对于左翼的实践至关重要。

在这些问题中,有些可以说是传统社会主义思想的核心内容,它们在今天看来已发生了变化,如生产资料私有制的问题;在自动化和机器人技术大规模应用的时代,剩余价值问题(在《资本论》所定义的意义上)在很大程度上消失了,现在的问题已是剩余产品的问题;充分就业的社会让位于激励社会成员积极性的社会,或者说市场和计划在经济中的作用问题;还有在今天具有重要意义的贫困化理论的问题(尤其是在少数发达工业国家同多数不发达的、并因此受剥削的国家的关系上)。

新的要求

还有一些问题是些新问题。传统的社会主义不可能把握到它们,因为它们在19世纪尚未出现或刚见萌芽。马克思不止一次说过,他不是预言家,而是分析现实的学者。正因为这些问题是新出现的问题,它们对今天的左翼来说尤其重要。譬如,向信息社会的过渡所引起的,与

（传统意义上）劳动消亡和无产阶级消亡相关的社会后果。这一点，特别使一些迫于其成员压力的传统工会感到震惊，但是，如果这些工会阻挡这种无法阻挡的社会发展趋势，恐怕又会削弱自己的影响，失去传统的社会力量（值得说一句，在实践中能够看到这种现象，它的结果是非常反动的，左翼对此必须注意并认真对付）。

然而，对新左派来说，最重要的问题，即与新工业革命引起的结构转变和文明转变相关的问题，在于重新分析资本主义及其垄断政治倾向的影响（不同于新自由主义者为贫困者写的童话），重新分析跨国资本和集团的影响。在这些问题当中，最迫切的（同时也是最模糊的）问题是当代资本主义金融资本超越国界的影响。

不做这些工作，新左派在理论和实践中就行不通，尽管在论证向后资本主义（或用历史上流传下来的术语说，向这样或那样的社会主义）过渡时，在今天已不像以前那样需要这类复杂的思想和说明，甚至也不需要马克思主义。但是那只是就察觉过渡的事实而言的，它还没有解决以什么样的途径实现目标的问题。这个过程的速度和能否在过渡中尽可能地避免冲突，对社会发展而言不是无关紧要的。因此，新左派需要为其实践准备合适的理论基础，就是说，解决上面说的问题。

任何拥有足够的知识、了解社会斗争迹象的人都会明白这些内容，并且知道这里所说的无疑是一些很快就能看清其意义的情况。但是，掌握了马克思主义理论的人却能拥有解决这个问题的最佳条件。这一点与前面所说不一定必须熟悉马克思主义理论才能认识到资本主义结构性转变的观点不相矛盾。然而，如前所述，现在的问题不仅在于预言向社会主义的过渡，而且在于决定实现社会主义的途径。这已经是另外的问题了，在这个问题上，仅靠了解事实和直觉是不够的。这里可以举一个众所周知、今天已习以为常的观点为例，那就是生产方式的转变不可避免地引起整个社会上层建筑的转变，如果把"上层建筑"解释得宽泛一些，它也就意味着整个文明的转变。实际上，这种观点也有助于解决其他问题。

可以这样说，这种看似平常的观点在资本主义历史上第一次显示出它真正革命的力量。以往在这个领域的预言往往带有革命急躁情绪的色彩，这种情况甚至在像马克思这样的人那里也发生过。现在形势不同了。现实的变化快于理论预测。正因为如此，马克思主义在今天可以凭借其实用功能以新的形态、作为理论和意识形态焕发出生命力。而这一点，需要新左派在目前条件下的实践中去实现。即使这种新左派因成分不同相互有区别，即使其中有人并不尊重马克思主义，马克思主义的力量也不但会成为重要的力量，而且会给整个发展定调。马克思主义即使不为所有左翼力量接受，也将在所有的人那里成为争取新社会制度的斗争的象征。

这就是我对为什么我直到今天还倾向于马克思主义、马克思主义于我有什么理论和实践意义这个问题的回答。

（柴方国 编译）

马克思主义如何改变世界？

——霍布斯鲍姆访谈*

93岁高龄的英国马克思主义历史学家埃里克·霍布斯鲍姆出版了新书《如何改变世界——马克思和马克思主义的传奇》(*How to Change the World: Tales of Marx and Marxism*, Little Brown & Company, 2011)。在接受英国新锐历史学者、工党下院议员特里斯特拉姆·亨特（Tristram Hunt）采访之际，霍布斯鲍姆畅谈了他对马克思、学生运动、新左翼和米利班德家族等问题的看法。本文刊载于英国《卫报》2011年1月16日，文章主要内容如下。

亨特：这本书的核心有没有一种辩护的意味？也就是说，即使马克思提供的解决问题的方式可能不再适用了，但是关于资本主义的本质，他所提的问题是对的，而且过去20年中资本主义暴露出来的问题和马克思在19世纪40年代所思考的差不多。

霍布斯鲍姆：是的，的确是这样。在现在这个资本主义危机时期重新发现马克思，是因为他在1848年对现代世界所作的预言远远超过其

---

* 本文选自《国外理论动态》2012年第1期。译者单位为西北工业大学人文与经法学院。

他任何人。我认为,那就是他吸引了很多新的观察家们去注意他的著作的地方,矛盾的是,首先被吸引的是商业人士和商业评论者们,而不是左翼。我记得,我注意到这一点是在《共产党宣言》出版150周年纪念时期,当时左翼并没有制定太多的庆祝计划。让我觉得惊奇的是,美国联合航空公司飞行杂志的编辑说他们想刊登一些关于《共产党宣言》的东西。后来,我与金融家乔治·索罗斯共进午餐时,他问道:"你对马克思怎么看?"尽管我们在很多问题上观点不同,但他对我说:"这个人确实是有些东西的。"

亨特:您有没有这种感觉,像索罗斯这些人在一定程度上喜欢马克思,他们所喜欢的是马克思对于资本主义的能量、打破偶像及其潜力等的描述,吸引乘坐联合航空公司航班的总裁们的也是这部分描述?

霍布斯鲍姆:我认为是全球化,是马克思预言到了全球化这一事实,并且可以说是全面的全球化,包括品味和其他所有方面的全球化,这让以上这些人钦佩不已。但是我认为更聪明的一些人也看到了马克思关于危机呈一种锯齿状发展的理论。因为在上世纪90年代末,官方理论都排除了危机发生的可能性。

亨特:这就是"经济繁荣—萧条周期的终结"的论调,而且不止是经济周期吧?

霍布斯鲍姆:一点没错。从上世纪70年代起,首先是在大学里,在芝加哥和其他一些地方,最后是自1980年的撒切尔和里根,这时期出现的我认为是资本主义背后的自由市场原则的病态畸形:提倡纯粹的市场经济,拒绝国家和公众行为,我认为这是19世纪任何一个经济体实际上都没有实行过的,即使是美国。除了其他方面之外,这也是和自1945年至70年代早期这段资本主义最成功时期的实际运行方式相冲突的。

亨特: 您说的"成功"是就战后生活标准的提高而言吗?

霍布斯鲍姆: 我说"成功"是因为它既创造了利润,也确保了诸如政治稳定和社会上相对满意的人口数量的增长这些方面。但它并不理想,我们可以这么说吧,它是人性化的资本主义。

亨特: 您认为对马克思的兴趣的复兴也得力于马克思主义、列宁主义国家的终结吗?列宁主义的阴影已然扫清,从而可以回归马克思著作的原初性质上去了?

霍布斯鲍姆: 随着苏联的解体,资本家们不再害怕了,在这个意义上,无论是他们还是我们,都能以比以前平稳得多的方式来看待问题,不易为激情所扭曲。但我认为,新自由主义全球化经济的不稳定性在20世纪末变得更为显著。你看,从某种意义上来说,全球化经济是由所谓的西北世界(西欧和北美)有效地推行的,它们推进了这种极端的市场原教旨主义。起初,它看上去运转得相当好——至少在原先的西北世界是如此,但即使是从一开始,你也能看到它在全球化经济的边缘区域所引发的大地震。80年代前期,拉丁美洲出现了严重的金融危机。90年代前期,俄罗斯出现经济灾难。然后就是世纪末这次几乎席卷全球的巨大经济衰退,从俄罗斯波及韩国、印度尼西亚和阿根廷。我觉得,这一切使人们开始认为资本主义体制内部有一种根本的不稳定性,而这一点他们早先是排除了的。

亨特：有一些意见认为，2008年以来我们所看到的美国、欧洲和英国的危机不是资本主义本身的危机，而是现代西方金融资本主义的危机。同时，巴西、俄罗斯、印度和中国等"金砖四国"正在以日益明显的资本主义模式发展它们的经济。这次的金融危机是否可以说是轮到我们去遭受他们10年前所遭遇的危机了？

霍布斯鲍姆：金砖四国的真正崛起是过去10年的事，最多不过15年。所以从这个程度上来说，你可以说它是资本主义的危机。另一方面，我认为，假设只有一种资本主义是种冒险的做法，正如新自由主义者和自由市场主义者所做的那样。资本主义，如果你愿意的话，可以把它比作一个家族，蕴含着多种可能性。从法国的国家主导的资本主义到美国的自由市场资本主义。因此，认为金砖四国的崛起只是与西方资本主义的普遍化相同的东西，是错误的。

亨特：您提到了经济崩溃所引起的政治后果的问题。在书中，您摒弃了那种坚持认为马克思的经典文本为今天提供了一个连贯的政治规划的看法，那么，作为一项政治规划的马克思主义现在将何去何从呢？

霍布斯鲍姆：马克思可以说并未提出过什么政治规划。从政治上来说，马克思的明确规划是工人阶级应该成为一个具有阶级意识的群体，在政治上行动起来去夺取权力。除此之外，马克思便故意语焉不详，因为他不喜欢乌托邦。相反，我要说的新的政党在很大程度上是即兴去做力所能及的事，并没有任何实际的指示。马克思所写下的只是关于公有制的一些想法，总计起来也不比英国工党党章第四项条款更多，无论从哪方面来看实际上都不足以为政党或大臣们提供指导。我的看法是，20

世纪的社会主义者和共产主义者头脑中的主要社会模式是"一战"中的国家主导下的战时经济体制,它们不是典型的社会主义的,但的确为社会主义如何运作提供了一些指导。

亨特:无论是马克思主义者还是社会民主左翼,在政治上都未能利用过去几年的危机,对此,您不觉得奇怪吗?我们今天坐在这儿,距离您最欣赏的政党之一——意大利共产党的终结已经20年了。您对当下欧洲及其他地方的左翼政府感到沮丧吗?

霍布斯鲍姆:是的,当然了。事实上,我在书中尽力想表明的一点就是:马克思主义的危机不仅仅是它在革命方面出现了危机,在社会民主方面也是如此。新的全球化经济下的新形势最终不仅消灭了马克思列宁主义,也消灭了社会民主主义的改良主义——从本质上来讲它是工人阶级向其政府施压的一种方式。但随着全球化时代的到来,政府对于这种压力的反应能力实际上是减弱了。于是,左翼退缩了,他们提议说:"看,资本家们干得不错。我们需要做的就是让他们赚尽可能多的利润,坐等分红。"

当部分分红以创建福利国家的形式体现出来时,这还行得通;但是自上个世纪70年代以来,它就行不通了,然后你就不得不像布莱尔和布朗所做的那样:让他们赚尽可能多的钱,希望钱多到可以溢出来一些让人民生活好转起来。

亨特:您是否认为问题部分原因在于,从左翼来说,一个自觉的、易于识别的大众工人阶级的终结?因为在传统意义上它对社会民主政治至关重要。

霍布斯鲍姆：从历史上看，确实如此。正是围绕着工人阶级政党、社会民主政府和改革才逐渐成形。这些政党从来不是、或者只有极少数是完全由工人阶级构成的。在某种程度上，它们总是由联盟构成：由某些自由主义者、左翼知识分子，由少数派——宗教和文化上的少数派所组成，在很多国家可能还包括各种穷苦的工人、劳动阶层。美国是个例外，那里的工人阶级在长时期内、当然直到上世纪 70 年代仍然是大规模的、易于识别的团体。我认为，这个国家迅速地去工业化不仅对工人阶级的规模，而且对其意识都是个灾难。目前没有哪个国家的纯粹的工业工人阶级本身是足够强大的。

可以说，工人阶级仍然有可能成为更广阔的社会变动的骨干力量。在左翼方面，一个很好的例子就是巴西，它拥有一个典型的 19 世纪后期式的劳工党，其建立在工会、工人、广大穷人、知识分子、思想家以及各种左翼的联盟的基础上，从而产生了一个非同寻常的统治同盟。你不能说它不成功，在执政 8 年之后，即将离任的总统仍有高达 80% 的支持率。今天，从意识形态上来说，最让我觉得自在的是拉丁美洲，因为在这里，人们仍在运用着 19 世纪和 20 世纪的社会主义、共产主义和马克思主义的语言来谈论、实施他们的政治主张。

亨特：就马克思主义的政党而言，您的著作中非常强烈地指出了知识分子的角色。今天，我们在大学校园里，看到了巨大的、激动人心的场面，包括会议和集会。如果我们去看纳奥米·克莱恩（Naomi Klein）、大卫·哈维（David Harvey）的著作或是看看斯拉沃热·齐泽克（Slavoj Zizek）的表现，会发现真正的热情。今天这些马克思主义的公共知识分子让您觉得激动吗？

霍布斯鲍姆：我不确信是否出现了一个重要转变，但有一点是毋庸置疑的：由于目前的政治局面，学生激进运动将会出现。这是从积极方面来看的。从消极方面来看呢，回顾一下1968年声势浩大的学生激进运动，现在的学生运动还没有发展到那样的程度。不过，我当时和现在都是这么想的，让青年们觉得他们是左翼，比让他们觉得唯一能做的事就是到证券交易所谋个职位要好得多。

亨特：您认为像哈维和齐泽克这些人在学生运动中起到一种促进作用了吗？

霍布斯鲍姆：我觉得齐泽克可以正确地被称为一个表演者。他具有非常独特的煽动本领，这确实有助于让人们产生兴趣，但我不能确定阅读齐泽克会使人更进一步地重新思考左翼问题。

亨特：让我们把话题从西方转到东方。您在书中提出的一个迫切问题是，中国共产党能否在全球舞台上发展出新的地位并对此作出反应。

霍布斯鲍姆：这是一个很大的谜团。共产主义走了，但共产主义的一个重要元素保留了下来，当然是在亚洲，也就是主导社会的国家共产党。这是如何运作的？我认为，中国存在着一种对局势的潜在不稳定性的相当高程度的意识。可能会有这样一种趋势，迅猛增长的中产阶级知识分子和人口中的受教育群体会获得更大的施展空间，毕竟这部分人的数量将达到数千万，也许是上亿。事实上，中国共产党似乎也正在吸纳大量的技术型领导人才。

如何将所有这些拧成一股绳，我还不知道。在这个迅速工业化的过程中，我觉得有一件事情是可能的，即工人运动的扩大。在多大程度上中国共产党能为工人组织留有发展空间,这点还不清楚。

亨特:为了理解您所说的同盟,让我们来谈谈英国政治吧。我感觉就财政观念、削减开销、收入不平等等方面而言,联合政府有种上世纪30年代的气息,而卡梅隆几乎就是斯坦利·鲍德温的翻版。您怎么解读?

霍布斯鲍姆:在以消除财政赤字为由所提的各种措施背后,显而易见有一种系统的、意识形态的需求,即解构原有的安排并将其半私有化,不管是养老金体系、福利体系、学校体系,抑或卫生体系。在大多数情况下,保守党或自由民主党的竞选纲领都没有规定这些事情,可是从外面来看,联合政府是比第一眼看上去要更为激进的右翼政府。

亨特:您认为工党应该做何反应?

霍布斯鲍姆:工党总的来说从竞选时起就没有提出过一个很有效的反对意见,部分原因是由于它日复一日地在选举新的领导人。我认为,工党首先应该多强调它过去13年来为大多数人谋利益的做法,那段时期社会没有崩溃,社会状况有所改善,特别是在学校、医院和其他许多文化领域,所以那种认为社会的一切方面都需要以某种方式来拆除并碾为尘土的想法是没有根据的。我认为,我们需要去保卫大多数人认为根本上需要保卫的东西,那就是提供某种形式的从摇篮到坟墓的福利。

亨特:您认识拉尔夫·米利班德(Ralph Miliband),米利班德家族是您的老朋友了。您认为拉尔夫会怎么看他的两个儿子间的竞争及其结果——艾德(Ed)领导工党?

霍布斯鲍姆：作为一个父亲，他肯定会非常骄傲。他当然会更倾向于他两个儿子中的左翼。我觉得，拉尔夫一生中的绝大多数时间确实是与解散工党、走议会路线联系在一起的，他希望一个适当的社会主义政党能以某种方式产生出来。拉尔夫最终与工党和解是在工党最没有作为的那一段时期，即乏善可陈的本尼特（Bennite）时期。我依然认为，拉尔夫所确切希望的东西相比于他的儿子们至今所做的事情要激进得多。

亨特：您的新书题目叫《如何改变世界》，在最后一段您写道："取代资本主义在我看来仍然是可信的。"这个希望清晰可见吗？

霍布斯鲍姆：现如今并没有什么清晰可见的希望。《如何改变世界》记述了马克思主义在20世纪中做的事情，其中一些是通过并非直接源自马克思的社会民主党、通过其他政党如工党、劳工党等等世界上的执政党或潜在的执政党来完成的，其次是通过俄国革命及其所有的结果来完成的。

卡尔·马克思，一个赤手空拳的预言家却激励了重大的变革，他的贡献是不可否认的。21世纪需要解决的根本问题既非纯粹的市场也非纯粹的自由民主就足够能应付的。到那个程度，一个不同的组合，一个不同的公与私、政府行为和控制与自由的结合必须发展出来。

你怎么去称呼它，我不知道。但它完全可以不再是资本主义，不再是我们通常意义上的英美资本主义。

（张晶 译）

马克思列宁主义的社会理论过时了吗？

〔俄〕弗·萨普雷金

编者按：俄罗斯社会主义学者协会主席之一、哲学博士弗·萨普雷金教授撰文就俄罗斯国家对马克思列宁主义的社会理论产生的怀疑、歪曲甚至否定进行了评述，并就马克思列宁主义几个有关的社会理论问题阐述了自己的观点。

一、如何看待马克思列宁主义

资本主义在俄国和东欧境内的复辟过程最初是从其内部对马克思列宁主义及社会主义思想进行所谓"新解读"开始的。这一过程同时伴随着对马克思列宁主义的咒骂。如戈尔巴乔夫—雅科夫列夫集团将"马克思列宁主义是永远年轻的、不断发展的学说"、"改革是继十月革命之后的第二次具有历史意义的事业"、"要进行人道的民主的社会主义"等宣传硬塞进社会意识中，实际上是在伪社会主义的词句下掩盖其反革命的本质。而左翼运动的"新解读"要复杂一些，怀疑者有之，攻击者有之，立场骑墙者有之，他们对马克思、列宁及其理论的许多原理给

---

* 本文选自《马克思恩格斯列宁斯大林研究》1998年第2辑。

予应有的评价，但往往却贬低了马克思列宁主义的成就。

现在，对待马克思列宁主义及其社会理论的作用、地位和意义的理解，当然不能再像过去那样或庸俗地颂扬和偶像化或单纯地否定了。时代在发展，现在的时代提供了比马克思、恩格斯、列宁那个时代更宽更广的空间，应在最新知识的基础上来看待马克思列宁主义。马克思列宁主义中什么已经落后于时代？什么至今仍然有其理论、方法论和组织动员的意义？多数学者认为，马克思、恩格斯、列宁对以19世纪和20世纪初的现实为基础的资本主义社会的评述明显过时，需要新的观点，新的评价，新的结论。对作为社会进步主要动力的工人阶级的社会、思想和道德心理状况的评述需要恢复其本来面貌。虽然马克思列宁主义理论中有许多过时的东西，但是也应采取如下的立场：第一，即使马克思列宁主义中过时的东西也不应丢弃，它们将永载西欧文化及世界文化的史册。第二，马克思、恩格斯、列宁的某些观点虽已陈旧过时，但在对他们进行评价时却不能作为指责他们的理由。马克思、恩格斯、列宁做了他们所能做的，而他们的"继承者"要做的应更多。但恰恰相反的是，就连"左翼反对派"的观点也使人想到那些挥霍其父辈的财富而同时又指责父辈留下的遗产不那么多的浪子的诅咒。第三，任何一个公正的科学组织在评判一位学者的作用时都不是依据他没做的事情，而是依据他做的事情，要看他的哪些思想化成了人类的共同智慧并怎样推进了社会实践，丰富了我们对改善劳动人民生活的认识。

二、唯物主义的社会学说是永恒的学说

马克思列宁主义社会理论的意义在当今的迫切性实际上不比100—150年前小。这样肯定地说并非基于盲目的教条和迷信，而是基于社会

实践和生活本身所提供的现代知识。正是在艰难的转折时期才能检验出人、集体、社会及其思想和道德理想是否坚定，才能检验马克思列宁主义社会理论的生命力。在今天生活向后退的时候，更应坚定不移地坚持这一理论的许多基本原理，首先是唯物史观的思想。

近几十年来俄国出现了反映西方和俄国哲学社会学和历史学思想的著作，但这并没有使我们接近反而更加远离了对一般社会学规律、社会发展目标、俄国及整个世界共同体新的令人充满希望的前景的理解。现在的俄国开始走向宗教，宣传国家的历史源于宗教等等观念。毫无疑问，宗教和教会在俄国社会发展中起了很大的作用，在某些阶段作用甚至是非常重大的。这个观点没有什么特别之处，它只反映一般的社会学规律。社会发展的早期阶段及中世纪，特别是在国家形成过程中宗教因素的作用是很大的，宗教在现时代的意义也不可低估。但必须把历史包括国家史及其人民的本性同宗教分开。这是因为：第一，即使在中世纪的欧洲，虽然当时是教会独裁，所有文化都是宗教性的，但那时人们的生活并不是单一的，而是具有官方宗教生活和人民自身生活这双重性质。这种双重性在中世纪的文化中是公认的特点。中世纪的俄罗斯也是如此，更不用说较晚些时候了。因此，人民文化过去和现在都是基础。第二，世界历史和俄国历史表明，宗教无论在哪一个民族国家的产生、发展和保存过程中都不占主导地位，宗教只能加速这一过程，加强国家形成的趋势，当然有时也会阻碍这种趋势，但这种情况并不多见。

今天，很多拯救俄国的方案陷入死胡同的一个主要原因就是，日益具有剥削和对抗性质的经济关系这一基础因素被千方百计地掩盖起来，而上层建筑的因素，包括意识形态、精神（宗教）因素则被不正当地推上首位。不重视马克思恩格斯创造的、列宁发展的历史唯物主义当然可以，但对此要付出巨大的代价。今天的俄国正在支付这样的代价。必须认识到，现时代社会发展的决定性力量仍是物质生活和物质关系。但这丝毫也没有低估精神领域的作用和意义。

三、是社会形态还是文明？

马克思列宁主义的另一重要原理——关于社会形态的学说也遭到严厉的抨击，而今天与之抗衡的是另一种似乎更加完善、更充分而广泛地评述社会的观点即文明的观点。因此我国越来越以文明而不是以社会形态来评述俄国，如说俄国具有自己的文明，它继承和发扬了一千年来基辅罗斯、莫斯科大公国、俄罗斯帝国和苏联的传统。一方面事实确是如此，但另一方面俄罗斯社会在社会形态关系上的不同阶段能否统一到同一个"文明"概念中呢？这决不是一个简单的理论问题。

马克思主义阐明了社会形态学说，在人类思想史上第一次终止了把社会看作是机械的个人结合体（在这种社会中一切进程都是偶然发生的）的观点，因此列宁说：马克思主义"探明了作为一定生产关系总和的社会经济形态这个概念，探明了这种形态的发展是自然历史过程。从而第一次把社会学放在科学的基础之上"。①

任何社会形态的主要标准都是一定的生产方式和生产关系类型。在无论哪一种社会经济形态结构中都必然包括该社会的经济关系和社会关系以及所形成的日常生活方式、家庭形式和生存方式。生产关系正如列宁所说的是骨骼，它赋予社会以完整性和统一性。社会形态的不断更替

---

① 《列宁选集》第3版第1卷第10页。

构成了社会进步的主干，新的较进步的社会经济形态的建立表明，社会在物质、社会、政治和精神（文化）领域已发展到质上全新的阶段。在这个过程中社会发展的间断性和不断性规律在辩证地起作用，间断性体现相对性，不断性则体现绝对性。说"马克思、恩格斯不懂得社会分化和一体化规律"的所有论调都是主观臆造。

用"文明"这一概念是驳不倒社会形态学说的。因为第一，实际上这两个范畴并非截然对立，在许多方面（虽然不是所有方面）还相互补充。"社会形态"概念是根据社会经济基础评述社会的，而"文明"是根据社会文化基础评述社会的。前者主要探讨的问题是物质财富的生产方式是什么样的，人们怎样生产生活资料和如何相互交换劳动产品，所有制形式及生产资料同直接生产者结合的性质和方式是什么样的，等等，而后者则把社会制度、社会的组织和物质文明与精神文明的水平作为标准提到首位。第二，这是两个不能等同的概念。"社会形态"是一种社会"垂直"概念，而"文明"是一种社会"平行"概念。在一个社会形态中，如在封建社会中就产生和存在着各种各样的文明：中国文明、印度文明、西欧文明、俄国文明，等等。19世纪的欧洲和俄国处于同一社会形态即资本主义社会形态之下，但这显然是不同的文明，不同类型的文明。人类至今尚未在同一文明之下生活过，即使同一时代的所有人也从未共处于同一个社会形态范围内。希望有那么一天人们一定会在社会主义条件下生活，而那时也将保存各种各样的文明。第三，理论上认识文明的意义的现有水平并没有提出解释社会进步进程的办法。因此没有社会形态观点是无论如何不行的。社会形态观点从弄清客观规律进程的角度来看更合乎逻辑，更严谨，也更持久。

在对"社会形态"和"文明"这两个概念进行对比时还有一个非

常重要的界限。许多人认为,"社会形态"概念不能表现俄国的整个民族特性,它对俄国的独特性和独立性来说似乎是中性的。而"文明"则是另一回事,在这里一切都是具体的:人民、人的生活制度、性格、政治和经济制度、文化,等等。还有一种极为普遍的观点认为,一般来说,产生于西欧的马克思主义与俄国格格不入,因为马克思主义以其社会形态观点忽视了俄罗斯人民一千年来的社会文化传统。

实际上,"社会形态"范畴,尤其是马克思主义决没有从整体上消灭俄国的民族文化特点,相反,马克思主义在俄国土地上继续生长下去决不是偶然的。第一,俄国从来不是单一民族的国家,它是作为一个多民族共同体而历史地发展的,俄国各民族相互促进、相互合作、兄弟般和睦相处,这是全世界历史上伟大而又极为罕见的现象。由此马克思列宁主义所极力反映的国际主义就同俄国的历史传统有机地结合在一起了。第二,俄国人民创造了特殊的经济管理类型——村社集体经济,这是对经济关系及社会政治关系的巨大贡献。正是这些关系反映了社会主义集体价值这一马克思主义最重要的思想。第三,在对真、善和公正性进行长期探索过程中所反映出来的俄国文化遗传的"社会主义性"过去和现在都是整个民族自觉的主导的决定性现象。充分反映了19—20世纪之交的社会平等和社会公正思想的马克思列宁主义同俄国的民族传统有机地结合了起来,它将永远留在人民的意识中。我们应从这些方面而不是从俄国的落后性和俄国人民的天真和轻信中去寻找为什么恰恰是俄国成了实际体现马克思主义思想的国家。"俄罗斯思想"实际上在马克思主义中得到最充分的理论反映和证实,因为这个思想本质上是社会主义的。

四、阶级斗争消灭了吗？

同过去一样，围绕马克思列宁主义阶级和阶级斗争理论的争论在今天仍然特别尖锐，这决非偶然，因为这一理论是历史唯物主义最重要的组成部分。今天，阶级斗争理论遭到左和右两方面的攻击，他们的论据是共同的，即马克思列宁主义极其主观，充满了对暴力的渴望。然而，第一，阶级斗争理论是严肃的、客观的、冷静的科学，只要还存在其利益在客观上不相容的对抗阶级，社会"地震"就将不可避免。第二、暴力不是布尔什维克而是沙皇制度发明的。第三，否定阶级斗争这本身就是阶级斗争的表现，只是换了一种形式。

另外，对马克思主义理论的一个主要结论，即关于无产阶级专政的原理在今天也备受怀疑。今天无产阶级专政已不那么迫切了，因为典型的无产阶级早已不复存在，而提出这个问题本身已使其他居民阶层和集团感到反感。一个令人吃惊的逻辑是，在俄国建立资产阶级专政成了迫切任务，而被资产阶级剥削的阶级的专政却不存在了。今天，俄国发生了资产阶级反革命，其后果是：（1）推翻了劳动人民的政权，建立了资产阶级专政。（2）资产阶级作为一个阶级在资本原始积累的基础上通过剥夺人民的财产得到了迅速发展。（3）摧毁了社会主义的国家制度（如军队、克格勃、内务部、检察院、法院等等），建立了他们自己的组织和机构体系，以压制人民的意志和任何反对他们的行动。

资产阶级国家自产生之日起就在履行其明确的阶级剥削职能。在这样的国家，政权是资产阶级的，统治是独裁的，意识形态是东正教的，人民则是生产物质财富的役畜。因此阶级对抗社会的发展规律这一马克思主义的伟大发现具有永恒性。

五、社会主义还拥有未来吗？

社会主义并没有终结。因为第一，社会发展的道路不是笔直的，它是曲折的，有转折，有倒退；也有失败和错误，但永远是向前进的。第二，事实上，社会主义从未消失过，现在还有中国、越南、朝鲜和古巴。在欧洲"遗传"的记忆中，社会主义留下了深深的痕迹。在原苏联的土地上阶级斗争现在和将来都会不断加剧，人民终将喊出自己的心声。第三，欧美亚的资本主义国家正在社会化。联合国的"可持续发展"的观点本质上表明了全世界范围内向社会主义过渡是不可避免的，因为只有社会主义可以事实上保证这一可持续发展。现在甚至最顽固的反共分子也开始理解正在形成的局势。1993年10月天主教教皇保罗二世说："不能笼统地否定共产主义思想，其中有真理的内核。"这个"内核"首先涉及对资本主义生产方式的评述上：资本主义生产方式的本质自马克思、恩格斯、列宁时代以来没有发生变化。资本主义没有改变其侵略本性。20世纪是人类历史上最为血腥的世纪，发生过130次战争，死亡人数达一亿两千万。今天资本主义仍未打算放下武器，北约东扩，美国军队四处出击，"沙澳风暴"，波黑"调停"行动，对南斯拉夫的制裁等等就是证明。美帝国主义把全人类，而首先是把俄国当作人质，这是现代新殖民主义发展的新阶段。

由此得出一个必然的结论：全人类文明范式发生重大改变的必然性客观上已经不是在地区范围内，而是在全世界范围内成熟了。向社会主义过渡是历史的必然，只有社会主义才能开辟人类发展的新前景。强制保存资本主义，保存人剥削人的关系不仅使历史进程变得极为复杂，全球充满悲剧、而且对于处在世界矛盾震中的俄国来说也是死路一条。第三条道路是没有的。马克思列宁主义理论上预见的、并由80年前十月革命实际开辟的时代决没有结束，它实际上只是人类文明新的发展阶段——全世界社会主义阶段的开始。

（原载俄罗斯《对话》杂志1997年第4期）

（高晓惠 摘译）

关于马克思主义的三种观点：
1953,1968,1995[*]

〔美〕阿拉斯代尔·麦金太尔

一、从1995年的观点看1953年的观点

1953年，我出版了《马克思主义：一种解释》，后来对之进行一些修订，变成《马克思主义和基督教》。斯大林在1953年还没有去世，冷战在那时已是一种确定的形式。1953年2月，北大西洋公约组织建立了统一的军事指挥部。6月，苏联对东柏林工人运动的镇压这一事实证明，整个东欧无情地附属于苏联的利益。

很多西方的辩护者长期以来总是轻率地否定苏联的说法，即它的社会、政治与经济实践体现了马克思主义理论，以便能够证明他们对于马克思主义的彻头彻尾的拒斥是合理的。在神学家和普通信众当中，通常（即便不是全部）会想当然地认为，马克思主义是一种无神论的唯物主

---

[*] 本文选自《马克思主义与现实》2011年第1期。本文译自论文"Three Perspectiveson Marxism:1953,1968,1995"，经作者授权发表，得到兰州大学中央高校基本科研业务专项资金"直面道德相对主义：麦金太尔后期道德哲学研究"的支持，项目编号：10LZUJBWZY067。作者Alasdair MacIntyre系美国圣母大学哲学系教授，当代学界最重要的道德哲学家和思想家之一。译者单位为兰州大学哲学社会学院。

义,既然苏联当局所采取的迫害（就其能够做到的程度而言）是为了否定教会信众的独立性,因此,基督教不得不认为,自己就是西方反共阵营的行动理由。

马克思理论的部分内容和一些马克思主义者的断言确实名声不好。基督教的正统说法也不得不反对马克思主义,因为马克思主义要么是以无神论为基础,要么是无神论的后果。但是,为了那时占统治地位的西方意识形态而头脑简单地全盘反对共产主义和反对马克思主义,以及同样头脑简单地理解马克思主义和基督教之间的关系,把马克思主义和基督教之间的关系看作无条件的敌对关系,这些做法都夸大和歪曲了很多真理。

我在1953年的观点以及在1995年仍然坚持的观点就是反对这些歪曲。我这本书的核心论点是：马克思主义并没有在任何方式上与基督教直接敌对,相反,马克思主义是和基督教一样有着相同形而上学和道德范围的学说,只有马克思主义才是拥有这种道德范围的后启蒙时代的世俗学说。马克思主义提出了一种理解自然和人类本质的模式,一种历史意义和历史方向的叙述,一种对于错误和邪恶的解释,所有这些都和一种整体世界观融合在一起,这种世界观只有被理解为对基督教的一种转换才能变得清楚。不仅如此,像其他异端一样,马克思主义为重申基督教中的一些元素提供了基础,而这些元素被很多基督徒忽视和隐藏。这是些什么元素呢？这些元素跟下面的问题相关：基督徒应该对资本主义采取何种态度？并且这种态度如何与马克思主义对资本主义的分析相关？

根据基督徒对人类和社会关系的理解,上帝对我们在这些社会关系中有什么要求？我们要爱我们的邻居,并且我们认识到要超越对邻人的仁慈,总要包括正义。对正义的充分考虑不仅包括做正义的事情,阻止不正义的事情以及在任何特殊的场合进行弥补，而且包括尽可能地抵制并且废除那些系统地产生不正义的制度。基督徒通常做得并不好——因而证实了基督教关于人是有罪的教导，他们通常没能认出这些罪恶的制度并且没有对这些制度的罪恶做出反应。在北美和拉美的奴隶制运行了很长的时间之后，废除这种制度的可能性对他们来说很痛苦，很多基督徒对这些罪恶仍视而不见。当法西斯和国家社会主义（纳粹）的邪恶非常明显时，很多基督徒拒绝承认他们，更不用说参与抵抗了。因此，我们确实应该尊重那些理解仁慈和正义的人们。

出于同样的理由，我们也应该尊重基督徒中的一般信徒和神职人员，这些人的数量很少，他们相对较早地认识到系统的不正义产生于早期和成熟的工商业资本主义。这些罪恶有两个方面。一方面是大范围特殊的不正义对个体或群体在特定场合所造成的侵犯，这些个人会按照利益和损失的标准，按照工商业的成败标准来做出不正义的事情，资本主义的经济和社会秩序强加并执行了这些标准。这些不正义的直接原因存在于运用这些标准的个人性格中。但是另一方面，这种不正义并不是某个人在某个特殊场合所做的事情，而是一种制度性的侵犯。

如果做出细致的叙述，那么这些不正义有很多不同的方面。在这一点上，每一个人或群体都面对不正义的来源，他们首先遭遇资本主义体制，通常通过进入劳动力市场而遭遇资本主义体制，从早期资本主义萌芽直到现在都是这样。这种不正义源于资本原初分配的普遍不平等——不管把何时作为起点都是这样——这种分配在很大意义上是分配者欺骗和暴力行为的结果。这种有资本的人和没有资本的人之间的不平等关系，比社会中大量存在的穷人和富人之间的关系要更不平等。在很多前现代的社会秩序中，因为穷人提供富人所需要的产品和服务，所以在穷人和富人之间存在一定的互惠关系，这种关系由习惯规则支配。在这种社会中,穷人有他们自己的资源,并且被认为有权享有他们自己的资源。穷人可以共享他们劳作土地上的产品,对于公有土地拥有习惯权等等。但是,劳资之间却是这样一种关系:无可避免地是一种彻底单方面的依赖,除非劳动者强烈反抗其工作条件。资本的使用越是有效率,劳动者越是会变成实现资本目的的工具,资本家善待这种工具是为了满足利润最大化和资本形成的长期需要。

这种关系的结果是资本主义市场把没有人情味的关系强加到所有参与者身上。在这种市场中必然缺乏正义。合适的工资和合适的价格等概念无法适应市场交易。即使是一种非常辛苦、需要很多技能并且要小心谨慎的工作,如果不能产生工人们无法决定的利润,那么这种工作也往往会被取消。工人们很难把他们的工作理解为对社会共同善的贡献,因为不同阶级的利益不同且相互冲突,社会在经济层面上根本就没有共同善。资本形成的需要迫使资本家和那些管理公司的人榨取雇佣劳动的剩余价值,这种剩余价值在未来会处置资本而不是劳动力。公司的利润率从长远来看的确需要一种尽可能相对稳定且充足的劳动力,这也意味着:剥夺必须长期有效,可以调节,并且采取相对温和的面孔。很明显,资本主义应该为大量人群提供不断上升的生活标准,而不是相反。但是,即使生活标准自身提高再多,也没有办法改变剥削的不正义。不正义的其他两个方面也同样如此。

个人和群体之间的正义关系要求他们之间的关系是这样的:个人和群体可以合理地同意其内容。强迫的契约关系并不是真的契约。所以,在事实上自由的市场上,自由地接受或拒绝特殊的雇佣条款以及自由地接受或拒绝交易条款是重要因素。在前现代社会,市场是辅助生产的,生产并不主要为了市场,市场是为了当地需要,所以市场为超出当地需要的东西提供了一种有效的交易方式,这是一种所有参与交易的人都可以从中获益的方式，那么，这种自由条件可能会被满足。在一个小生产单元的社会中，每个人都有机会拥有生产的手段（并不是间接通过持有股权来获得）——这种经济被切斯特顿（Chesterton）等人所设想——自由市场将成为自由所有权和自由劳动者的一个必要的对应者。但是，在现代资本主义的市场中，价格通常是由外在于一个特定市场的因素施加的，例如：通过把某些人变成某些产品的唯一生产者，而这些产品在后来不会有足够的需求，通过这种方式使这些人的生计受到国际市场力量的影响，他们会发现自己被迫接受很低的价格，甚至面临经济的破产。当今资本主义的市场关系在很大程度上是强加到劳动力和小生产者身上的，而不是在任何意义上自由选择的。

到目前为止，在这些对资本主义不正义特征的叙述中，我设法弄清楚的是：当资本主义的辩护者非常正确地指出资本主义能够比任何经济制度在更大程度上为更多人创造物质繁荣的时候，他们所说的与反驳不正义的指控无关。资本主义物质繁荣的上升标准自身就与所涉及的正义的失败有关。个人和群体不仅没有得到他们应得的，而且被教育或被误导去相信：他们应该追求的目标和希望的东西并不是他们应得的，而是他们可能偶然碰巧想要得到的东西。这样做的企图是让他们把自己主要看作消费者，他们的实践和生产活动不过是消费的一种方式。生活的成功转化为成功地获得消费品，因此占有欲对于资本累积的成功来说通常是一种必要的性格特征，占有欲也进一步被认可。贪婪毫不吃惊地被看作一个主要的美德，贪婪驱使人要求得越来越多。但是，中世纪的基督教神学家从亚里士多德和《圣经》中学到：贪婪是一种恶习，是正义美德的对立面。他们理解资本主义发展和高利贷的罪恶之间的紧密联系，虽然后来的神学家未能如此理解。所以，根本就不是一般人类罪恶产生特殊个体行动的不正义要高于资本主义自身的体制性不正义。资本主义也提供系统的刺激以发展出一种个性，这种个性有一种不正义的嗜好。

最后，我们确实注意到：尽管基督教对资本主义的控告主要集中在资本主义对穷人和被剥夺者所做的错误事情上，但基督教不得不把任何将成为有钱人或者非常渴望变成有钱人的社会和经济秩序看作是错误的，将那些接受这一目标并且成功达到这样目标的人也看作是错误的。从《圣经》的观点看，财富是苦难，财富几乎是进入天堂不可克服的障碍。对于那些按照资本主义标准成功的人和失败的人来说，资本主义是坏的，很多牧师和神学家未能认识到这一点。而认识到这一点的基督徒经常与神职人员和政治经济权威发生争执。

我们很容易注意到，基督教对资本主义的这一批评在很大程度上所依赖的概念（即使只是在部分上依赖）都来自马克思主义的理论。正如马克思主义向基督教学习了某些真理，基督教反过来也需要向马克思主义学习一些真理。但是，这对于一般的实践和特殊的政治实践意味着什么呢？

当我在1953年提到这一问题的时候，我没有办法找到满意的答案。部分原因在于那时的我渴望一种不可能的条件，即做一个真正、系统的基督徒，同时也能做一个真正、系统的马克思主义者。我因此设法把基督教的元素和马克思主义的元素以一种错误方式结合起来。但在这样做的时候，我在另一个方面也是错的。我有一个未经质疑的假设，即相信唯一可能的政治能够有效地应对资本主义经济和社会秩序的不正义，不管通过选举还是其他方式，这种政治把现代国家作为体制形式，把征服国家权力作为其目标。所以，我没有办法认识到：那些征服政治国家的人，他们的目标总在最后被政治权力征服，他们的目标变成国家的工具，他们自己也最终变成各类现代资本主义国家的工具。

二、从 1995 年的观点看 1968 年的观点

尽管这些错误都很重大，但这些并不是我在 1953 年最困惑的问题。在这本书的第一版中，有一章论哲学与实践，当我在 1968 年修订时把这一章删掉了。一开始包括这一章是因为其设法提出我在那时所认为的最根本的问题。这一章后来被删掉则是因为我在那个时候认识到我不知道如何合适地提出该问题，更不用说如何去解决它了。所以在 1968 年，我错误地试图忽略这个问题。但它没法避免。这是个问题？

任何对马克思主义和基督教之间关系的充足论述必须体现为一些道德哲学和政治哲学的主要问题上的系统观点以及哲学训练，对马克思主义和基督教之间关系的论述也必须被道德哲学和政治哲学的主要问题上的系统观点和哲学训练证明是合理的。1953 年，我不仅从我马克思主义的老师那里学习（在共产党的内部和外部），而且从柯林伍德的著作中学习。柯林伍德把哲学的概念作为一种社会实践，这种社会实践嵌入和反思其他形式的社会实践。我那时还不能完全理解哲学需要被设想为至少四重主旨和四重任务。首先，必须以经验的方式来学习：规则和标准、概念、判断、论证和证明的模式等等，事实上体现或预设在活动的模式中，这些活动构成每个人参与社会秩序的生活。其次，对这些活动以及相关规则和标准、概念、判断和论证证明模式，有一些主要的理解或误解。第三，在第二点在多大程度上完备以及第一点在多大程度上不完备和被歪曲地表现方面，第一点和第二点之间有关。最后，哲学家必须给出一种解释，如果他要为其观点辩护，以超越其历史和社会环境可能会强加给她或他的局限，那他至少足以真实地表现上面提到的三点，不仅展示从历史和社会环境的角度来看事情显得怎么样，而且展示事情

到底怎么样。

因此哲学家不仅包含传统学术角度对哲学学科的理解，而且延伸到很远。不管从哪个角度来说，对于熟悉且重要的哲学话题，比如直观和同一、本质与存在、善的本质、遵守规则包括什么等等话题，整个的哲学事业的探究必须生产出一系列理性证明的答案。但是，从马克思和柯林伍德指引我的立场出发，对这些话题的发现之所以有价值，不仅因为其自身的缘故，而且因为这种发现能使我们理解，在特殊形式的社会生活中，在有些情况下究竟是什么东西能使那些参与其中的人理解他们自己的活动，以至于他们所追求的善成为真正的善，而在其他一些人那里，却会产生系统性的误解，以至于那些参与者在很大程度上误解他们的善并且遭遇挫败。

例如，马克思在对市民社会的分析中，展示了那个社会典型形式的思想如何清楚表达和伪装其潜在的结构，他的一些继承人有的在马克思主义内部，有的在马克思主义外部——尤其是卡尔·曼海姆和卡尔·波兰尼——进一步发展了马克思的洞见。马克思和恩格斯的思想不仅有市民理论化的市场特性，而且被典型的市民方式所扭曲，在他们将经济、政治和意识形态明显区分的时候这一点很显著，虽然这三者是相互联系的人类活动领域，将三者区分的做法只会将19世纪中晚期资本主义社会的偶然性格转换成分析范畴，意图为一般的人类历史和社会结构提供钥匙。

到1968年，对卢卡奇的阅读教我开始认识到哲学探究的核心问题的一般形式：即如何能够在一些互竞的命题和论证中确认各种歪曲以及局限？如何免于歪曲和局限？这些局限源自作者的历史和社会背景，同时能够提出自己的命题和论证。当然，这个问题已经被黑格尔、马克思和很多其他学者问过并回答过了。但在1968年，我知道不仅他们的答案,而且他们对这些问题详细的构想,对于那些不可克服的反对意见来说都是脆弱的。

因为我不知道如何去足够明确地表达这个问题,甚至不知道到哪里去找答案,我发现自己无法认同任何实在的观点。然而,在1953年我假设在关键层面上既可以做一个基督徒也可以做一个马克思主义者,毫无疑问这个观点很天真。到1968年,我两者都不是,却能够认识到两种立场中一系列真理,只不过我不知道如何在这两种立场之间妥协。对于马克思主义来讲,重复出现的企图把马克思主义恢复到经济和政治理论以及把马克思主义作为一种世界观的做法,导致我在相当长时间更是反对我所应该做的;对于我的思想的重新定向,我受惠于与下面这些人的对话:乔治·李希特海姆(George Lichtheim)、海因茨·卢巴兹(Heinz Lubasz)、林达·尼科尔森(Linda Nicholson)、马克思·瓦托夫斯基(Marx Wartofsky)以及切尼·赖安(Cheney Ryan),这些人对于马克思主义面临的问题提出了各种启发性的观点。一个结果是我现在不会认可我在1953年不屑写的劳动价值理论,并且我想要讨论比1968年更多的话题,其中包括价值理论。

因为我假设必须根据卡尔·巴特(Karl Barth)的观点来理解神学,所以基督教对我来说成了问题。但巴特的神学无法为任何道德生活在实践上提供足够解释,尽管我应该知道:我错误地把巴特神学的缺陷看作基督教的缺陷。这一判断似乎被自由基督徒说教中的陈腐空虚所证实,不管是新教还是天主教,世俗自由主义立场的这种说教重复出现在各种宗教伪装中。对于这种自由主义,这种对发展资本主义的表达及其在道德和政治上的对应物,我像1953年那样以同样的理由表示反对。

为什么要反对政治自由主义?毕竟自由主义者的自我形象是人权和自由的主角。这些社会民主党人的自由主义者渴望通过工会运动和福利国家来建构社会制度，以使工人分享资本主义的繁荣。资本主义制度下的工人退休金、健康服务、失业救济金毫无疑问是有进步的，否认这些成就是荒谬的。那么我为什么反对自由主义者的社会民主呢？我认为至少有三个理由。第一，马克思的理论已经预见到：如果工会把在资本主义制度和议会民主范围内部进行改善作为其唯一目标，那么结果将首先是朝向驯化的运动，从而破坏工会的有效力量。

第二，自由主义是一些精英的政治，他们通过对政党机器和媒体的控制，预先决定了大多数普通投票者的政治选择范围。这些投票者远离选举的形成过程，被动性是他们所需要的。政治及其文化氛围变成专业领域，与之相关的最重要的职业是对大众意见的专业操纵。此外，进入并在自由主义政治的竞技场中取得成功需要不断增加资金来源，这些资源只有资本主义公司能提供，对这些资源的回报是他们有特权影响政治决策。因此，自由主义确保把大多数人从积极理性地参与决定的社群形式的可能性中排除掉，而他们就生活在这些社群中。

第三，自由主义在道德上的个人主义本身就是参与社群的一种溶剂。因为，自由主义在其实践和主要理论中把社会世界看作个人之间的竞技场，每个人都在追求他或她所认为的善，并且都需要通过强调个人权利来免于他人的侵犯。因此，自由主义内部的道德论证无法从共同善这样的概念开始，共同善的概念不过是个人偏好的概括而已。但是，关于共同善的论证，一开始就是参与社群实践的一部分。因此，如果一个人坚持像圣徒保罗那样理解正义，并且坚持"正义"渴望从"各尽所能，按劳分配"准则转换为"各尽所能，按需分配"准则，而且后者只能体现在参与社群内在和外在的关系中，那么自由主义跟正义相矛盾，它将发明自己的正义概念；而自由主义也确实是这么做的。

当我反对自由主义的立场被以这样的方式表达时，很明显，他们预设我许诺了一系列肯定的主张。但在1968年，我之所以不知道如何提出这些观点，部分原因在于我不知道如何跟马克思主义或基督教和解，部分原因在于我缺乏一个适当的哲学术语来概括这一陈述，更不用说解决相关问题了。所以，在相当长一段时间，我发现相对自然地说我反对比说我支持什么要更为容易。敏锐的批评者认识到我有一些潜在的承诺——而敌对的批评者把它们看作潜在的盲从——这比我自己做得要好。

马克思主义和基督教自身也在持续且显著的改革中。第二次梵蒂冈会议（从1962年持续到1965年）的辩论和文件，及其对基督教教义的重述，为确定神学保守派中消极的律法主义以及神学自由派中空洞的道德主义提供了资源，神学保守派和自由派对信仰和实践进行了双重扭曲。但是，因为对第二次梵蒂冈会议的讨论和评价也经常被一系列保守—自由的对照术语所框定，所以也被这些错误所扭曲，这些错误产生于第二次梵蒂冈会议应该传达给我们以及或许最终会传达给我们的过程中，直接的后果是明显的神学混乱。对马克思主义者来说，20世纪60年代晚期的很多事件——苏联开始了勃列日涅夫时代，苏联军队对捷克的镇压，学生运动，以及法国、意大利的马克思主义群体对这些共产党事件无效的应对——似乎应该进一步证明作为政治的马克思主义系统地失败了。马克思主义者在一些地方之所以继续有效——正如在南非的共产党——是因为他们所选择的项目和行动方式只在最松散和最间接的方式上与马克思主义相联。

三、1995 年的观点

正像我所写到的，资本主义采取了各种形式，资本主义几乎在世界范围内无法被挑战——当然，除了其自身的自我破坏以及幻灭倾向之外。在美国，近 10 年的时间里，生产不断增长，而各类工人的实际工资并未增长。富人和穷人之间的收入差距进一步增大。失业来临在股票市场上被看作是坏消息。较大部门的劳动力已经意识到他们工作的不安全感，因为利润率和资本构成要求任意解雇。在服务产业，很多雇工都面临持续低工资的苦差。技术专长和生产能力的增长的后果是社会期望周而复始地降低，选民不知道转向哪里，只能把一些政治骗子换成另一些政治骗子。在全世界，最严重的差距，一方面是富裕的资本主义国家及其卫星国之间的差距；另一方面是它们与那些被国际市场逼到边缘和排斥地位的贫穷国家之间的差距。

在这种情况下，对当地社会来说，最急需的是一种自卫的政治，这些当地社会渴望取得一些相对自足和独立的形式，即基于实践的参与社群，因此需要保护他们免于资本主义的腐蚀性影响以及免于国家力量的掠夺。最后，理论化与实践之间的相关性是由理论化能够对这种政治直接或间接地贡献什么所检验。至少，我们能够希望这一点从听上去是理论性的探究开始：我们能够接近这一目前自由的政治任务，这一政治任务在很多重要的方面与一些主要的错误不同，后者在过去经常破坏对资本主义政治的反对。我们希望能够重新开始对问题的探究和争论，这些问题被广泛地猜想为在很久之前由于不仅仅具有学术旨趣而已经被解决了。所以，我找到了它。

早在 20 世纪 70 年代，我就开始明确表达这样的立场，这样的立场不仅能够让我更好地理解必须在道德、社会、经济理论和实践中拒斥自由主义和个人主义,而且能够让我更好地以探寻的方式评价基督教的正统说法和对马克思主义的批评。我开始认识到在当代意识形态的各种观点中互相竞争的道德习语,不管是自由派还是保守派,都遭到陷害——对维多利亚女王时代价值的赞扬、各种自然权利理论、康德的普遍主义、契约主义、功利主义——这些都是实践和评价话语碎片化的产物。这些互相竞争的道德习语可以被理解为一种历史的产物,历史不同方面的生活实践首先从理论和实践背景中被抽象出来,接着被转换到一系列互竞的理论中,这使得意识形态的发展成为可能。为了理解并且修正这一点,我们需要恢复亚里士多德视角中的社会和道德理论以及重建实践。通过分析资本主义的个人主义以及苏维埃指令经济中的社会关系——尽管它们很不相同,有些变形且不充分——我也能更好地理解这是何种社群。社会实践的模式在相对较小规模和当地社群中——古代的城市、中世纪的公社、现代合作农场、现代捕鱼公司等情形——社会关系是由共同忠诚内在于公共实践的善所告知的,所以,对权力和财富的使用从属于对这些善的获取,因此,这样一种形式的生活成为可能:参与者能够理性且批判性地追求自己的善,而不必不断采用或大或小的成功去竞争,以免被迫使自己沦为这种或那种形式的资本的工具。

  这些不是两个发现,而是一个,因为亚里士多德主义的理论所清楚阐明的东西,在事实上体现且预设在这种实践中,并且这些概念本身需要根据其在这些实践模式中的运用才能得以理解。亚里士多德自身立场的陈述当然在某些方面需要或多或少的修订——例如,他对待妇女、工人和奴隶的态度——或直率的拒绝。但是,对这些不足和错误富有成果的修改,证明能够对亚里士多德式的理论和实践产生较好的理解。我对这一点的认识仅仅是我最终接受为最基本的亚里士多德主义立场的后果之一，后来在其与当代哲学的内外问题的关系中进一步发展。

此后，我发现我因此放弃了一些哲学假设，这些假设是我无法接受基督教正统说法的根源。移除这些障碍的是一个（即使仅仅是一个）开始认识到天主教会的正统基督教真理的必要阶段。但是，对于天主教官方对马克思的谴责在哪些方面是正确的，以及在何种程度上是误解的和根源于迷乱和反动的社会态度，我也比以前理解得更好。部分天主教神学家——以及大多数一般的基督教神学家——未能足够关注马克思和马克思主义者所坚持的理论和实践之间的紧密关系，他们也未能足够关注所有理论（包括所有神学），这些理论是一些实践模式的理论。正如将科学理论的命题从它们与科学探究实践的关系中提取出来之后，这些科学理论命题就无法理解或评价一样（科学理论命题只有在科学探究实践内部才能被提出、修改、接受或拒绝），把任何一种理论从实践背景中分离开（不管是科学、理论还是政治，它在一定背景中都是合法的），并且让它成为自由活动的思想主体，这样会使它很容易被转变成一种意识形态。所以，当天主教神学处于良序时，特别的工作就是帮助理解处在各种背景中的实践，这些实践是教会的权威教导，像上帝之道（Word of God）向教会和世界显示的那样。到目前为止，神学并没有从属于这一教导，而且声称不依赖于这一教导，它不过是一系列竞争的宗教观点之一，或许在一些时候是非常有趣的观点，但是与服务于教会教导和实践的神学所起的作用很不同。

马克思主义的创立者将马克思主义看作这样一种理论，在工人阶级和知识分子反对资本主义的实践中，这种理论设计被用来告知、指引和提供自我理解。不过，马克思主义理论也周期性地脱离这种实践背景。当马克思主义理论脱离实践背景的时候，它也变成了一系列竞争的政治、经济和社会观点。当然，其倾向于退化到这种条件下也是其失败的一个标志。使马克思主义感到痛苦的错误和曲解当然也是各种各样，有一系列不同的原因，其中一些来源于其最近的历史盛衰。但是，如果我们现在能够学习如何批评马克思主义，而不是为了把我们自己与其错误和曲解相分离——那一阶段应该很长——而是为了再次能够从马克思主义那里学习，那么我们应该重新审视马克思在19世纪40年代的思想，尤其是他关于理论和实践之间关系概念的转变。如果这样做，我们会认识到马克思主义并没有被外在的批评所打败，尽管这些批评意见当然也很重要，但马克思主义是被自己困扰，马克思及其继承者未能对内在于马克思主义的关键困难提供一种解决方案。

在这些关键困难中，核心的是马克思拒绝或未能进一步探讨他在《关于费尔巴哈的提纲》中提出的问题。如果我们能够建造并且维持基于实践形式的当地参与社群，这种社群能够在当今资本主义和现代国家的阴险和破坏性压力中存活下来，那么我们需要回到这些问题。如果理解基督教和马克思主义及其两者关系的人去建构这种社群，那么这种社群的政治以及建构和维持这些社群的努力会更为有效。

（张言亮 译）

德学者海宁格谈当今马克思主义的革新*

德国《马克思主义的革新》杂志从1993年12月第16期起，以"什么是当今马克思主义的革新和本刊能为此做什么贡献"为题，组织了一场讨论。该刊编委会成员霍斯特·海宁格教授在1994年3月第17期上就此发表了文章，现将主要内容摘编如下。

海宁格教授认为，讨论当今马克思主义革新的出发点应当是一如既往地把马克思主义主要理解为历史的、辩证的方法。这种方法从物质世界的统一性出发，把生产视为基础并把生产关系看作人类社会最重要的形成要素。确定这样的出发点既是一种世界观的信仰，同时也是这样一种信念：它认定马克思主义今天仍然继续有效，仍然是研究社会进程、揭示替代解决方案和指明彻底的社会变革的科学方法和理论。

但是，这一信仰需要从根本上作更加精确的表述，只有这样才符合今天的认识水平，只有这样才不至于被误解为以往教条主义观点的翻版。因此，马克思主义的革新首先要求人们探讨从前的和今天的马克思

---

* 本文选自《国外理论动态》1995年第11期。

主义理论和方案的有效性,也就是说,不仅要使它摆脱教条主义的累赘,而且还要从总体上检验它解释今天的社会进程的适用性。

确切地说,马克思主义的革新进程至少要满足以下要求:

1. 马克思主义的革新首先意味着分析对马克思主义理论的扭曲以及列宁和其他马克思主义者在继承马克思主义过程中的缺陷。在政治经济学领域,这主要涉及资本主义总危机理论以及帝国主义理论和国家垄断资本主义理论的表述。

2. 对于革新进程更为重要的是讨论马克思主义理论的一些基本问题,这些基本问题在分析社会时把人们引向了片面的甚至是错误的方向,而其本身却并未被历史的发展所证实。这里主要指的是马克思主义的结构理论。对这一理论一直还没有人进行过彻底的探讨。属于这一类的还有关于"人类危机"或"文明危机"和资本主义危机的讨论,关于"现代问题"和社会制度的讨论等等。

其他的基本问题还有关于阶级和阶级斗争对于社会发展所起作用的评价,经济作为政治和精神进程的决定因素的作用等等。

3. 填补马克思主义研究中的重大空白点:生态问题的作用,个人在社会中的作用,社会发展中的性别问题等等。

4. 革新进程还包括马克思主义理论的主要领域在各个专门学科中的批评和自我批评性的更新。例如,对当今资本主义的社会和政治结构的基本分析。在这方面,探讨"当今工人阶级"问题和社会变革中可能的政治主体问题占据着中心位置。

5. 革新的马克思主义必须被理解为多元的马克思主义,其中对基本问题存在着各种不同观点是不言而喻的。这里的一项特别任务就是清理那些从前被扣上修正主义、托洛茨基主义等等帽子而遭到贬斥的马克思主义的著作。这方面的任务还包括对发生在例如中国、越南、古巴等社会主义国家中的变化过程进行理论上和政治上的"消化"。

6. 马克思主义的革新也必然意味着在批判性的探讨中利用其他左派理论家或进步资产阶级理论家的科学成果和方法。可利用的范围包括激进的生态主义者、社会民主党的观点、法兰克福学派，甚至汉斯·约纳斯。

以上列举的要求当然只能被看作是革新进程的一种"框架"。如果认定只有完全满足这些要求才是马克思主义的革新，那么我们就给自己提出了在可预见的时期内无法解决的任务。因此我们只能把这些要求（肯定也还有其他的要求）理解为对马克思主义革新的普遍共识的基础，并且应当一致承认，这些要求中的每一条都有其合理性，它对某个分领域的贡献都将被承认是为马克思主义革新所做的努力。

海宁格说，他不主张像对待教义问答那样"逐条兑现"对革新进程的上述要求，而是主张把重点放在对当今现实，即对世界发展和当今资本主义在其经济、政治、社会和思想结构中的根本难题进行马克思主义的分析上，并把对当今社会进程的估价以及关于各种替代发展途径和社会变革的讨论同马克思主义理论的基本问题联系起来。这样的分析将表明，在多大程度上迄今为止的马克思主义理论观点是适用的，在哪些方面它们应当补充、修改或者干脆修正。这样做就能够再次证明马克思主义作为分析社会进程和社会运动的理论和方法的重要地位。这样一来，关于当今德国的经济统治结构以及关于经济权力和政治权力之间的交换关系的讨论就能够表明，垄断理论或国家垄断资本主义理论在多大程度上能对此做出结论性的贡献。同样的分析方法也适用于资本主义的国际权力结构。

海宁格认为，即使在今天马克思主义的主要任务也还是在于分析具体情况以及揭示解决社会冲突的替代方案和说明资本主义制度的变化。这就是说，在关于马克思主义革新的讨论中对马克思主义理论和各个基本问题的研究与对当今资本主义经济、政治和社会发展的马克思主义分析或关于这一制度的变革方案的讨论，具有同样的合理性。

（王学东　摘编）

马克思主义理论的过去和现在[*]

〔俄〕弗拉基米尔·哈尔拉缅科

"俄罗斯社会主义学者"协会莫斯科分会为纪念弗里德里希·恩格斯诞辰175周年于1995年10月25日和27日召开讨论"马克思主义的历史命运"的圆桌会议。

里·伊·科索拉波夫院士作了主报告。他指出,乍一看来我们今天面对的伟大学说成了一片废墟。想要彻底消灭这个学说的大有人在。许多以前的马克思主义职业宣传家曾因此名利双收,现在却投入马克思主义敌人的阵营,在思想上和政治上背叛了马克思主义。"工人阶级解放斗争协会"成立100周年和俄国第一次革命90周年都是无声无息地过去了。因此要探讨异常曲折的马克思主义学说史则更为复杂。

众所周知,列宁把马克思主义学说史划分为三个阶段:第一个阶段是1848—1871年。由于各国和国际的无产阶级组织相继成立,马克思主义战胜了空想社会主义。第二个阶段是1871—1904年。这是资本主义发展的和平时期,然而在这一时期响起了行将到来的革命风暴的隆隆雷声;马克思主义对一些社会现象的看法越来越展示它的真理性,马克思主义在理论上的优势甚至逼得它的敌人也装扮成马克思主义者。第三

---

[*] 本文选自《马列研究资料》1997年第2辑。

个阶段的标志是俄国第一次革命及土耳其、波斯、中国的革命。列宁针对这个阶段所说的话对今天的俄罗斯仍有现实意义:"有了欧亚两洲的经验,谁若还说什么非阶级的政治和非阶级的社会主义,谁就只配关在笼子里,和澳洲袋鼠一起供人观赏。"①

科索拉波夫对此后马克思主义史的分期谈了他的看法。十月革命开始了第四个阶段,其主要内容是实现马克思、恩格斯和列宁的基本社会经济预测的尝试(我国书刊称之为建成社会主义)。马克思主义学说取得惊人的全面胜利的时代似乎已经来临。第五个阶段与第二次世界大战中反法西斯力量的胜利相联系。这一胜利首先是社会主义苏联的胜利,它团结了一切力量甚至资产阶级民主势力来反对最反动的帝国主义势力,仅用了5年时间就恢复了苏联的国民经济,这一切证明了新的社会经济制度有着十分强大的生命力和组织能力。一大批国家走上社会主义道路以及后来60年代民族解放运动的高涨和70年代"第三世界"国家乃至欧洲国家(葡萄牙)新的革命浪潮的掀起,都是这个胜利的历史性的继续。

但是在取得巨大成就的同时也出现了一些反动倾向(社会主义阵营、共产主义运动和民族解放运动中也有所表现),回避这一事实是对历史真实的歪曲。马克思主义在一些国家里越来越具有由国家规定的、教条主义的半官方性质。实际上出现了两种国家修正主义,由于出现这两种修正主义,执政的各个共产党的领导与真正的马克思主义理论异化了。从60年代起苏共中央已不再遵循马克思列宁主义,其领导人(通常是从经济组织工作岗位上提拔起来)理论上没有修养。而这方面有相当素养的人则成了智力帮闲。

---

① 《列宁选集》第3版第2卷第308页。

与此同时，帝国主义资产阶级的领导人相当成功地利用了马克思主义的许多原理（罗斯福的"新政"）来克服各种危机、把私有制同新工艺结合起来、在经济中利用"一般劳动"——科学和计划。一个大的异化就在于所有这一切在历史上本应使劳动摆脱资本的统治，但现在却被用于截然相反的目的。社会主义内部的削弱及垄断资本主义势力的重新组合都促使我们或者把马克思主义的理论与实践大大推向前进，摆脱危机前的状态，或者使其倒退。

马克思主义史的第六个阶段正赶上80年代末掀起的反革命浪潮。马克思主义几乎遭到禁止。令人遗憾的是，我国的马克思主义骨干大多成了不会独立思考的祭司，而劳动群众由于缺乏应有的马克思主义学说的普及工作而没能掌握这一学说。所有这一切造成了近几年来令人痛心的局面：真理横遭践踏。图书馆开列的销毁书目中不仅有马克思主义创始人的著作，而且还有其他伟大思想家的著作。这种对亚里士多德以来过去的一切野蛮摧残，是造成现在的马克思主义学者中几乎没有年轻人的主要原因之一。

马克思主义以如此丰硕的人类精神遗产为依托，所以保护马克思主义与保护整个文化密不可分；放弃马克思主义就意味着使人类变得愚蠢，走向毁灭。我们面临的是马克思主义史的一个新阶段，即第七个阶段——马克思主义创造性的和创新的复兴。要做到这一点就必须克服前一阶段存在的一些理论缺点。

第一，工人阶级是创造物质财富和精神财富的全体劳动者，这一综合观点仍没有被接受，脑力劳动具有生产性质也未得到承认。共产党抱住工人阶级主要是体力劳动者这个说法不放，并没有找到接近知识分子的途径，而知识分子在科技革命时代已经成了劳动大军。知识分子则不与共产党人来往，成了"民主派"的后备军。现在他们才刚开始明白，他们失去了什么。

第二，没有认识到必须从形式上的生产社会化过渡到以劳动性质发生质变为基础的切实的生产社会化。"发达的社会主义"无视恩格斯的警告，把"独轮车工"的劳动长久地保留了下来：在苏联，从事非熟练的体力劳动的劳动者在工业中占 40%，建筑业中占 60%，农业中占 75%。人们不考虑前途，把造成技术上的保守思想、消极的社会情绪、愚昧及酗酒行为的这一根源长期固定了下来。我记得，苏共中央为讨论科技进步的全会筹备了 17 年。人们不是利用最新的工艺（其中包括通过国防生产的逐步转产）、而光指望石油、天然气的出口和工业设备的进口。同时引进的技术设备不配套，不能纳入工艺流程，实质上只能报废。

第三，忽视了恩格斯提出的必须从社会需求和生产能力出发"像人那样有意识地进行生产，而不是像那些……分散的原子那样"[①]。苏联国家计划委员会本应设立社会调查部门以勾画出社会需求的概貌作为制订计划时的主要依据。但事实上国家计委变成了协调各部门利益的机构和跑投资的地方。一切以卢布为目标，把利润变成主要的生产指标，使经营者走上了靠提高价格来提高劳动生产率这条不用费力的道路。这是经营干部资产阶级化和社会主义被消灭的前提条件之一。

第四，没有实现社会主义的按劳分配原则。取而代之的是在背地里积累财富并使之变成资本，"外快"在表面上制造了平等的假象。即使在某种程度上利用了物质上和道义上对劳动的激励因素，那么也是没有考虑到最主要的一点——通过劳动的性质和内容、通过劳动的创造性过程本身来激励，而只有在这一基础上才能建设共产主义的社会生活。

---

① 《马克思恩格斯全集》第 1 版第 1 卷第 614 页。

第五，对社会主义国家是逐渐消亡的、正在向社会自治转变这一思想估计不足。党没有对这个过程加以引导和给予保障，反而国家化了，官僚化了，最终几乎使自己轻而易举地被消灭。当时有人批评我们不民主，在这背后确实存在现实的、尽管还没有被很好认识到的问题。没有工人对生产和收入的监督，没有按生产原则建立各级苏维埃，没有差额选举，没有劳动集体可以撤回他们选出的代表的权利，没有巴黎公社留下的、官员工资与熟练工人工资同一水平的原则，这难道还是社会主义？不仅没有这样做，反而开始向资产阶级职业议会活动的原则倒退。

第六，"发达社会主义"的实践家和理论家没有考虑到资本主义生产关系世界性的增长，也没有揭示出帝国主义剥削的结构，因为帝国主义剥削在很大程度上把劳动与资本的对抗性矛盾从富国转移到它们与第三世界的关系中。"亿万金元"国家的工人本身作为一个被剥削者，同时也是帝国主义集体剥削的参加者。所以列宁依据马克思的方法论和恩格斯的初步概括创立的帝国主义理论至今仍有着特殊的现实意义。今天我们面对的决不是文明的冲突，而是正在形成的"亿万金元"国家为了保持消费水平对全世界进行有组织剥削的超帝国主义体系。俄罗斯也成了被残酷剥削的国家之一。仅我国每年的外流资本就达200亿美元。

因此，科索拉波夫表示赞成把"俄罗斯思想"与社会主义等同起来的倾向，反对无视俄罗斯的革命传统，把俄罗斯思想说成是斯拉夫派、乌瓦罗夫伯爵、各类宗教哲学家和神学家们观点的大杂烩的尝试。他指出，俄国各族人民基本上是无产阶级的，他们的民族解放运动是与阶级运动、与复兴社会主义制度的努力融为一体的。他们没有别的出路，没有别的自救办法。自上而下，而不是自下而上出现的反革命势力迄今为止也没有在人民群众中扎下根，带有附敌的内奸性质，其国内的社会基础仍很薄弱。资产阶级（"新俄罗斯人"）主要从事中介贸易和银行活动，他们暂时尚不能构成人数众多、能够控制俄罗斯的居民群体。

只有坚决限制"亿万金元"国家的寄生性消费，才能与超帝国主义体系作斗争。一些统计资料表明，一个美国居民比一个印度居民消费的能源多500倍，造成的有害废弃物多1500倍。就目前的消费性质看，尚未利用的自然资源40—50年就会被耗尽。自由派的"稳定发展"构想提出要减少地球居民的新马尔萨斯主义的建议。在一个个的民族忍饥挨饿、濒于灭绝的今天，马克思主义者必须对克服"亿万金元"国家超额消费这种不正常的状况积极进行宣传。第三世界（俄罗斯和前苏联其他加盟共和国均属其列）早已还清了外债，而且还多了，所以各国人民有权拒绝继续"偿付"外债。

第七，不能忘掉马克思主义辩证法，以形而上学地诠释的进化论来偷换辩证法。马克思主义者不能把过程的一个方面同另一个方面割裂开来思考。既然反革命"寿数未尽"（1991年和1993年的政变就鲜明地表明了这一点），那么革命同样也"寿数未尽"。而且在任何情况下都把革命和国内战争联系在一起也是大错特错的。

许多发言者从有必要创造性地发展马克思主义的角度继续探讨了马克思和恩格斯理论遗产的现实意义这一题目。不错，在"正统"与创新的相互关系问题上出现了各种不同的观点。哲学博士、教授A.M.柯瓦列夫在题为《马克思主义在当代社会生活中的地位》的发言中指出，对马克思主义的教条主义态度是马克思主义出现危机的原因之一。柯瓦列夫建议要把整个马克思主义看作是包含部分绝对真理的相对真理，这部分绝对真理是永远驳不倒的，只是作为一种特殊情况而纳入较为一般的理论。他把马克思主义与算术和形式逻辑作了比较，认为没有算术和形式逻辑就没有高等数学和辩证法，但算术和形式逻辑本身并不能解释一些较为复杂的现象。他认为，传统方法论的发展已经不够了；要建立能反映当代世界现实的科学。作为例子，他提到了"交互作用的现象和过程相适应的规律"，指出生产力和生产关系相适应就是这个规律的特殊情况，还举出了作为辩证法三个规律的基础的"物质世界统一与多样化规律"。柯瓦列夫同时还谈到马克思主义中有许多东西已经过时，但他和许多批评马克思主义的人一样，没有具体说明是哪些原理过时了。

哲学博士、教授 M.H. 格列茨基以《恩格斯与当代西方马克思主义者》为题发言，继续探讨了如何对待马克思主义哲学原理这一问题。他指出，西方关于马克思主义的著作对辩证唯物主义的批评多于对历史唯物主义的批评，但事实上要研究的是两者的相互关系：对社会理论能否作一般哲学论证的可能性本身受到了怀疑。批评"一般辩证法"的人认为，从一般规律中不能得出特殊规律。早在 20 年代，安·葛兰西就曾批评尼·伊·布哈林把马克思主义分为一般哲学（"辩证唯物主义"）和社会学（"历史唯物主义"），他认为这是在形式上把特殊当作一般，把辩证法变成形式逻辑的变种。后来，加尔瓦诺·德拉－沃尔佩反对通过自然界来研究辩证法的范畴。葛兰西提出把辩证法限于社会的范围内，而乔·卢卡奇则主张把它限于主客体关系的范围内。还有一种观点认为辩证法是以一些僵硬的范畴来反对形而上学思维的消极的、批判的认识观点。格列茨基强调指出，把辩证法变成用以演绎出结果的一般哲学模式并不是恩格斯的过错。

哲学副博士、副教授 B.K. 嘉琴柯题为《哲学的基本问题——马克思〈资本论〉的方法论的出发原则》的发言探讨了一般的理论问题。他强调指出，在谈经典马克思主义的某些思想是否过时前，必须详尽了解和彻底领会这些观点，但就此题目所写的大部分著作不符合这一科学方法的必要条件。嘉琴柯指出，马克思和恩格斯的著作对哲学基本问题的认识过程已经完成。《资本论》第1章不但是政治经济学的、而且也是哲学（方法论、认识论、辩证逻辑）的经典著作。

另一些发言人把注意力集中在马克思主义的社会哲学上。哲学博士、教授 H. M. **别列日诺伊**强调指出，唯物史观作为无所不包的认识社会的方法具有长远的意义。把唯物史观归结为"经济唯物主义"（谢·布尔加柯夫等人）、甚至把一切社会关系都归结为"市场经济"，即实际上归结为商品交换关系，是对唯物史观的篡改。商品交换关系存在于所有的社会经济形态中，然而并不决定这些形态的发展规律。

哲学博士、教授 E. T. **鲍罗金**的发言题为《马克思和恩格斯的理论遗产和当代社会生产构想》。他认为马克思主义经典作家对社会生活的理解有两种方法：一种方法是根据经济关系所起的决定作用得出的，在《资本论》中得到最充分的体现。另一种方法是把社会生活看成不但是物质财富的再生产，而且是人本身的再生产。这种方法在研究前资本主义社会时得到了运用并贯穿于经典作家关于未来的设想中。鲍罗金认为第一种方法是第二种方法的特殊情况。

哲学博士、教授 Ю. И. **谢苗诺夫**在题为《唯物史观在当代》的发言中强调指出，没有人能驳倒马克思主义的以下原理：在一定的社会形式中，即在与一定的生产方式相适应的生产关系体系中进行的物质生产构成了社会的客观基础；这些体系在历史上是不同的，而它们的交替是由生产力的发展所决定的，因此生产关系体系不依赖于人们的意识，而是决定人们意识和意志的社会物质。按照占统治地位的生产方式对社会历史机体进行分类使我们可以分出各种社会经济形态——各种社会类型和世界历史发展的不同阶段。这些原理构成了马克思主义历史构想的核心。

同时，谢苗诺夫认为，科学的发展推翻了马克思主义经典作家的某些"肤浅"的思想，例如恩格斯关于在人类社会发展的早期阶段起主宰作用的不是经济，而是人自身的再生产的看法。谢苗诺夫认为，应该用表示一定社会的、具有时空界限的"社会历史机体"这一范畴来对形态方法作补充。从这样的社会中能形成社会机体的体系，而从这些体系中又能形成作为过去和现在存在的各种社会机体的总和的社会。谢苗诺夫认为，采用这样的方法，可以捕捉到用"文明"构想不能充分表示的历史的"横向联系"。只有整体意义上的社会才必须经过所有的社会经济形态，而个别的社会机体则可能越过一个乃至几个社会经济形态。例如，在一些以作为国家所有制的全阶级所有制为基础的"亚细亚生产方式"直到19世纪仍占主要地位的东方国家里就是如此。到了20世纪这种生产方式又在苏联卷土重来。谢苗诺夫的后一种说法遭到"圆桌会议"的许多与会者的反对，他们认为这与我们对历史的规律性的承认是格格不入的。

哲学博士、教授Ю.К.普列特尼科夫的题为《马克思主义的形态理论：基本思想的改建》的发言的出发点是马克思在给维·伊·查苏利奇的复信初稿（1881年）中表述的历史阶段性构想：以公有制、私有制和社会所有制为基础的三种社会经济形态。马克思还把第二种，即私有制形态称之为"经济社会形态"，因为这种形态已经消除了通过氏族关系表现出来的原始的社会关系的混合主义。在第一种形态中经济关系没有自身发展的形式，在第二种形态中经济关系则占有决定性地位，在第三种形态中显然又会失去这一地位。现在"一般劳动"（科学劳动、创造性劳动、智力劳动）的作用正在提高，不能用所消耗的社会必要劳动时间来衡量其成果。一般劳动的概念已经不是一个经济概念，而是一个社会文化概念，其中经济特征以变化了的形式表现出来。唯物史观也应相应地在第三种形态中以新的方式表现出来。

普列特尼科夫在谈到社会关系的一般特征、形态特征和地区特征的相互关系问题时认为，古代的（奴隶制的）和封建制的生产方式是主要适用于欧洲历史的概念。越往东，历史的发展具有的特殊性就越大。15—16世纪以前罗斯有两种生产方式共在：一种方式以依附于封建主的农民—自由农民的劳动为基础，另一种方式以奴隶的劳动为基础。"亚细亚生产方式"则更为独特。马克思把亚细亚农村公社看作是第一种社会经济形态的结束阶段和向第二种社会经济形态过渡的开始阶段。这种公社的特点是公社服从于国家最高权力，贡赋关系、税收地租关系、领地关系、奴役关系等各种关系交织在一起。历史过程在这个基础上另辟蹊径，在这里进步表现得不十分明显，经常出现的是停滞、兜圈子运动甚至是倒退运动。然而任何一位东方学家都能够区分出东方的古代社会和中世纪社会。资本主义时代世界历史才得到了统一。

哲学副博士A.B.哈尔拉缅科在题为《恩格斯关于世界历史形成的思想与当代》的发言中指出，当今社会过程的全球性相互联系变得明显了。然而就国际组织程度来看，工人运动和共产主义运动落后于跨国垄断资产阶级，这是这一运动失败的主要原因之一。这种落后尤其表现在理论上对世界历史的整体性认识不足。其实马克思主义经典作家的理论遗产中就包含了解决这个问题的前提：《德意志意识形态》就指出了资本主义所特有的这种各民族相互的"全面的依存关系、他们的这种自然形成的世界历史性的共同活动的形式"。① 与世界历史范围相适应的是"只有作为'世界历史性的'存在"的共产主义……"交往的任何扩大

---

① 《马克思恩格斯选集》第2版第1卷第89页。

都会消灭地域性的共产主义。"① 恩格斯在后来的著作中开始探索由于资本主义体系的中心正在剥削广大的边远附属国而形成的这一"消灭"的具体机制。同时，恩格斯惊人准确地预言了"全面的依存关系"的后果，这种后果足以使整个资产阶级文明濒于崩溃的边缘，即爆发世界性经济危机和世界大战。因此恩格斯预见到作为欧洲或欧亚的国际相互联系的集中点的德国和俄罗斯在革命过程中所面临的国际的、阶级的和"一般革命"② 的任务特别错综复杂。与民粹派及其当前的追随者的意见相反，俄罗斯的"特殊道路"的可能性，其中包括以社会主义的内容来充实村社传统的可能性不取决于"俄罗斯文明的特殊性"，而取决于世界历史过程的统一，即村社制度和资本主义工业、农民运动及无产阶级运动的相互作用。发达资本主义时代的生产力和生产关系的矛盾具有国际性。

"圆桌会议"的一些与会者还提出了社会发展中革命与进化的相互关系问题。**泰·伊·奥伊泽尔曼**院士在题为《马克思主义与革命暴力的问题》的发言中认为列宁的论断"各国人民生活中的重大问题，只有用强力才能解决"③ 十分片面。奥伊泽尔曼认为，这个论断违背了马克思主义关于生产力起决定作用的思想和恩格斯对"暴力论"的批判，它依据的是马克思主义经典作家在他们的经济学说尚未制定以前的1895年革命时期的观点。从50—60年代起马克思主义经典作家认为走向社会主义除了革命的暴力道路外还可以有和平的道路。奥伊泽尔曼认为这就是进化的道路，他特别引用了恩格斯写于1895年的《马克思

---

① 《马克思恩格斯选集》第2版第1卷第87、86页。
② 《马克思恩格斯全集》第1版第28卷第587页。
③ 《列宁全集》第2版第11卷第116页。

〈1848至1850年的法兰西阶级斗争〉一书导言》。这位院士认为，列宁的观点是由俄国的特殊条件决定的，而当时的俄国尚无民主可言，除了"暴力"革命别无其他道路可走。奥伊泽尔曼称当代的社会民主党是马克思和恩格斯思想的真正的继承人。他认为，既然旧社会仍然保持着发展生产力的能力，那么断言它已经过时是一种空想。

哲学博士、教授阿·达·科西切夫作出了不同的结论。他在题为《恩格斯在晚年是否成了进化论者?》的发言中指出，《法兰西阶级斗争》一书的导言在100年前就遭到了德国社会民主党的领导人的删改，直到1930年才在苏联全文发表。爱·伯恩施坦及其他右翼社会民主党人断言，恩格斯转而采取议会主义的立场，否定了非和平的斗争形式的可能性本身。其实恩格斯在这部著作中揭示了1848年革命方法的不足，因为当时起义是由少数武装起义者进行的。"实行突然袭击的时代，由自觉的少数人带领着不自觉的群众实现革命的时代已经过去。凡是要把社会组织完全加以改造的地方，群众自己就一定要参加进去，自己就一定要弄明白这为的是什么，他们为争取什么而去流血牺牲。"① 恩格斯虽然认为街垒防御战术在很大程度上（但并未完全）过时了，但根本没有把武装斗争的问题撤下日程。相反，他一直在探索用其他因素，像建立群众性的、思想上和道义上武装起来的、组织严密的、能把旧军队的一部分人争取过来的政治力量来抵消敌人的军事技术优势的可能性。当革命力量占优势时，统治阶级可能和平地交出政权。如果他们首先破坏他们自己的宪法，那么工人政党将不承担任何义务。②

哲学博士、教授 Л.А.戈博佐夫在题为《社会生活中的进化与革

---

① 《马克思恩格斯选集》第2版第4卷第521页。
② 《马克思恩格斯选集》第2版第4卷第525页。

命》的发言中强调指出了某些流行的论断的错误。认为在历史上不是进化就是革命的观点是不正确的；历史上两者兼而有之，但有一些社会机体经历了革命，而另一些社会机体（如许多小民族）则是通过进化道路而发展起来的。认为马克思主义只与革命有联系，而革命只与马克思主义有联系的观点也是不正确的；众所周知，马克思之前早就有革命。认为是人民引起了革命的观点也是不正确的。是人民进行革命，而引起革命的是统治阶级，因为统治阶级不给人民以其他出路。当代西方没有爆发革命正是因为统治阶级没有引起革命。统治阶级对劳动者作出了重大的让步，包括靠剥削"第三世界"国家中的以及现在靠剥削前社会主义国家中的"外国无产阶级"。前社会主义国家走上资本主义道路极大地缓和了西方90年代初危机所带来的后果。

戈博佐夫强调指出，统治阶级首先应认识到核时代爆发国内战争的危险性。否则人民最终会进行非和平的革命。到21世纪，如果世界不以这样或那样方式进行社会主义改造，人类的灭亡就不可避免。

哲学博士、教授С.М.布赖奥维奇在题为《马克思和恩格斯对拉萨尔主义的批判的现实意义》的发言中指出，拉萨尔及其追随者们对工人运动灌输了许多至今仍在流传的机会主义观点，如对普选权的美化、"全民"国家的空想，抹杀阶级矛盾的图谋。拉萨尔曾经说过："我号召的不是阶级的分化与敌对，而是统一和爱。"这种做法在实践中会使工人运动受资产阶级国家的支配，从而使劳动人民为了资产阶级所认为的"民族利益"而去流血牺牲。

参加对报告和发言的讨论的有：А.А.巴萨赖、А.Г.沃伊托夫、Т.В.冈察洛娃、В.А.格列比翁希科夫、Т.Г.祖拉耶夫、В.А.卡尔梅柯娃、Ю.М.科洛季林、М.Н.孔金、Н.Т.克列姆廖夫、Ф.Ф.拉波、Г.В.温扎科夫、И.Б.赫列布尼科夫。

科索拉波夫作了总结发言。他强调了"圆桌会议"的与会者涉及的几个基本思想。第一，必须认识到包括现今脑力劳动基本群众在内的工人阶级结构的变化。知识分子没有成为一个特殊的阶级，他们仍旧是一个从事熟练脑力劳动的社会的和职业的阶层；其阶级属性取决于他们倾向于哪个阶级：有无产阶级知识分子和资产阶级知识分子。当代智力劳动者"奉献"的要比非熟练劳动者奉献的多100倍，有时甚至多1000倍。因此资本主义的剥削具有隐蔽性，并不是总能准确地确定其剥削的规模。

第二，当今对世界的划分表明，第三次世界大战已经结束。克劳塞维茨把战争定义为"扩大了的对抗"；这种对抗与其他的把自己的意志强加于人的企图不同，其特点是在使用某些手段时没有任何节制：双方都为力图摧毁敌方的军队，占领或肢解敌方的领土，扼杀反抗的意志，无所不用其极。1989—1991年期间华沙条约和苏联的毁灭具有所有这些战争的特征。希特勒肢解苏联的计划事实上已经全面实现，只是得到好处的不仅是一个德国，而且还有以美国为首的帝国主义的联合势力。与以往不同的是，一些国家统治集团支持了那些对他们进行战争的势力。现在帝国主义势力之间的第四次世界大战的现实危险已经出现了，我国可能会成为瓜分的主要对象和战场。这场战争的策源地已经在南斯拉夫以及俄罗斯境内爆发国内战争的车臣及其他地区出现了。在这种条件下列宁的帝国主义最高阶段的理论具有现实意义；决不能用欧亚主义、文明的方法及某些俄罗斯爱国主义者醉心的其他思想来代替这个理论。

第三，共产党人拥有能够掌握群众的思想。这就是基于按劳分配的社会平等思想。社会主义的不幸就在于没有实现这个原则。阻碍科技进步的不是生产资料的国家所有制，而是没有真正做到按劳分配以及把科学和教育当作"非生产性领域"来对待。

第四，对马克思主义而言，应该反对片面地解释暴力。决不能事先拒绝任何一种斗争方式。社会发展规律本身具有强制性，它不取决于选举和全民公决。如果某个阶级代表了社会发展的规律，那么这个阶级的历史主动权就要比其反对者的大。对反对历史重大问题要靠强力来解决的意见可以作这样的回答：难道历史上有什么东西是由无能为力创造出来的吗？只有把各种力量（物质力量、经济力量、政治力量和道义力量）集中起来，进步才能取得胜利。改革时期"强力诅咒"的种种议论表明通过大众传媒手段传播的谎言才是真正的暴力。关于俄罗斯没有社会主义客观前提的议论也有类似的倾向性。需要进一步研究从资本主义向社会主义过渡的世界过程问题，社会主义并没有终止，它可能以最令人意想不到的方式出现，包括在资本主义体系的中心出现。

科索拉波夫强调指出，在当今，尤其是在未来，俄罗斯乃至全世界都极其需要马克思主义理论。因而许多方面都取决于当代马克思主义者能否把青年学者充实到他们的队伍中来。

（原载俄罗斯《对话》杂志1996年第2期）

（邢艳琦 摘译）

俄学者谈马克思主义的过去和现在[*]

俄罗斯社会主义学者协会莫斯科分会为纪念恩格斯诞辰175周年于1995年10月25日和27日召开题为《马克思主义的历史命运》的圆桌会议。与会的20多位著名学者均作了发言。俄《对话》杂志1996年第2期刊登了有关这次会议的报道,本刊已在1996年第34期(总第224期)上介绍了理·伊·科索拉波夫所作的主要发言和总结发言。现将其他学者发言的主要内容介绍如下。

许多与会者从有必要创造性地发展马克思主义的角度继续探讨了马克思和恩格斯理论遗产的现实意义这一题目。哲学博士柯瓦列夫教授在题为《马克思主义在当代社会生活中的地位》的发言中指出,对马克思主义的教条主义态度是马克思主义出现危机的原因之一。他建议要把整个马克思主义看作是包含部分绝对真理的相对真理,这部分绝对真理是永远驳不倒的,只是作为一种特殊情况而纳入较为一般的理论。他认为,传统方法论的发展已经不够了;要建立能反映当代世界现实的科学。

---

[*] 本文选自《国外理论动态》1997年第5期。

哲学博士格列茨基教授以"恩格斯与当代西方马克思主义者"为题发言，探讨了如何对待马克思主义哲学原理这一问题。他指出，西方关于马克思主义的著作对辩证唯物主义的批评多于对历史唯物主义的批评，但事实上要研究的是两者的相互关系，即对社会理论能否作一般哲学论证的可能性本身受到了怀疑。批评"一般辩证法"的人认为，从一般规律中不能得出特殊规律。早在20年代，葛兰西就曾批评布哈林把马克思主义分为一般哲学（"辩证唯物主义"）和社会学（"历史唯物主义"），他认为这是在形式上把特殊当作一般，把辩证法变成形式逻辑的变种。后来，沃尔佩反对通过自然界来研究辩证法的范畴。葛兰西提出把辩证法限于社会的范畴内，而卢卡奇则主张把它限于主客体关系的范围内。还有一种观点认为辩证法是以一些僵硬的范畴来反对形而上学思维的消极的、批判的认识观点。格列茨基强调指出，把辩证法变成用以演绎出结果的一般哲学模式并不是恩格斯的过错。

与会的另一些学者则把注意力集中在马克思主义的社会哲学上。哲学博士别列日诺伊教授强调指出，唯物史观作为无所不包的认识社会的方法具有长远的意义。把唯物史观归结为"经济唯物主义"，甚至把一切社会关系都归结为"市场经济"，即商品交换关系，是对唯物史观的篡改。商品交换关系存在于所有的社会经济形态中，然而并不决定这些形态的发展规律。

哲学博士鲍罗金教授在题为《马克思和恩格斯的理论遗产和当代社会生产构想》的发言中指出，马克思主义经典作家对社会生活的理解有两种方法：一种方法是根据经济关系所起的决定作用得出并在《资本论》中得到最充分的体现；另一种方法是把社会生活看成不但是物质财富的再生产，而且是人本身的再生产，这种方法在研究前资本主义社会时得到了运用并贯穿于经典作家关于未来的设想中。鲍罗金认为第一种方法是第二种方法的特殊情况。

哲学博士谢苗诺夫教授在题为《唯物史观在当代》的发言中强调指出，没有人能驳倒马克思主义下面这个原理，即在与一定的生产方式相适应的生产关系体系中进行的物质生产构成了社会的客观基础；这些体系在历史上是不同的，而它们的交替是由生产力的发展所决定的，因此生产关系体系不依赖于人们的意识，而是决定人们意识和意志的社会物质。按照占统治地位的生产方式对社会历史机制进行分类使我们可以分出各种社会经济形态——各种社会类型和世界历史发展的不同阶段。这些原理构成了马克思主义历史构想的核心。科学的发展推翻了马克思主义经典作家的某些"肤浅的"思想，如恩格斯关于在人类社会发从的早期阶段起主要作用的不是经济，而是人自身的再生产的看法。谢苗诺夫认为，应该用表示一定社会的、具有时空界限的"社会历史机制"这一范畴来对形态方法作补充。从这样的社会中能形成社会机体的体系，而从这些体系中又能形成作为过去和现在存在的各种社会机体的总和的社会。谢苗诺夫认为，采用这样的方法可以捕捉到用"文明"构想不能充分表示的历史的横向联系。只有整体意义上的社会才必须经过所有的社会经济形态，而个别的社会机体则可能越过一个乃至几个社会经济形态。例如，在一些以作为国家所有制的全阶级所有制为基础的"亚细亚生产方式"直到19世纪仍占主要地位的东方国家里就是如此。到了20世纪这种生产方式又在苏联卷土重来。谢苗诺夫的这一说法遭到圆桌会议的许多与会者的反对，他们认为这与我们对历史的规律性的承认是格格不入的。

哲学博士普列特尼科夫题为《马克思主义的形态理论：基本思想的改建》的发言的出发点是马克思在给维·伊·查苏利奇的复信初稿（1881年）中表述的历史阶段性构想：以公有制、私有制和社会所有制为基础的三种社会经济形态。马克思还把第二种，即私有制形态称之为"经济社会形态"，因为这种形态已经消除了通过氏族关系表现出来的原始的社会关系的混合主义。在第一种形态中经济关系没有自身发展的形式，在第二种形态中经济关系则占有决定性地位，在第三种形态中经济关系显然又会失去这一地位。现在"一般劳动"（科学劳动、创造性劳动、智力劳动）的作用正在提高，不能用所消耗的社会必要劳动时间来衡量其成果。一般劳动的概念已经不是一个经济概念，而是一个社会文化概念，其中经济特征以变化了的形式表现出来。唯物史观也应相应地在第三种形态中以新的方式表现出来。普列特尼科夫在谈到社会关系的一般特征、形态特征和地区特征的相互关系问题时认为，古代和封建制的生产方式是主要适用于欧洲历史的概念。越往东，历史的发展具有的特殊性就越大。15—16世纪以前罗斯有两种生产方式共存；亚细亚生产方式则更为独特。马克思把亚细亚农村公社看作是第一种社会经济形态的结束阶段和向第二种社会经济形态过渡的开始阶段。历史过程在这个基础上另辟蹊径，在这里进步表现得不十分明显，经常出现的是停滞、兜圈子运动甚至是倒退运动。然而任何一位东方学家都能够区分出东方的古代社会和中世纪社会。资本主义时代世界历史才得到了统一。

哲学副博士哈尔拉缅科在题为《恩格斯关于世界历史形成的思想与当代》的发言中认为，当今社会过程的全球性相互联系变得明显了。然而就国际组织程度来看，工人运动和共产主义运动落后于跨国垄断资产阶级，这是这一运动失败的主要原因之一。这种落后尤其表现在理论上对世界历史的整体性认识不足。其实马克思主义经典作家的理论遗产中就包含了解决这个问题的前提。《德意志意识形态》就指出了资本主义所特有的这种各民族相互"全面的依存关系、他们的这种自然形成的世界历史性的共同活动的形式。"① 与世界历史范围相适应的是"只有作为'世界历史性的'存在"的共产主义……"交往的任何扩大都会消灭地域性的共产主义。"② 恩格斯在后来的著作中开始探索由于资本主义体系的中心正在剥削广大的边远附属国而形成的这一"消灭"的具体机制。同时，恩格斯精确地预言了"全面的依存关系"的后果，这种后果足以使整个资产阶级文明濒于崩溃的边缘，即爆发世界性经济危机和世界大战。因此恩格斯预见到作为欧洲或欧亚的国际相互联系的集中点的德国和俄罗斯在革命的过程中所面临的国际的、阶级的和一般革命的任务特别错综复杂。与民粹派及其当前的追随者的意见相反，俄罗斯的"特殊道路"的可能性，其中包括以社会主义的内容来充实村社传统的可能性不取决于"俄罗斯文明的特殊性"，而取决于世界历史过程的统一，即村社制度和资本主义工业、农民运动及无产阶级运动的相互作用。发达资本主义时代的生产力和生产关系的矛盾具有国际性。

另一些与会者还提出了社会发展中革命与进化的相互关系问题。奥伊泽尔曼院士在题为《马克思主义与革命暴力的问题》的发言中认为，列宁关于"各国人民生活中的重大问题，只有用强力才能解决"③ 的论断十分片面，它违背了马克思主义关于生产力起决定作用的思想和恩格斯对"暴力论"的批判，它依据的是马克思主义经典作家在他们的经济学说尚未制定以前的1848年革命时期的观点。从50—60年代起马克思主义经典作家认为走向社会主义除了革命的暴力道路外还可以有和平的道路。奥伊泽尔曼认为这就是进化的道路，他特别引用了恩格斯写于

---

① 《马克思恩格斯选集》第2版第1卷第89页。
② 《马克思恩格斯选集》第2版第1卷第87、86页。
③ 《列宁全集》第2版第11卷第116页。

1895年的《马克思〈1848年至1850年的法兰西阶级斗争〉一书导言》。这位院士认为,列宁的观点是由俄国的特殊条件决定的,而当时的俄国尚无民主可言,除了"暴力"革命别无其他道路。他认为,既然旧社会仍然保持着发展生产力的能力,那么断言它已经过时是一种空想。

哲学博士科西切夫教授作出了不同的结论。他在题为《恩格斯在晚年是否成了进化论者?》的发言中指出,《法兰西阶级斗争》一书的导言在100年前就遭到了德国社会民主党领导人的删改,直到1930年才在苏联全文发表。爱·伯恩施坦及其他右翼社会民主党人断言,恩格斯转而采取议会主义的立场,否定了非和平的斗争形式的可能性本身。其实恩格斯在这部著作中揭示了1848年革命方法的不足,因为当时起义是由少数武装起义者进行的。恩格斯虽然认为街垒防御战术在很大程度上(但并示完全)过时了,但根本没有把武装斗争的问题撤下日程。相反,他一直在探索用其他因素,像建立群众性的、思想上和道义上武装起来的、组织严密的、能把旧军队的一部分人争取过来的政治力量来抵消敌人的军事技术优势的可能性。当革命力量占优势时,统治阶级可能和平地交出政权。如果他们首先破坏他们自己的宪法,那么工人政党将不承担任何义务。

哲学博士戈博佐夫教授在题为《社会生活中的进化与革命》的发言中强调指出了某些流行的论断的错误。认为在历史上不是进化就是革命的观点是不正确的;历史上两者兼而有之,但有一些社会机体经历了革命,而另一些社会机体则是通过进化道路而发展起来的。认为马克思主义只与革命有联系,而革命只与马克思主义有联系的观点也是不正确的;实际上马克思主义之前早就有革命了。认为是人民引起了革命的观点也不正确。是人民进行革命,而引起革命的是统治阶级,因为统治阶级不给人民以其他出路。当代西方没有爆发革命正是因为统治阶级没有引起革命。统治阶级对劳动者作出了重大的让步。前社会主义国家走上资本主义道路极大地缓和了西方90年代危机所带来的后果。戈博佐夫强调指出,统治阶级首先应认识到核时代爆发国内战争的危险性。否则人民最终会进行非和平的革命。到21世纪,如果世界不以这样或那样的方式进行社会主义改造,人类的灭亡就不可避免。

(邢艳琦 编译)

俄学者科索拉波夫谈马克思主义理论的过去和现在*

为纪念恩格斯诞辰 175 周年,俄罗斯社会主义学者协会(简称 PyCO)莫斯科分会于 1995 年 10 月 25 日和 27 日召开了题为《马克思主义的历史命运》圆桌会议。与会的有 20 多名学者。俄《对话》杂志 1996 年第 2 期刊登了有关这次会议的报道。理查德·科索拉波夫在会上作了重点发言和总结发言。现将他发言的主要内容介绍如下。

首先,科索拉波夫回顾了列宁划分的马克思主义学说史的 3 个阶段:第一阶段(1848—1871 年),随着无产阶级民族组织和国际组织的建立,马克思主义逐渐战胜空想社会主义。第二阶段(1871—1904 年),这是资本主义和平发展时期,也是革命风暴即将到来的时期。马克思主义分析社会现象的方法日益被证明是正确的,它在理论上的优势迫使它的敌人也不得不装扮成马克思主义者。第三阶段的标志是俄国第一次革命,土耳其革命,波斯革命和中国革命。

科索拉波夫对马克思主义学说史以后发展阶段的划分谈了自己的看法。他认为,十月革命标志第四阶段的开始。这个阶段的主要内容是尝

---

* 本文选自《国外理论动态》1996 年第 34 期。

试实现马克思、巴格斯和列宁的基本社会经济预测,我国的著作中把这称作建成社会主义。马克思主义学说开始了一个辉煌的阶段。第五阶段包括第二次世界大战中反法西斯力量获得胜利、社会主义苏联用5年时间恢复苏联整个国民经济。所有这一切都证明,新的社会经济制度具有极大的生命力和组织潜力。一大批国家走上社会主义道路,60年代民族解放运动的高涨,70年代在第三世界国家,甚至欧洲国家(葡萄牙)也出现新的革命浪潮,乃是这一胜利的历史继续。

但与此同时,在社会主义阵营、共产主义运动和民族解放运动中也出现一些反动倾向。无视这一点就是歪曲历史事实。马克思主义在很多国家越来越成为半官方的教条主义装饰品。同时出现了马克思主义两种主要的意识形态"突变":一种是苏联及欧洲其他国家的右倾修正主义,另一种是中国"文化大革命"表现出来的、威胁到东南亚、印度和第三世界其他国家的左倾修正主义。就其实质来说,这两种修正主义表明,执政党领导人脱离了真正的马克思主义理论。从60年代起,苏共中央已经不以马克思列宁主义为指针,它的领导人大都来自经济和组织部门,理论素养不高。

而与此同时,马克思主义的很多观点却被帝国主义的资产阶级领导人较成功地利用来克服经济危机(如罗斯福的"新政"),使私有制同新工艺结合在一起,利用科学和经济计划。所有这一切本应该有利于把劳动从资本的统治下解放出来这一目的,但实际上却用于相反的目的了。这就是巨大的异化。社会主义内部的削弱和垄断资本主义力量的重新组合势必导致两个结果:或者马克思主义理论和实践突飞猛进并摆脱危机前的状况,或者向后退。

马克思主义史的第六阶段是从80年代末掀起的反革命浪潮开始的。马克思主义几乎被禁止。遗憾的是,我们的马克思主义干部绝大多数都不会独立思考。另外，由于没有开展适当的普及工作，劳动群众未能掌握马克思主义学说。所以，最近几年就出现了令人痛心的局面。现在正进行一场真正的破坏真理的运动，而且其他伟大思想家的著作在图书馆都遭到践踏。

科索拉波夫说，我们目前正面临着马克思主义历史的新时期，即第七阶段，创造性地恢复马克思主义的阶段。但是为此必须摆脱从前理论上的缺陷。他列举了以下7方面的缺陷。

第一，工人阶级是创造物质和精神财富的人的总称，这个观点仍没有被广泛接受，不承认脑力劳动是生产劳动。由于死抱住工人阶级主要是体力劳动者这一观念不放，所以，共产党始终没有一条正确的知识分子路线，而知识分子在科技革命时代已经成为一支人数众多的劳动者队伍。结果，知识分子疏远共产党人，成为"民主派"的后备军。

第二，没有意识到必须从形式上的生产社会化转向根本改变劳动性质的实际上的生产社会化。在苏联，非熟练的体力劳动者在工业中占40%，在建筑业中占60%，在农业中占75%。由于没有远见，致使技术保守主义、社会消极情绪、愚昧、酗酒长期得不到克服。苏共中央关于科技进步的全会准备了17年，但并没有利用最新技术，包括使军工企业逐步转向民用生产，而是把希望寄托在出口石油和天然气、进口工业设备上。由于不是成套购买设备，致使设备不能同工艺流程配套，结果导致这些设备的报废。

第三，忽视了恩格斯指出的必须根据社会需求和生产能力"像人那样有意识地进行生产，而不是像那些连类意识也没有的分散的原子那样"① 苏联国家计划委员会本来应该有一些反映社会需求状况、为计划

---

① 《马克思恩格斯全集》第1版第1卷第614页。

工作提供主要依据的社会调查机构。但实际上，国家计委变成了部门利益的协调机关和乞求投资的场所。卢布被视为唯一的目标，利润变成主要生产指标，导致经营者纷纷提高价格，而不去提高劳动生产率。这是经济工作干部资产阶级化、社会主义被取消的原因之一。

第四，没有贯彻社会主义的按劳分配原则，反而在暗中积累财富并把财富变为资本，制造一种表面上平等的印象。即使利用一些物质和精神手段对劳动进行刺激，也完全没有考虑到最重要的因素，即利用劳动的性质和内容以及创造过程本身来进行刺激（只有在此基础上才能建成共产主义社会）。

第五，对社会主义国家是正在消亡的国家、它逐渐变成社会自治机构的思想估计不足。结果，政党非但没有成为这一过程的引路人和保证人，反而使自己也国家化、官僚化了。人们批评我们不民主，这话虽然并不完全符合实际，但却也反映了实际问题。没有工人对生产和税收进行监督，没有按照生产原则建立的苏维埃，没有差额选举，没有劳动集体召回自己推举的代表的权利，不实行巴黎公社原则使官吏的工资同技术工人工资相等，难道能实现社会主义吗？我们没有这样做，反而退到资产阶级职业议会活动的原则上去了。

第六，"发达社会主义"的理论家和实践家没有考虑到资本主义生产关来已经具有全世界性质，没有揭示出帝国主义的剥削结构，这种剥削已将富裕国家的劳动和资本的对抗转化为它们同第三世界的关系。富裕国家的工人虽然自身也是被剥削者，但同时又是帝国主义集体剥削的参与者。所以，列宁根据马克思的方法论（首先是恩格斯的初步总结）创建的帝国主义理论具有特殊的现实意义。目前的问题不是文明冲突的问题，而是日益形成的超帝国主义体系的问题，这个体系为了保持富裕国家的消费水平正在全世界进行有组织的剥削。俄国就是被残酷剥削的国家之一。每年仅从俄国转移到国外去的资本就达近200亿美元。

第七，决不能放弃马克思主义辩证法，决不能用形而上学阐述的进化论来偷换辩证法。马克思主义者不能把问题的一个方面同另一方面割裂开来思考。既然反革命可以肆虐一时，其明显表现就是1991年和1993年的政变，那么，又怎么能够限制住革命的发展呢？因此，动辄就把革命同内战联系在一起是完全错误的。

科索拉波夫在总结发言中又谈了4条意见。

第一，必须认清，工人阶级结构已发生变化，现在工人阶级也包括脑力劳动者基本群众。知识分子没有变成特殊阶级，他们仍是从事熟练脑力劳动的社会阶层。知识分子的阶级属性取决于他倾向于哪个阶级：有无产阶级的知识分子和资产阶级的知识分子。目前，知识劳动力所做的贡献比非熟练劳动力高出几百倍甚至上千倍。因此，资本主义剥削具有隐蔽性，有时无法准确地划分剥削的界限。

第二，目前的世界划分情况表明，第三次世界大战已经结束。克劳塞维茨关于战争的定义是"扩大的对抗"。双方都采取极端的行动，企图消灭对方的军队，占领或肢解对方的领土，镇压对方的抵抗。1989—1991年华沙条约和苏联解体就具备了所有这些战争特征。希特勒肢解苏联的计划实际上已经全部实现，只不过获益的不仅仅是德国，而是以美国为首的帝国主义联合力量。现在出现了帝国主义力量之间进行第四次世界大战的现实危险，俄国将是重新瓜分的主要目标和军事行动的舞台。在南斯拉夫、车臣以及俄国和邻近共和国内战地区已经出现了这场战争的策源地。在这种情况下，列宁的帝国主义理论更具有重要的现实意义。

第三，共产党人拥有能够掌握群众的思想，这就是以按劳分配原则为基础的社会平等的思想。社会主义的灾难就在于没有实现这条原则。

断送科技进步的原因不是实行生产资料的国有制,而是没有真正贯彻按劳分配原则以及将科学和教育看作"非生产领域"。

第四,应反对对马克思主义的暴力论做片面解释。不应预先放弃任何斗争手段。社会发展规律本身具有强制性,不是靠选举和全民公决所能决定的。如果某个阶级反映社会发展规律,那么它就比它的敌人更有历史主动权。有人不同意历史上的重大问题是靠强力解决的说法,对此我们不禁要问:难道历史上有过靠软弱无力解决问题的例子吗?只有集中力量(身体的、经济的、政治的、道德的),才能实现进步,改革时代对强力的诅咒却为那些用大众传媒宣传谎言的真正暴力打开了大门。关于俄国没有实现社会主义的客观条件的说法也属于这种性质。对从资本主义向社会主义过渡的世界过程需继续进行研究,因为这个过程并没有停止,很可能突然在资本主义体系中心出现。

科索拉波夫强调,当前,尤其是将来,俄国和全世界都十分需要马克思主义。因此,关键要看当代马克思主义能否把青年学者吸引到自己的队伍中来。

(孙凌齐 编写)

马克思主义：衰亡还是复兴[*]

〔美〕赫伯特·阿普斯科

[译者按] 赫伯特·阿普斯科系美共全国委员会委员，本文是他1989年10月15日在洛杉矶教堂的演讲，原载美共理论月刊《政治事务》1989年第12期。现编译如下，供研究者参考。

（一）

马克思主义的目的在于使人类的存在更具有价值。因此它反对仅仅对世界进行解释，而坚持在认识世界的同时改造世界。这就产生了三个相关命题：（1）世界是可知的；（2）在世界已然可知的条件下出现了对变革的期望和要求；（3）实现变革的可行方式随即应运而生。而使社会获得解放的阶级在于"我们社会的最底层"，在于创造出巨大财富却又被他人无偿占有的无产阶级。无产阶级创造了价值却不能占有它，这个源于罪恶世界的矛盾必须克服，价值的生产者将成为价值的主人，他们的忍耐和痛苦不会付之东流，社会定将更美好！

---

[*] 本文选自《党校科研信息》1990年2月号。编译者周永亮、陈林为中央党校理论部学员。

理想向现实发出了挑战。世界上不存在永不倒塌的宫殿,这一挑战的不可避免,引起了行将崩溃的各种阶层对马克思主义的憎恨和反抗。然而,理论之花结出了丰硕之果,布尔什维克的胜利给世界历史注入了新的活力。虽然在泯灭人性的法西斯主义崛起、世界资产阶级编织的"二战"噩梦背后,反动势力对布尔什维克政权的敌视从未消失,这种敌视弥漫了世界大部分地区和几乎整个欧洲,但是,苏联却成长为资产阶级统治的毋庸置疑的现实挑战者——尽管其失误重重。

正是马克思主义者的组织力量(不是单枪匹马),加速了"二战"的结束,在反法西斯战争中立下了赫赫战功,并对防止第三次世界大战作出了贡献。他们主张建立一个没有武器的世界,要求人们致力于生产财富而不是制造炸弹,呼吁挽救大地的生命力而不是进行无休止的消耗。这是一场史无前例的革命,它面临着旧势力的抵制和负有历史使命的男人和妇女可能出现的意义薄弱。历史总是既有挫折又有新的开端,正如列宁新经济政策时期一样。战后的历史虽然再次出现了挫折,随即新曙光又在地平线上升起。这一新的开端有着自己的名字——改革!

僵化、官僚主义、破坏法制等玷污社会主义国家名声的东西都应遭到严厉谴责。当然,社会主义的主要敌人是帝国主义,不过应该承认,社会主义国家也存在着难以解决的心理问题,存在着权力自身发展的逻辑及其走向扭曲、腐败的内部动因。因此,我在此重申:必须使否决权制度化,必须使保护每一个公民充分合法权利制度化;探索和挑战是科学发展的动力,如果遭到抑制和禁止,教条主义就会猖獗,科学就会枯萎;对于法律程序的信赖及其绝对的、无条件的不可侵犯性,是社会主义民主健康成长的必要前提;由于知识的不可取代,那些在各个领域作出杰出贡献的专家、学者应当受到尊重。

社会主义的存在是为了使人们生活得更美好。建设社会主义必然意味着绝大部分人民的政治参与，意味着生活条件有一个稳定、显著、无可争辩的改善。从历史的观点看，东欧、中国、古巴和习称为法兰西印度支那的地区千百万人物质文化水平的提高是有目共睹的。现在，随着经济发展具有更大的灵活性，随着国际紧张局势的缓和，随着裁军运动的深入，随着技术革命的推进，一个巨大的飞跃将再次发生。

我们将不断寻求新的经济所有制形式。在保证集体所有制、国家所有制（特别是合作社所有制）占支配地位的前提下，决不排除个人所有制。这有助于捍卫自身利益、反对剥削和侵权行为。

为了使世界更趋于和平、仁善，必须加强日益充满活力的联合国及其他形式的领导力量，广泛争取世界朋友。社会主义者坚信：总会有一天，所有正直人的价值观将趋于一致。

苏联、某些东欧社会主义国家的发展正处于危难之中。戈尔巴乔夫最近强烈地谴责一些制造动乱的分子"抛弃了社会主义原则"。曲折总会有，前途则是光明的！

（二）

美国的情况又怎么样呢？有的人，特别是远离现实或受到职业限制的人，也许会相信甚至宣扬资本主义的光荣神话或国家议会的走狗们所谓"西方式民主"的最后胜利。然而，在很多方面看来，自从奴隶制度的祸根和奴隶主集团的野心几乎摧毁共和国以来，美国社会的危机从未有如此深刻过。

在这个繁荣的国度里，一方面是一小撮人不是拥有百万而是亿万美元；另一方面则是658万劳动人完全失业，250万人处于半失业状态，再加上500万—600万人想干全日工却只能干半日。无家可归者已达

300万，而且，与以前的鲍厄里①叫花子或独身游荡者不同，今天的无家可归者基本上是有职责的成人和多子女的家庭成员。据美国住房和城市发展部统计，1984年，21%的无家可归者是家庭成员，1987年则为28%。而在布什直接管辖的华盛顿，其增长幅度高达5倍。无家可归者的出现和增长是因为1981—1985年中，110万以上的美国人被解除了工作；而在里根导致的灾难期间，联邦政府却在"大幅度削减社会福利和紧缩经济计划"。

种族歧视又在不断加剧——在纽约、布鲁克兰，我们曾亲眼目睹过私刑拷打。45年前，米达尔曾报道过所谓"美国的两难处境"；20年前，克纳曾警告美国正在逐步变成一个种族分裂和不平等的国度；今天，国家研究委员会在《黑人与美国社会》中指出，尽管激烈的斗争取得了成效，尤其是在60年代，然而，在3000万非洲后裔的美国人中，仍有许多人被"排斥在国家生活的主流之外，处于极端不平等的境况之中"，"两难处境"并未摆脱。

在贫困中生活的美国人比例是上升趋势。1974年才11.2%，1986年已达13.5%。而且，穷人在80年代可能变得更穷，一般贫困家庭的年收入与贫困线的差距不断增大，现已超过了1963年以来的任何一年。然而，总统却声称，要削减那些年收入超过20万美元家庭的所得税！可怕的事实是，1987年18岁以下的美国人有1/5生活在低于官方规定的贫困线标准的家庭中。在说西班牙语的家庭中，这一比例不是20%，而是39%；而在非洲后裔的美国人家庭中，这一比例高达45%！因此，这个资本主义大本营的未成年者死亡率可以和危地马拉、巴西、墨西哥以及其他"西方民主"的堡垒盟国的数字相比。

---

① 美国纽约街名，多廉价饭店和流浪者。

不要忘记，在这片有人认为大街上都铺满黄金的国土上，却有300万人没有能力用任何语言读书和写字！纽约市立大学研究中心的城镇历史学教授理查德·韦德写道，正是纽约——这个地球上最富裕国家的最富裕城市，其"保健系统的功能正迅速失去"，"教育系统也同样变得混乱不堪"，使其华丽的外表渐渐失去光辉。

霸权主义的阴魂不散。总统宣布，继续生产毒气武器而不顾联合国协议和国际和平势力的呼吁。布什还明确表示，他要进一步紧握新尼加拉瓜的300万农民；加紧限制新古巴；推翻巴拿马政府，不把它送进地狱就把它拉入天堂。不久前，澳大利亚国立大学战略防御中心主任德斯蒙德·贝尔披露，布什的主要部队和安全机关采用了一个"单方一体化实施计划"，把苏联及其他华约国家的500个地区和基地作为核武器攻击目标，要用相当于炸毁广岛的炸弹600倍威力的战略核武器迅速击垮苏军司令部及其指挥系统。

面对这一切，难道不需要马克思主义的远见卓识，不需要革命的奉献，不需要约翰·布朗、伊丽莎白·弗林、弗里德里希·道格拉斯和杜波依斯的坚定不移精神吗？这不是一个失望的时代，而是一个重新奉献的时代。现在需要的不是犬儒哲学，而是探求人类解放道路的高度热情。我们这片国土有着丰富的资源，优良的传统，发达的生产力和非常能干的男人和妇女，社会主义一旦诞生于这块土地上，那将会是一个异常美丽的世界！

（周永亮、陈林 编译）

马克思主义在爱尔兰*

〔爱〕科诺尔·科斯蒂克

对爱尔兰社会结构进行专门的马克思主义分析、对其政治传统进行评估,这一做法起源于马克思和恩格斯的著作。马克思主义的这两位奠基人,对爱尔兰的经济发展和政治发展有着巨大的兴趣,他们给我们留下了卷帙浩繁的重要著作。恩格斯经常访问爱尔兰,他给我们留下了很吸引人的评论集,这些评论揭示了早期的爱尔兰社会——本质上是一个向封建主义过渡的克尔特族部落结构——的复杂情况。然而更为重要的是,马克思和恩格斯对于理解他们那个时代爱尔兰所发生的种种事件所做出的贡献。

到马克思那个时代为止,显而易见,爱尔兰屈从于英国资本主义的需要,这使爱尔兰自身的发展很不正常。合并法案(1800)导致了高额税收和降低对英国进口的关税,结果使爱尔兰工业遭到毁灭;例如,在班登,1825年有两千名织工,但是到了19世纪40年代,只剩下不到一百名。爱尔兰从英国进口的棉布从1825年的三百万码增加到1835年的八百万码。英国对爱尔兰经济加以控制所造成的最具破坏性的和最残酷的后果,就是19世纪中期的饥荒;爱尔兰的人口锐减,从1841年的

---

* 本文选自《马克思恩格斯列宁斯大林研究》1999年第1辑。

八百二十万减至1891年的四百七十万。家庭手工业最终被毁灭，土地被合并到大地产中；到1903年，这个国家的81%被变为牧场。马克思认为，这场灾难的本质是爱尔兰生产性质中的一场革命。"这一革命就是爱尔兰的土地关系制度正在让位于英国的土地关系制度，小的租佃制度正在被大的租佃制度所排挤，正如旧日的土地所有者让位于现代的资本家一样。"①

马克思和恩格斯提倡爱尔兰独立，不只是因为他们对英国在爱尔兰实行的政策的不人道而在道义上感到气愤，而且因为他们认为这种独立对英国的统治阶级会有革命影响。恩格斯曾在1843年的一封信中以开玩笑的口吻评论道，给他二十万爱尔兰人，他就能推翻英国的整个君主制。这个评论是对群众性民族主义运动增长的响应，恩格斯认为这一运动被丹尼尔·奥康奈尔引导错了，它走上了文质彬彬的轨道，而不是同英国当局对抗。

马克思和恩格斯希望，一个人民大众的爱尔兰运动通过没收英国统治阶级的投资，会给后者以巨大打击。他们提倡爱尔兰独立还有另外一个理由，即他们认为，它会使英国的工人阶级团结起来，其中一个关键的分歧就是英国工人同爱尔兰工人之间的竞争。马克思和恩格斯所希望的这种联盟通过1838—1848年的宪章运动暂时得以实现，宪章运动的领袖是爱尔兰人（和黑人），宪章运动谴责英国对爱尔兰的控制。

在爱尔兰本土，饥荒以后几年的后果是一段时间以来一切革命运动的毁灭。只是到了19世纪60年代，随着芬尼亚运动的出现，一个群众性的激进传统才出现在爱尔兰的大地上。马克思和恩格斯同芬尼亚运动的领袖有着密切的私人接触，但称芬尼亚运动是"趋向社会主义的"

---

① 《马克思恩格斯全集》第1版第11卷第136页。

而不是社会主义的。区别就在于，芬尼亚运动的支持者中有五到八万人是爱尔兰穷人，他们反对地主，但他们同土地仍有紧密的联系，他们还不是现代的工人阶级，按照马克思和恩格斯的观点，现代工人阶级是一场更加彻底的反对资本主义运动的基石。

在爱尔兰本土，第一个真正的马克思主义的声音是同詹姆斯·康诺利（1868—1916）一同出现的。康诺利在第二国际的马克思主义传统中起着很大作用，并且同第二国际在欧洲的领导人有着经常的接触。他对爱尔兰的两个重要发展的最初反应使他成为第二国际的极左派，在许多方面，他可以被看作是处于同样的传统中的罗莎·卢森堡。爱尔兰的特点是斗志高昂的工人阶级和民族问题，这些特点使康诺利走向革命的马克思主义。

资本主义农业在爱尔兰的成功导致了城镇中心的增加并产生了一个新的工人阶级。许多爱尔兰工人从事非技术工作，他们一开始为他们的权利而斗争就很快地采纳了工联主义哲学，他们认为，这种哲学很适合他们的斗争。从1911年起，爱尔兰经历了一场群众罢工和工人阶级日益觉醒的暴风骤雨。康诺利同革命的社会主义者詹姆斯·拉金一起领导了这一运动，建立了爱尔兰交通和全国工人联合会——类似世界工业工人联合会（康诺利在美国时是这个联合会的组织者）的组织。拉金和康诺利在1913年都柏林封闭工厂的高潮时期领导了都柏林工人。不采取只雇用工会会员的制度，数以千计的工人就拒绝返回工厂，他们的这一行动持续了6个月之久。他们最后以失败而告终，这使得拉金（暂时）失去信心；他动身前往美国，而康诺利在非常艰难的条件下继续尝试建立社会主义运动。

尽管康诺利是个小革命政党的领导人、甚至是创建者，但他的党政活动与他的工会领导身份成分离趋势。结果，他在工会中的追随者很少有被吸收到马克思主义政党内的。在康诺利在爱尔兰的整个积极的一生中，他不得不对爱尔兰民族主义的存在进行分析并作出实际的反应。自19世纪80年代起，天主教中间阶级的迅速增长促进了"盖尔语复兴"，即一种新的爱尔兰民族主义的出现；盖尔语体育联合会成立于1884年，不久就有了很多追随者，为提倡爱尔兰语言而于1893年建立的盖尔语联盟，到1906年已经有了十万名成员。与这种民族主义的复兴相联系的是爱尔兰民族的政治运动；爱尔兰资产阶级议会党、中产阶级新芬党和中产阶级低层的爱尔兰共和兄弟会。应当指出，爱尔兰的激进民族主义当时对新的工人阶级并没有统治权，1912年，新芬党的报纸每期才售出两千份，只是拉金的《爱尔兰工人报》销售量的十分之一。

在第二国际时期，马克思主义者中的正统观念是，殖民地国家在本国的生产力还没有发达到足以为社会主义创造基础，或者在欧洲革命还没有给它们独立和进步之前，必须耐心等待。这种观点使得欧洲的许多工人领袖反对殖民地脱离帝国的要求，并且远离民族主义运动。康诺利冲破了这种观点，从某种意义上来说，他是在向马克思的观点回归，不过是在一种比较当代的形式上的回归。他的思想在《工人和爱尔兰史》（1987）中得到阐述。这部著作很可能是爱尔兰马克思主义者所写的最重要的著作。康诺利看到了在爱尔兰本土发生革命的可能性，他的著作是试图理解这场潜在的革命的本质的一种尝试。

民族资产阶级被康诺利描述为"由一千个经济弹簧"连结在英国的资本主义上。此外，他们担心，要求把英国当局赶出爱尔兰的这种民众的骚动会损害他们自己的地位。康诺利同比较好战的共和派争论说，试图建立所有阶级的民族主义运动这一目标是渺茫的。他预言，上层阶级会背叛民族运动，正如他们过去所做的那样。康诺利写道，共和派应当把日益壮大的工人阶级看作是"为爱尔兰自由而战的不易腐蚀的后继者"①。通过分析,他相信,爱尔兰革命将既是民族革命,又是社会革命,它会在结束剥削并建立工人的共和国的基础上把新教工人吸引过来。

康诺利没有解决马克思主义者应当如何分析爱尔兰的激进民族主义这个问题、他把共和主义描述为一种没有阶级根源的东西,并因此描述为一种能够同工人运动相融合的传统。他对激进民族主义者的态度是,力图规劝他们,说他们的目的只有通过社会主义才能够最好地实现,他的这种态度混淆了两个传统之间的差别。因此,当康诺利想给第一次世界大战以打击但未能把一大批工人动员起来时,他便求助于爱尔兰共和兄弟会并同他们一道组织1916年的复活节起义,由于他是这一起义的领袖之一,英国当局在爱尔兰资产阶级的怂恿下把他枪决了。

复活节起义的遗产是矛盾的。起义之后是英国实行镇压,这种镇压与起义领袖要求应征参加大战的战斗联系在一起,结果起义领袖变成了牺牲品。然而,在重新掀起的反对英国统治的运动中,工人没有要求独立的呐喊。一批社会主义革命者不仅确实被消灭了,而且作为激进民族主义的一种选择的政治上的社会主义革命也烟消云散了。来自美国监狱的拉金,怒斥幸存的工人领袖允许新芬党领导反对英国当局的民众运动。他清楚地意识到,与社会主义相对抗的民族主义的解放运动,对北部的新教工人不会有吸引力。

1918—1923年的悲剧在于康诺利的预言得以证实:爱尔兰独立的动力是非常好战的工人阶级,而政治上的受益者则是新芬党的中产阶级民族主义者,他们的观点要求把工人对资本主义的侵犯限制在这样的程

---

① 丁·康诺利《工人和爱尔兰史》伦敦1987年版第25页。

度上，即英国当局不能被彻底击败。第一次国民大会不顾一切地阻止农村军人破坏大农场和大牧场。许多爱尔兰共和军成员发现自己在保卫通常持民族主义政治观点的富裕的农场主。新芬党劝告工人暂时把他们的"局部"利益放在一边。在1920年4月规模宏大的大罢工期间，他们的领袖阻止大批群众闯进蒙乔伊监狱。在停战时期，临时政府威胁说，要使用军队对付工人的"苏维埃"占领区，国内战争不仅预示了反协约的共和派的失败，而且也预示了仍存在于明斯特的苏维埃的失败。随之而来的对爱尔兰的瓜分对工人阶级运动是一个沉重的打击，爱尔兰被分割为三部分：北部的新教和天主教以及南部的天主教。虽然拉金于1923年返回爱尔兰，但为时已晚，他没能阻止分割的加剧，他被工人阶级的长期退却弄得哑口无言。

20世纪30年代，当共产党开始活跃起来时，马克思主义在爱尔兰又重新恢复了生机。1932年贝尔法斯特"院外救济"罢工之后，马克思主义在北部有了很大一批追随者，在这些罢工中，失业的新教徒和天主教徒联合起来为改善权利而战斗。然而，爱尔兰共产党并不比任何欧洲党对莫斯科更加独立。尽管它产生了一些重要著作家［像德斯蒙德·格里夫斯，他为康诺利写了鼓舞人心的传记（1972）］，他们创造性地发展马克思主义的能力被苏联传授给他们的爱尔兰革命的"阶段"论所束缚。共产党鼓励南部的党员与先进的民族主义者一道首先为一个统一的爱尔兰而工作，只有在此之后，才提出社会问题。这种分阶段的主张被对康诺利和复活节起义的引证加以证实，但是同《爱尔兰历史上的工人》相比，它代表了爱尔兰马克思主义的一种退步，它推翻了下述思想，即民族压迫问题与工人阶级的斗争不能分开。

共产党通过采取一种不同的战略，即把注意力专门集中在经济问题上，从而在贝尔法斯特的工人中建立了一个根据地。后来，他们把这种活动理论化,说在爱尔兰存在着两种民族主义者,新教徒和天主教徒,这意味着在新教工人中没有道理提出民族主义者所关心的事。在南部,共产党的发展常常因他们没有能力从共和派的传统中赢得激进派而削弱。直到1968年,在民权运动中才出现了不属于共和运动左翼的马克思主义。

新的爱尔兰马克思主义

北爱尔兰国家成立于1922年,当时贝尔法斯特的雇主力争仍作为英帝国的一部分。在动员中产阶级甚至许多新教工人来反对被察觉到的天主教民族主义接管的威胁时,厄尔斯特工联主义的领导人在一系列的纲领和成功地创立的国家的结构中击溃了左派。工联主义者为他们的新国家不得不付出的代价是形成了天主教少数派,由于非常明显的歧视的存在他们更加同国家分离。国家的关键结构——法庭、警察和政府管理——全都或多或少无一例外是新教的。地方政府选举是精心策划的,保证新教选举人比天主教选举人有更多的代表,即使是在像弗马纳县这样的天主教徒占多数的地区也是如此。这种歧视在20世纪60年代末激发了民权运动,这一运动部分是由黑人民权运动和反越战争抗议引起的。有趣的是,根据以后的发展,争取民权的头几次进军由社会主义者为先导,并且把注意力主要集中在能够吸引新教工人的一些社会问题上。

许多参加者对北爱尔兰国家对他们加以镇压感到震惊。北爱尔兰国家的不妥协态度以及在1969年调来支持这个国家的英军所起的作用,为现代爱尔兰共和军的出现铺平了道路。日益增加的天主教人口不久就发现他们自己在一些事件中受到了军队的攻击,比如,1970年福尔斯路宵禁,当时有三个市民被杀害,1971年的拘捕,当时有数以百计的天主教徒被拘捕,以及1972年发生在德里的流血星期日,当时有十四位游行示威者被打死。

随着数以千计的工人阶级天主教徒由于这些经历而激进化,爱尔兰共和军填补了政治上的真空。到1971年为止,它在贝尔法斯特支部的成员从寥寥无几增加到一千多名。与此同时,由于受到世界和地方种种事件的政治影响,新一代的马克思主义者开始涌现,他们力图分析他们周围的变化剧烈的事件。

大体来讲,这些马克思主义者在关于共和主义和新教工人的问题上可以分为两个阵营。比尤、黑兹尔科恩、吉本、帕特森、哈登和摩根所持的观点是,爱尔兰民族主义不是马克思主义者应投身其中的激进运动。出于实际的目的,有着这种传统的马克思主义者认为,社会主义者不应当为民族主义者的议事日程的任何部分进行辩护(例如,立即撤出美军,争取统一的爱尔兰),而应当为提高所有爱尔兰工人的生活标准的经济改善而斗争,同时调整与天主教徒相比的经济上的不平衡。

采取这后一种立场的最老练的著作家是亨利·帕特森,例如在他的重要著作《阶级冲突和宗派主义》(1980)中就是如此。帕特森利用各地的阿尔都塞派马克思主义者所提出的观点来为北爱尔兰的结构作特殊的解释。他认为,北爱尔兰国家是由于这样一种动力而形成的,这种动力就是要自主地对待资产阶级和英帝国主义的经济要求。他认为,其理由是,从北爱尔兰国家的根本上来说,动员中产阶级和工人阶级因素是必要的,国家永远必须考虑这两个集团的利益。因此,大企业企图实行适合于资本主义的改革,是以动员人民群众为基础的。

这种理论立场具有这样一种含义,即共和派的要求如果不是危险的,那也是不恰当的。帕特森指出,如果北爱尔兰国家脱离英国,那么，作为无拘无束的工联民粹主义的一种表现形式，它就会变得甚至更加反动。帕特森还认为，这个国家还得到了新教工人的支持，因为它使新教工人变成了工人贵族，他们的生活水平高得足以确保他们效忠现存的国家。因此，那些希望这些工人所表现的在经济上的强硬立场会削弱宗派主义的马克思主义者，毕竟是错了。

这个阵营的观点遭到迈克尔·法雷尔这样的马克思主义者的激烈反对，他的《北爱尔兰，奥兰治国家》（1976）一书影响颇大。法雷尔是人民民主党这个小的革命政党的创始人之一。他们的分析把对天主教的继续歧视这一现象的责任归因于英帝国主义在爱尔兰的政策。他们认为，英国想要捍卫它在北爱尔兰的地位，并且使南爱尔兰处于新殖民主义的关系之下。他们认为，英国权力在北爱尔兰的继续存在是爱尔兰革命的主要障碍。

人民民主党认为，不管共和派的运动在社会方面是如何保守，都应当积极地把它评价为在客观上是同主要的敌人作斗争的——甚至可以认为共和主义是革命的先锋。完成爱尔兰的资产阶级革命是工人阶级现时的任务，在这场斗争中，共和派是潜在的同盟军。像"把军队驱除出去"这样的要求是基本的。工人运动要是不提出反帝国主义的主张，就会对工联主义作出让步，这最终会遏制工人阶级的战斗精神。

在马克思主义的这两个派别之间存在着奇怪的一致性。法雷尔同意新教工人是工人贵族，同工联主义联合关系到他们的切身利益。但是，帕特森和其他人由此得出结论说同新教工人一道提出"民族"问题是一个错误，与他们不同，人民民主党坚持反帝国主义的口号至高无上，尽管无任何希望表明新教工人会赞同他们。

实际上，这两个马克思主义派别倾向于代表两种不同的工人阶级选民：帕特森，代表新教选区；法雷尔，代表天主教选区。

马克思主义在爱尔兰的衰落

从20世纪70年代末直到90年代，马克思主义在爱尔兰处于衰落之中。这一点主要是由于国际上的影响。1968年以后的许多马克思主义者，特别是那些与人民民主党有联系的人，受到毛泽东的中国和卡斯特罗的古巴的鼓舞。但是"社会主义"国家日益增加的非正义的迹象以及这些国家之间的战争使它们的支持者的幻想破灭。尽管有过1968年的五月事件，但法国的戴高乐仍能维持下去，智利的阿连德遭到失败，葡萄牙革命失败，——这一切都为日益增长的关于革命的可能性的悲观情绪创造了条件。这种情绪在80年代随着撒切尔和里根的统治而变得更加严重。最后，1989年以后，东欧共产主义的垮台使左派的低落情绪有增无减。甚至那些与托洛茨基主义有联系的马克思主义者也接受了各种各样的理论，这些理论认为东欧对工人来说是一种稍好于西欧的制度，所以东欧的显然失败对他们来说是个打击。

在北爱尔兰，即大多数新马克思主义者的家园，70年代以后情景更为可怖；随着宗派主义的残杀达到最高纪录，把不同背景的工人团结起来的前景似乎更遥远了。随着1980—1981年共和派的饥饿罢工而来的是激进主义的复兴，这导致了对天主教居民的广泛动员以及都柏林暴乱时期对英国大使馆的纵火事件。其后在北爱尔兰天主教工人中掀起的支持新芬党的浪潮，导致具有法雷尔传统的一些马克思主义者加入了这个党，但是同时对未来的工人阶级革命丧失了信心，这仅仅加速了一种独特的爱尔兰马克思主义的崩溃。

马克思主义在爱尔兰的一批大学教师中以一种非常玩世不恭的和学术的形式而存在。在詹姆斯·康诺利的传统中，实际活动被看作是过时的和只对"恐龙"有用。许多现代马克思主义者都接受一种思想,即当代工人阶级,因其有着非常复杂的文化,不再是一支积极的革命力量。

对这种学院式马克思主义持主要反对意见的是与一些小的革命政党和社会主义工人运动(现在称社会主义工人党)有联系的马克思主义者,以及强调"来自下层"的斗争的两位历史学家:埃米特·奥康瑙尔,他写了一部关于爱尔兰工团主义的重要著作(1988),以及布赖恩·曼宁(1991),他对17世纪英国革命的分析引起了人们对城镇穷人活动的注意。

当前马克思主义在爱尔兰

当前马克思主义在爱尔兰有越来越多的读者,似乎会经历一种温和的复兴。北爱尔兰和平进程时期,与服役缩减几年后日益增加的对剥削的认识相联系,在北部工人中产生了一种追求非宗派主义的政治形式的渴望。1994年11月德里的五千工人以及贝尔法斯特的一万工人在德里和贝尔法斯特工会的号召下走上街头,抗议宗派主义的残杀,这一行动极大地加速了一般被认为是首要的资产阶级政治学家倡导的和平进程。

曾经在天主教工人阶级激进派中占绝对支配地位的新芬党,现在开始赞同这样的思想,即要在管理资本主义经济上起一定作用。格里·亚当斯倾向于比尔·克林顿和共和派政治家,这在一个曾经声称是帝国主义的一个国际对手的党的战略上是一个重大的转变。同南非的曼德拉一样,他们倾向于取得政权的动机正在留下一个潜在地向左派开放的真空。

在南部，爱尔兰社会的普遍激进化是同城镇工人阶级的持续增长一同出现的。现在只有11%的爱尔兰居民在这个国家工作。在都柏林和科克周围的新的工人阶级阶层以及女工数量的日益增加，产生了一种要求改变爆炸性地出现的堕胎问题的观点。1992年2月，一个14岁的被奸淫的少女被这个国家拘留，不让她去英国堕胎；由此引起的游行示威和抗议行动震惊了爱尔兰当局，这个少女很快被释放去旅游，如她和她的父母所希望的那样。

社会主义工人党（我是其中一员），在我认为很重要的许多方面发展了爱尔兰的马克思主义，这对新一代的激进派会有吸引力。埃蒙·麦卡恩，德里早期民权运动的组织者，是这个党的最早的党员之一。他的《战争和一个爱尔兰的城市》（1993）在坚决赞同向北爱尔兰国家的普遍挑战时，并没有把新教工人看作是工人贵族，而看作是潜在的革命力量。马尔克·休伊特进一步发展了这种主张，他在《新教工人和天主教工人能够联合起来吗？》（1993）这本小册子中指出，由于对天主教徒的镇压，新教工人也吃了亏。例如，新教徒的家庭收入只是英国人平均收入的三分之二。埃蒙·麦卡恩依然是他那一代仍然坚定地献身马克思主义的少数马克思主义者之一，这也并非巧合；他在担任工会主席期间在德里有拥护者就是证明。

在我的《爱尔兰的革命》（1996）一书中，我论证说，1918—1923年时期革命的动力，并非如民族历史学家所描述的那样，仅仅由爱尔兰共和军驱动，而是由爱尔兰工人阶级的战斗精神驱动的。意味深长的是，贝尔法斯特的大量新教工人与工联主义决裂了，但是当南部的劳工与新芬党合作时，他们却一筹莫展。

爱尔兰《社会主义工人报》的编辑和撰稿人基兰·艾伦表明，南部国家不是依附于英国政府的一个新殖民地。新殖民理论渊源于尼科斯·普兰查斯和巴西的社会学家F. H. 卡鲁索所发挥的思想，爱尔兰的一些学院式的马克思主义者把它改头换面，以证明马克思主义者同爱尔兰共和派之间的持续不断的联合是合理的。艾伦是第一个对现代爱尔兰的这种观点进行挑战的著作家。他论证说，20世纪30年代和40年代德·瓦勒拉的替天行道士兵党运动是一场平民党运动，这场运动扫除了英国对二十六个郡进行控制的最后残余。爱尔兰资产阶级完全控制了它自己的国家，它和任何同样大的国家一样，有能力决定自己的经济方向。这可以用下列事实来证实：20世纪60年代以来同美国资本和欧洲资本在爱尔兰的投资相比英国在爱尔兰的投资大幅度下降。

这两种理论的结合——新教工人的革命潜力和独立的南部国家——为使上一代马克思主义者发生分裂的难题提供了一种解决方法。通过积极地向爱尔兰的两个国家进行挑战，马克思主义者可以吸引新教工人，而不必回避由于对天主教的歧视而产生的问题。新教工人的兴趣是同天主教联合起来，并对宗派主义国家的存在进行挑战，把它作为结束他们自己的经济剥削的斗争的一部分——尤其是如果同一运动是同时向狭隘意义上的天主教南部国家进行挑战这一过程的一部分的话。

最后，基兰·艾伦最近考察了天主教和替天行道士兵党正在失去在爱尔兰工人阶级中的深深的根子这一情况，而这些根子是在20世纪30年代扎下的。爱尔兰社会的不断工业化挖掉了天主教在农村中的基础，天主教发现自己在为工人阶级的忠诚而斗争，而这个阶级关于性、生育控制和妇女的作用这些日常道德同天主教的精神是相冲突的。

正像北部的情况一样，南部的政治中也存在着真空。在工人阶级斗争的复兴开始之前，说马克思主义将填补那个真空还为时过早。很有可能，勒庞的法国法西斯主义运动的天主教权利的支持者在城镇的不满情绪和贫困的基础上会开始增加。但是这些团体会同教会一道实行退却，给爱尔兰的马克思主义者提供一线机会来赢得新的工人阶级的拥护者。

最近关于离婚的投票表决法案就是对这种情况的最好说明。在这场运动期间,牧师的权利加上运用从人类生命国际(the Human Life International)获得的巨额资金,在爱尔兰到处张贴了海报,硬说离婚意味着家庭的解体和较高的赋税。牧师同主教一道竭力强调离婚罪孽深重。另一方面,政府开展了一场非常胆怯的运动。他们在希望实行某种变化但又想对这种权利作出让步时,取得了各党派的一致同意,即对实行离婚形式加以限制。甚至政府中最激进的党即左翼民主党(原先的共产党)中,也有领导成员开展反对离婚的运动。

结果,仅以勉强的多数票赞成离婚。表决反正是获胜了,这主要是由于同1983年的投票表决相比赞同离婚的工人阶级选区进行了大量活动。都柏林1995年11月26日的《星期日世界报》用醒目标题对表决结果作了总结:"工人阶级恪尽责任"。新一代的工人是谨慎的乐观主义的源泉:马克思主义在今日爱尔兰能够赢得越来越多的读者。

(原载美国《马克思主义反思》杂志1996/1997年卷第9卷第3期)

(闫月梅 译)

荷兰《东欧思想研究》谈马克思主义和社会主义思想在今日俄罗斯[*]

荷兰《东欧思想研究》杂志（原名《苏联思想研究》，1993年起改为此名）1993年第1—2号刊出了一期题为"马克思主义和社会主义思想在今日俄罗斯"的专辑，收载了俄罗斯哲学界和文艺界有关学者的12篇文章。这些文章是在俄罗斯"自由言论"俱乐部组织的"马克思主义死亡了吗？"专题辩论会的基础上筛选出来的。作为该期杂志的客座编辑，瓦连京·托尔斯特赫（俄罗斯科学院哲学研究所高级研究员、俄罗斯"自由言论"俱乐部主席）和阿卜杜萨拉姆·侯赛因诺夫（俄罗斯科学院哲学研究所教授）共同为专辑写了前言，托尔斯特赫还独自写了引言。他们在"前言"和"引言"中所谈的看法，在一定程度上反映了当前俄罗斯理论界一部分学者对马克思主义的基本态度。现将他们的主要观点介绍如下：

一、马克思主义在俄罗斯的现状

他们认为，在戈尔巴乔夫时代，就有人提出要"更新意识形态"，即更新马克思列宁主义意识形态。但一直无人说明需要补充什么来使它

---

[*] 本文选自《国外理论动态》1994年第15期。

更新，或者说这种更新了的意识形态该是什么样的。倒是越来越多的人开始批判马克思主义的基本原理。更有一些人干脆全盘否定马克思主义。

在苏联解体、共产党被取缔之后，官方的言论中不再谈论社会主义选择了，俄罗斯当局正在按照西方的模式来进行社会的改造。在精神生活方面，宗教和民族主义取代了被抛弃的苏联意识形态。看来似乎马克思和马克思主义已经彻底完蛋了。八月事变后，更有人建议公开宣判马克思列宁主义是"有罪的意识形态"。所庆幸的是，这种主张并没有被采纳为政府的政策。显然，社会得出的教训是，对各种思想的迫害是与民主制不相容的。

如今在俄罗斯，马克思主义不仅仅被送交审判，还正在被埋葬。一些人确信马克思主义死亡了。另一些人始终想埋葬马克思主义。所不同的是，企图埋葬马克思主义的人，以前是那些"意识形态的反对者"和"社会主义的敌人"，如今则是过去的马克思主义的诠释者和辩护士、受人尊敬的作家和出版家等。他们之中的很多人是曾经研究过马克思列宁主义的人。不过，一般说来，现在对马克思主义反驳得最为激烈的是那些对马克思主义一知半解、不甚了了的人。另一方面，无论是普通的马克思主义者，还是著名的马克思主义者，他们都默不作声。就连那些坚持信仰马克思主义的人要么一言不发，要么怕被人说成保守派、倒退派。

二、对马克思主义应当采取分析态度

托尔斯特赫认为，人们对马克思主义持怀疑和尖锐的批判态度是有其客观原因的。一方面，不能否认这样一个事实，即对马克思主义采取批判态度，可以享受到"最惠国待遇"。但是，批评应当是一种分析，哪怕是毫不留情的分析，而不是粗野的谩骂和攻击。对那些一夜之间就从马克思主义的信徒变成马克思主义的批判者的人来说，如此的健忘和自我批判，是无助于维护社会科学的地位和提高他们的威望的。另一方面，对那些为数众多、至今仍在信仰马克思主义、认为科学社会主义的思想和理想是正确的人来说，对马克思主义的态度的确涉及一个社会道德、世界观的问题。但是，谁都不愿为已经变成一种信仰、一种世俗宗教的马克思主义意识形态作辩护。可是我们为什么纵容另一种独霸言论的现象呢！这无疑是在承袭旧的方法论。一个人对待马克思主义的态度，同时也是一个对待真理和判断一种学说在实践中是否有效的标准问题，是对待普通意识与科学意识之间的关系问题，是对待共产主义的命运，即马克思主义世界观的精髓问题。

三、马克思主义是无法从历史中抹掉的

托尔斯特赫认为，不管我们个人的观点如何，马克思主义作为一种哲学理论、作为一种经济和政治学说，都无法从思想史或大规模的社会运动和社会力量的实践活动中抹掉的。社会科学家将不得不根据已经发生和目前正在发生的变化来重新估价马克思主义对世界历史所产生的直接和间接的影响。

的确，马克思主义的命运问题中包含着伦理道德的方面，因此，我们才要将其放在当前困扰着整个社会、尤其是困扰着社会思想的意识形态危机的大环境下加以考察。我们有责任对实际中已发展的东西进行研究。我们面临许多问题。例如，马克思主义是否低估了资本主义和市场经济的潜力？马克思主义把希望寄托在无产阶级专政上面，认为它将按

照自己的面貌和意愿再造世界是否正确？马克思主义能否改变世界、能否成为行动指南？如果马克思主义不仅仅是作为一种社会政治学说，而且作为一整套价值观念和意识形态体系真的被证明是失败了，那么我们所能做的一切将是"埋葬"它并将记住它曾是19世纪和20世纪的一种社会和文化思潮。然而，马克思主义也可能被看作是一种社会哲学理论，它可以在不同于19世纪的条件下加以应用，它可以进行自我批评和自我发展，而且，它不认为它的任何主张都是不可改变的。从这一点来讲，马克思主义，如同任何一种社会思潮一样，有助于建立一套新的价值观念和新的思维。在这种情形之下对马克思主义所进行的批评（尽管这种批评可能是尖锐而严厉的）将具有积极的"净化"的特点。这样的批评将有助于我们从社会意识和社会存在中清除一切已经过时了的东西。

（刘淑春 摘编）

以色列学者谈马克思主义、资本体系与社会革命*

美国《科学与社会》杂志第63卷第3期（1999年秋季号）发表了M.默希特博士（以下简称"默"）采访以色列著名学者埃斯温·梅扎罗（以下简称"梅"）教授的全文记录。在这次谈话中，梅扎罗从"社会总资本"和"总劳动"的概念出发，认为当今世界均处于资本体系之下，资本主义只是资本体系的一种特定历史形式，而苏维埃型的制度也只是通过政治手段攫取"剩余劳动"的"后资本主义"。当前，资本体系正走向穷途末路，迫切需要转向社会主义；而社会主义革命应该是一种"社会革命"，而不仅仅是颠覆性的政治行为。现将主要内容介绍如下。

默：马克思在他的著作中曾经谈到了许多资本主义的危机；其中哪一种可以解释现时代的危机？我们能否把它们归结为一种？

梅：是的，在根本上你可以把它们归结起来。然而，首要的是保持一种关于资本的全球视野。颇有意思的是，人们最近才发现自己生活于一个"全球化"的世界，而这对于马克思来说，一直是不言自明的。

---

* 本文选自《国外理论动态》2000年第11期。

在我写的《社会控制的必要性》（1971）一书中，我曾详细地讨论了"全球化"的问题——虽然我没有使用这一术语，而使用了"社会总资本（total social capital）"和"总劳动（totality of labor）"这两个与"全球化"相当一致的概念。讨论资本体系，其概念框架只能是全球性的。资本绝对不会自我约束。不从根本上推翻资本体系，你就无法找到能够制约它的反作用力。因此，资本必定遵循它自身的发展路线和逻辑。它必定包涵整个地球。对马克思来说，这一直是明了的。

其他危机类型（如利润率降低等等），是从属于资本的全球扩张逻辑的。因而，你能够在全球水平上把他们连接起来。资本体系是由许多独特要素构成的综合体，其间充满了矛盾。你面前有许许多多的资本，它们既在国家之间，也在任何国家社会之内相互对立。事实上，单个国家社会之内的资本多样性，正是自由主义的理论基础，后者构成了自由主义斗士所标榜的虚幻的自我形象。资本并非一个同质性实体——这一事实使整个"全球化"的问题变得极端复杂。实际上，我们面前有许多分歧和矛盾，"社会总资本"是一个能够把资本的多样性与其矛盾统一起来的综合概念。

从另一方面看，"总劳动"也不能被理解为一个同质性实体。在既存的历史条件下，只要资本体系依然存在，劳动各部分之间就必然矛盾重重，相互对立和竞争，而不仅仅是与个别资本相对抗。这是我们今日的困境所带来的悲剧之一。仅有诅咒是不能消除它的。它们最终都要通过资本的本性和机制本身来加以解释。资本是一种立足于社会对抗之上的无法超越的矛盾体系；它充满了对立，基础就是资本对劳动的结构性支配，因此，必然充溢着各部分之间的分离。

但是必须牢记的是，我们谈论的是一个自动扩张的体系。全球资本体系的自动扩张趋势意味着它不得不成为一个总体的、内在关联的同时也是矛盾重重的体系。这样一个普适性结构有它自身的逻辑。它的无可阻挡的扩展，总要伴随着内在的结构性规则和限制。

默：马克思的"价值转化为价格"的理论以及他提出的解决这一问题的方式是否还有效？

梅：马克思概念框架的基础是劳动价值论。在目前我们大多数国家中社会经济再生产条件下，我们拥有一个必须自我调节的市场体系。然而，必须发生内在的变化，否则调节就是无法实现的。假如资本拥有一种控制自身扩大再生产的直接的政治方式，真正的内在变化将是多余的。这一再生产的过程能够在政治决策的基础上多多少少得以武断解决，正如苏维埃型的资本体系所实际表明的。是以政治的方式还是以经济的方式攫取"剩余劳动"，这是一个次要的问题。首要的问题在于，在所有可知的各种资本体系下，"剩余劳动"必须由一个凌驾于并且结构性地支配着劳动的独立组织加以攫取。

在这里，你可以发现，基本的概念是"剩余劳动"，而不是人们经常所误解的"剩余价值"。"剩余价值"及其再分配和实现的形式，对于资本主义来说完全是根本性的。然而资本体系不仅仅包含资本主义一类。曾经——实际上直至今日——存在过资本体系的多种形式，它们不能被简单地描述为资本主义。

你知道，许多人曾试图把现已崩溃的苏维埃体系界定为"国家资本主义"，我认为这是毫无意义的。苏维埃体系不是"国家资本主义"，而是"后资本主义"。这一体系通过一个独立的组织，结构性地支配着劳动，从事着对剩余劳动的政治榨取，因而仍然在攫取剩余劳动的基础上运作。苏维埃型体系是资本体系的独特历史形式，在其中，剩余劳动的攫取必须通过政治加以控制。

默：在什么情况下"价值理论"会失效？

梅："劳动价值理论"只有通过激进的社会主义转型，才能不再起作用。为了取消"劳动价值理论"，你必须取消任何外部组织对剩余劳动的榨取和分配，不管这种组织是政治的，还是经济的。换句话说，只有人们支配了他们自身的活动和活动成果的分配之后，我们才能谈论社会主义。因此，如果某个独立的组织仍然控制着剩余劳动的榨取和再分配，那么这种社会主义的建立就是不可信的。

我们必须把资本当作一种控制社会循环再生产的历史的决定方式。这是资本的基本含义。它无处不在。栖身于当前的环境之下，你很难想象我们生活中有什么东西不被资本所支配。这就是"劳动价值理论"之所以在资本无所不包、调节过程本身根本没有理性之时必定有效的原因。

下面的事实使转型的问题变得更加复杂：从资本一统天下转到一种极为不同的体系，是一段艰难的历史时期；期间，"劳动价值理论"和"价值规律"的作用是极为不完整的。这正是苏维埃型的资本体系崩溃的原因之一。

默：今天的无产阶级在哪里？它将在社会转型中扮演什么角色？

梅：把社会转型的力量局限于体力劳动工人，显然不是马克思的本意。他曾谈到，经过社会的两极分化，将有越来越多的人"无产阶级化"。因此，决定和最终解决这一问题的关键，是无产阶级化的过程。这说到底就是：在绝大多数人被"无产阶级化"并且陷入无力之极的状况时，谁能够控制社会再生产的过程。现在，当你谈到发展了的"无产阶级化"概念时，它意指某些群体在劳动过程中曾经享有的极端有限的自主权的衰弱和丧失。

控制着文化和智力走向的资本体系的鼓吹者们,喜欢用"蓝领"和"白领"的区别来否定马克思,认为在我们的社会里,"蓝领"体力工人消失了,而那些享有更多的劳动保障的"白领"已经上升为"中产阶级"。然而,如果你环顾一下世界,抓住"总劳动"这个关键概念,那么你会发现绝大多数工人仍然属于"蓝领"阶层。实际上,起决定作用的不是"蓝领"工人和"白领"工人之间的历史的变化关系,而是资本和劳动之间那不可逾越的根本的社会对立关系。这不是哪个特殊劳动阶层的问题,而是资本与总劳动的对立问题。换句话说,在当前的历史阶段,不管其社会经济的状况如何,所有阶层、所有部门的劳动者都是资本的敌人。

默:马克思理论的哪些方面显得脆弱,因而需要更新?

梅:马克思主义的框架永远需要更新。我们在最近的过去所目睹的、根源于本世纪初的转型态势,马克思做梦都没有想到。归结到一点,这涉及资本体系自我调节和自我更新的方式问题,它居然能够推迟其自身矛盾的展开和成熟。马克思没有置身于一个能让他研究国家干预在延长资本体系生命期方面的各种形式和最终局限的环境中。事实上,国家在当代资本体系中所起的作用比以前更大,比如战后25年凯恩斯主义在最发达的资本主义国家里的发展。

马克思谈到过的"资本人格化"是个非常重要的概念。马克思在讨论个体资本家时使用了这一概念,因为他那时找不到别的形式。然而,他极具洞察力地看到了,资本体系的主导成员是那些被资本人格化了的人。在资本的客观制约下,他们只能如此作为。

"资本人格化"是必须服从的,随着社会历史环境的变迁,它把源于资本逻辑的客观制约强加于工人。这一点，与理解以下事实密切相关：在 20 世纪，我们目睹了多种多样的"资本人格化"形式。马克思仅仅知道一种资本人格化的形式，即个体资本家。但我们已经看到了许多不同的形式，并将在未来继续看到一些新的、意料不到的变化，正如全球资本体系的结构性危机所显示的。

由于资本无处不在，深深植根于社会生活的方方面面，因此，如果我们想取得任何成功，就必须通过艰难的、深刻的社会转型过程，把资本彻底清除掉。立足于永恒基础上的社会主义的转变事业，不管多么困难，都必然与这点联系在一起。我们必须时刻注意不让潜在的资本人格化横行于未来的社会主义革命目标之中，不管其形式如何新颖，我们必须专注于创立和成功地确立防止资本人格化死灰复燃的必要措施。

正是在这个意义上，马克思主义的框架必须不断更新，使之能够应对"历史的狡计"的错综复杂的扭曲和转变。

默："社会主义运动"是否指"革命"？

梅：如果我们把革命这一概念界定为社会生活所有方面的深刻的、持续的革命性转变，那么它仍然是非常重要并充满活力的。在许多著作中，马克思都是在"社会革命"的意义上使用革命这一概念的。他说，过去的革命和社会主义的"社会革命"之间的巨大差别在于，过去的革命本质上都带有政治的特征，旨在推翻社会的统治集团，同时置绝大多数人的结构性的依附状态于不顾。

打破或多或少的头颅，从事于颠覆性的"猛烈攻击"，是政治舞台上经常发生的情景，也是相对容易做到的。即使到最近，人们还在这一意义上界定"革命"概念。现在，从痛苦的经验中我们知道，它是于事无补的。沿着这条道路走是不够的。因此，我们必须回到马克思曾说过的"社会革命"。

在谈到资本的社会秩序时,马克思使用了"有机体"这一术语。我们生活于其中的资本体系是一个有机体,各部分相互联结、相互促进。如果你想取代资本的有机体,你就必须在其中植入另一个有机体。显然,"革命"不仅仅是一个"推翻"的问题。任何能够被推翻的东西都只是社会主义革命中极为片面的事物。我们能够推翻在历史上已知的各种资本主义(在某种狭隘的意义上这已经发生了),却无法推翻资本本身。同样,资本主义国家能够被推翻,但每当你推翻它时,你仍然没有解决问题本身,因为这样的国家是无法推翻的。这就是马克思之所以说"国家的消亡"的原因,它与"推翻"是两个根本不同的概念。在特殊的历史情景下,推翻或取消某些制度是必要的第一步。激进的政治行动对于新老集团交替来说也是必要的。然而我们的目标必须是一次持续的、深刻的社会转型过程。在这个意义上,革命的概念绝对仍然是根本的。

(曹荣湘 编写)

美国高校里的左派和马克思主义[*]

阿尔伯特·萨吉斯是美国波士顿大学教授、设在马萨诸塞州坎布里奇的马克思主义教育中心成员,长期从事马克思主义的教学和研究。本文是他 2000 年 6 月在中国社会科学院研究生院的报告。作者阐述了美国左派和校园马克思主义的历史以及它们之间的关系。文章主要内容如下。

美国左派的历史可回溯到美国大革命时期的托马斯·潘恩、本杰明·拉什和其他激进人士,其后历经曲折起伏,其社会成分、组织形式、意识形态和出版物都发生了很大变化。美国左派可分为两翼:自由主义的左派,力图改良资本主义;激进的左派,寻求超越资本主义,代之以不同的社会经济和政治制度。本文重点集中于激进左派及其与美国高校马克思主义的关系。

从 19 世纪 40 年代末到 20 世纪 30 年代,马克思主义与美国高等教育并没有什么联系。当时马克思主义的知识分子是葛兰西称之为"有机的知识分子"的那些人,即他们是工人运动的一部分,大多扎根于政治

---

[*] 本文选自《国外理论动态》2000 年第 11 期。

性党派,不供职于大学。30年代后,高校才有人开始教授和发展马克思主义。授课的教员主要是共产党员和受共产党影响的人士。在左派组织和阶级斗争的影响下,学生运动蓬勃发展。马克思主义首次在校园取得立足点。那段时期,也是美国共产党特别有影响力的时期,拥有25万党员。他们组织和领导失业工人要求工作和住房,成立工会,领导非洲裔美国人和其他受压迫的少数种族争取民权,反对移民歧视。大萧条时期,美共在文化界和好莱坞的制片业中也有强大的影响。美共还在劳工运动中取得了几个重要工会的领导权,并深深地介入了高校的教员工会。其他政治组织,像成立于1938年、有2000名成员的托洛茨基主义的社会主义工人党,在高校中也有一席之地,但主要是学生,没有教师参加。

"二战"期间,由于许多学生奔赴前线,学生运动处于低潮,不过,马克思主义在校园仍然保持着影响。此间,除了少数从欧洲流亡来的马克思主义学者保持着他们对文化和心理学的关注,大部分马克思主义者的学术成就主要集中在政治学和经济学。校园里的马克思主义者致力于分析资本主义经济萧条的原因和社会主义的解决之道,其中很多人运用当时唯一的社会主义模型苏联进行分析。他们也对研究国家和阶级关系作出了贡献。他们还研究战争和意识形态,这是由"二战"和法西斯主义的现实促起的。不过,马克思主义在高校里也只是有了立足点,而且大部分集中在美国东北部的城市校园里。由于没有以大学为基地的马克思主义理论刊物,大多数马克思主义文章发表在各左派政党发起的刊物上。事实上,高校里的马克思主义知识分子要比校外左派组织里的马克思主义知识分子少。

40年代末和50年代初的麦卡锡时代,美国政府对左派的迫害达到登峰造极的程度。美共成员减少到不足1万人。政府镇压共产党,限制劳工运动,马克思主义者和其他信仰社会主义的教员失去了工作。特务学生向校方汇报一切"颠覆性的"教学。甚至自由主义左派的教师也要小心他们的讲演和著述,教师要避免涉及资本主义、种族主义和阶级冲突等论题。一些有幸留下的校园马克思主义者,要么保持沉默,要么把马克思主义改换为更安全的主流自由主义的形式。只有很少的左派学者没有妥协——哥伦比亚大学的社会学家怀特·米尔斯,斯坦福大学的经济学家保罗·巴朗,以及麻省理工学院的科学哲学家和数学家德克·斯特罗伊克,他们都遇到无数的麻烦和威胁。

50年代末60年代初,受古巴和中国革命、民族解放运动,特别是越南战争和美国国内民权运动、反对核战争运动、反对贫穷运动等的激发,"新左派"学生运动开始兴起。在这种环境下,左派教师重新得以发表观点,他们不仅在教室内讲授激进的阶级分析方法,而且以此为工具组织校内外的社会变革。研究生和年轻教师在他们的学术活动中建立激进的组织,向支持公司资本主义、帝国主义、种族主义、性别歧视、精英主义等支持剥削、压迫的观念提出挑战,要求重新为社会科学、自然科学和人文科学定位,使它们不再为统治阶级的利益服务,而为被压迫人民的利益服务。

从60年代末到70年代初,马克思主义成为激进学术的主流。激进学生毕业后,成为教员中新的马克思主义者。当校方要解雇马克思主义的教员时,学生举行示威游行来保护他们。他们还召开年会,在年会上,校内外的马克思主义学者和积极分子,讨论他们的学术研究和政治实践。纽约市的"社会主义学者大会"就是这样一个成立于70年代晚期并存在至今的全国性定期大会。也有一些较小的地区性的会议。马克思主义当时是如此的流行,以至于那些非马克思主义者也自称是马克思主义者了!

学生运动和重新兴起的马克思主义研究热潮并不是孤立的校园事件,它反映了校外社会变革运动的政治活动。六七十年代,左派政党和组织以及它们在学校的分支机构都增强了力量。美共增长到拥有3000名骨干,6000名党员。托洛茨基主义的"社会主义工人党"(现有骨干500名)也从学生中大量吸收新成员。其支系如"工人世界党"(现有骨干300名)等在军人中建立了反对越南战争的组织,在学生和青年工人中招集抵抗力量。此间还涌现了一股新的左派,那就是"毛主义派"。在70年代中早期,受毛主席的理想和"文化大革命"的鼓舞,毛派十分活跃。其中最大的组织是"共产主义革命党",至今仍有300名骨干。像这样形形色色的左派团体真是数不胜数,而且都曾经名噪一时。它们的成员中也有大学教员,为其政治团体的出版物写文章,是这些团体的理论骨干。

但是,所有这一切都随着越战的结束而改变了。民权运动转向,反贫穷运动终结,学生运动衰落,其他运动也烟消云散。联邦调查局、中央情报局、警察和军界加强了反激进主义的颠覆和破坏活动。到70年代末,右翼势力重新上台,大学教员里资历较浅的马克思主义教员被解雇。进入80年代,迫害马克思主义教员已很少遭到学生的游行反对。只有一些一流的大学还保留了很少的马克思主义者,他们也不力图同学生或其他教员组织起来发动变革。学生也对成为马克思主义学者心灰意冷。

留任的全职马克思主义教员——大概占全部马克思主义教员的25%——出现了分化:一部分马克思主义学者,不仅致力于培养学生的政治意识,还坚持为马克思主义的刊物写稿,参加社会变革活动和校园内外的左派政治组织(即首先是马克思主义者,其次才是学者);另一部分学术马克思主义者,他们讲授马克思主义观点,但是主要为非马克思主义刊物撰写深奥难懂的文章，不介入校园内外的左派政治组织（即首先是学者，其次才是马克思主义者）。校园马克思主义学者，尤其是学术马克思主义者，开始远离经济学和政治学，转向研究文化和"四个后"（即后马克思主义、后现代主义、后结构主义、后殖民主义）。逐渐地，他们不再为学生和大学之外的马克思主义知识分子写作——当然，也不是为工人和参加社会变革运动的人们——而是为其他的校内马克思主义学者而写作，他们的文章主题抽象，文字晦涩，只有少数人能懂。失去了学生运动和其他左派积极分子的支持，他们除了自己的小圈子，又能为谁而写呢？

这种情况到90年代中期开始有所变化。劳工运动逐渐复苏，反对全球资本主义的力量加强了国际合作和交流，因特网作为工具被用来组织国际性的罢工和游行，学生运动也动员起来反对血汗工厂和支持生态运动。由于"信息时代"资本以新的方式在国际上扩张，劳工和其他社会变革运动走向马克思预言的方向。学生们又一次开始谈论资本主义和帝国主义，这一次，与60年代初不一样，马克思主义学者形成了一个核心，并在激进社会变革的理论和实践上帮助学生和其他社会运动。一些院校现在也较能容忍一小部分马克思主义者的存在，只要他们只从事理论活动而不参与实践。与高峰时期相比，现在马克思主义教员的人数下降了，但马克思主义的课程增加了许多，更多有关社会问题的课程也采用了马克思主义的观点。甚至主流学派也采用了许多马克思主义的概念，尽管它们不指明其理论来源。但是，多数马克思主义的教员仍需小心行事。当局和其他教员对马克思主义教员的容忍并不意味着支持，当然也不意味着接受。在众多的一般院校，多数马克思主义者仍无固定职位。

可以看出，马克思主义教员的命运和激进左派的一般命运，是与工人阶级和社会变革运动紧密相连的，所以，当这些运动活跃时，左派的力量就强大，当运动衰落时，左派的力量就削弱。在新的时期，资本主义内在的不能解决的矛盾一定会激起新的反对力量，激进左派的力量一定会抬头。因此，我预言，在未来的 5—10 年，美国高校对马克思主义的研究一定会回升。

（吴敏　编写）

占领运动、左翼复兴和今日马克思主义：对话齐泽克*

〔荷〕哈西卜·艾哈迈德

创办于2007年11月的美国左翼网络杂志《鸭嘴兽评论》（*Platypus Review*）在第42期（2011年12月1日）刊载了荷兰左翼学者哈西卜·艾哈迈德（Haseeb Ahmed）采访斯洛文尼亚学者、欧洲著名哲学家和社会批判家斯拉沃热·齐泽克（Slavoj Žižek）的文章《占领运动、左翼复兴和今日马克思主义》。齐泽克在访谈中认为，"占领华尔街"等社会运动暴露了资本主义的缺陷，资本主义已无法继续维系其赖以存在的前提——平等与自由交换，更加专制的全球种族隔离社会与资本主义发展的冲突等方方面面的问题都在召唤左翼，但左翼在许多社会运动中却没能发挥应有的作用，所以要重振左翼，复兴左翼运动。

艾哈迈德：在解放广场集会和占领行动爆发后，我们是否正在经历左翼的复兴？如果确实如此，那么需要重新思考的历史遗留问题是什么？

齐泽克：我想说，我的回答将非常谨慎。相对而论，是的。也就是

---

* 本文选自《国外理论动态》2013年第1期。译者单位：杜敏，云南大学马克思主义研究院；李泉，昆明学院思想政治理论课教学科研部。

说，我看待所有这些事件的方式完全是自发的，如同人们自发地发起运动一样。例如，把解放广场集会简单地看成是对民主的诉求，然而，其中有着一种更深层次的社会不满。我看到一个充满希望的迹象是，这些抗议不再是简单地为了这样或那样的目的。这里面存在一些尚不清晰的认识，即这个社会体系本身有问题。我指的是资本主义制度。

其二，标准的多党政治民主不是我们处理问题的方式。现在的问题是：我们确实是在大量地"反资本主义"，但却只是在道德层面上。在各种媒体上，到处都可以看到某家公司如何剥削人、破坏环境以及某家银行如何毁掉劳动人民的基金这样的故事。所有这些都是扭曲的说教式的批评而已。这是不够的。反资本主义的大众媒体仍然停留在通过既定的社会结构来解决问题这个层次上，比如通过新闻调查和民主改革等。但我有一种模糊的直觉，更多的危险已经降临。对资本主义本身而言，现在的战斗已经超越了对它的占领。

事件已然发生，那就需要有决定事件意义的关键战斗。我认为像占领华尔街这类事件是关键性的，因为它们从另一方面揭示了问题出在资本主义本身。在 20 世纪，这是一个重要的话题，但是在最近几十年，它从传统左翼那里神秘地消失了，取而代之的是诸如种族主义和性别歧视这样的具体问题。但是问题依旧存在。同时，我也认为，虽然如此，答案却不再有效。这就是为什么——正如有些批评者和同情者已经注意到的——缺乏该做什么的具体建议的原因。

它提醒我们，事实如同我的朋友阿兰·巴迪乌（Alain Badiou）所说的那样，20 世纪已经结束了。无论是国家社会主义和社会民主主义的福利国家，还是充满希望的乌托邦左翼、"横向联合组织"、地方社区、直接民主、自我组织，我认为它们都没有发挥作用。所以，我再次申明，这是一个很大的挑战。又回到老问题上来了，我们没有准备好迎接挑战,这一点比以往任何时候都更加明确。如果你看一下温和、自由的左翼,他们的主要方法就是把问题概念化,例如,在罗尔斯的《正义论》中,你可以看到,这一切对弥补这种反抗力量没有效果。

最让我惊讶的是,存在着如此之大的能量。我想,也许它会停下来,但看看它是如何在美国各地爆发的,连伊拉克战争和阿富汗战争的退伍军人都加入了他们的行列。这是大新闻。这里存在着愤怒和不满,其严重和强烈的程度是令人难以置信的,这显然与通过既定途径来解决传统范围的经济抗议问题有所不同。这是一个令人赞叹的、关键的时刻。这是一种抗争的姿态。在这一问题上,我的口号是:"无需对话!"我们不接受这种与敌人对话的辩证法,那还为时尚早。还没到"我们不会对话,我们就是要置你于死地"的地步,只是说如果我们要对话,就不得不使用某种语言,但是这将是敌人的语言。我们需要时间来构建、规划我们自己的新话语。

艾哈迈德:仍然会是左翼的语言吗?

齐泽克:是正统左翼的语言,也是美国实用主义左翼的语言,是"工会"的语言,也是"压力集团"(pressure groups)的语言,如此等等,所有这一切都是不充分的。我认为这种力量来自占支配地位的资产阶级所认同的反抗者的弱点。"这不是歇斯底里的抗议吗?这帮家伙到底想要什么?"这就是它的伟大之所在。你不能简单地说,这样不合适。无论如何"我们只是民主地抗议"。有个办法是:"请告诉我们,你想要什么?""请把它转变成具体的要求。"而且还有一种传统嬉皮士狂欢节——我知道这并非主流——的逻辑。有人告诉我,在旧金山有人说:"我们在这里过得很快乐!"这些都是陷阱。但是,尽管如此,一些刚发生却还没有成型的事情还不错。你必须像这样开始。

与那些总是说在你行动之前就已知道你想要什么的人相比，如果你这样说，"你有点歇斯底里了"。那么你是在按照支配者的逻辑与一个男人对话。就像一个支配者问一个歇斯底里的女人："告诉我你想要什么！"不，这是最恶劣的压迫形式。这意味着："要么按照我的话语说话，要么闭嘴！"这就是为什么"无需对话"的原因。我不认为这是一种批判。恰恰相反，这些抗议是歇斯底里的。

　　正如所有虔诚的弗洛伊德信徒所了解的，歇斯底里是存在的。1968年所犯的重大错误之一就是公众们部分地认为歇斯底里只是一种抱怨，只有变态者才是真正的激进分子，而歇斯底里的人不知道他们想要什么。即使弗洛伊德也认为，变态者做了歇斯底里的人只能梦想去做的事。但福柯是正确的：每一个政体都需要自己的变态形式；变态符合权力关系。歇斯底里才是真正的问题：当你把支配者视为需要解决的问题时，却没有明确的答案。你自己不知道"你想要什么"。

　　艾哈迈德：在占领运动中，那些宗派主义的左翼起到了怎样的作用？正是这些人被看成是"支配者"，这包括国际社会主义组织（ISO）、革命共产党（RCP）以及其他人，还有宗派主义左翼的残留分子。

　　齐泽克：我听说过鲍勃·阿瓦基安（Bob Avakian）的组织，即美国的革命共产党。但是他们是毛主义者吗？我和他们争论过。我几乎与他们一起成为资产阶级自由主义者。我甚至还为阿瓦基安的一本书写了序。但是，他们所谈论的"新综合"（new synthesis）没有理论实质，无法实施。他们总是只有答案：没有问题，只有答案。

　　他们拥有一旦获得权力将如何行动的宣言。但是当你被是否要协调大量的工人阶级行动的问题所困扰时，你还会赢得选举吗？对于他们来说,他们会通过某种方式取得政权,接着开始出现问题。我想说,他们是不折不扣的"变态者"。拉康有一个非常好的表述:变态者是他人愿望实现的工具。一个变态者比你更清楚你真正想要的是什么。他们总是拥有答案:不是问题,仅仅是答案。他们只是讨厌的人而不是危险分子。他们自称拥有答案,但完全没有什么实质内容。

我还与他们(更多地是在细节上)争论过在中国发生的引人注目的一些具体历史事件,不仅是"文化大革命",还有50年代末的"大跃进"。他们的回答是,这些都是"资产阶级宣传"的缩影。现在,一些档案被公开了,它们证明"大跃进"所发生的一些事情是巨大的悲剧。

但是对于左翼来说,至关重要的是我们需要处理好历史遗产。我不喜欢左翼所持有的态度:"是的,斯大林主义是错的,但是看看殖民主义的恐怖!"我认为存在着新殖民主义、后殖民主义等问题。

但是即使在现在,斯大林主义在20世纪所存在的问题,所有的自由派与保守派所批评的问题,都是由于我们没有很好地对实际发生的事情给予清算造成的。我们得到的是快速的盖棺定论。当你追寻哲学的起源时,你会说:"卢梭。"这就是这种做法的直接后果。

这里,我要批判《启蒙辩证法》中的阿多诺和霍克海默。他们是一个极端的例子。他们只关注法西斯主义。虽然有马尔库塞的《苏联马克思主义》一书,但你还是会发现,法兰克福学派几乎完全忽略了斯大林主义。实际上在他们那里并不存在任何真正的斯大林主义理论。他们思考的是20世纪以操纵事实的最原始逻辑和同一哲学等而发端的极权主义的潜在可能性。我不认为用哲学方法建立起解释20世纪事件的可能性的先验模型会真的有用。

任务依旧存在。对于20世纪所有令人感到恐怖的事件,自由主义者的解释是不充分的。这仍然需要左翼付诸努力。

艾哈迈德：但这是启蒙的"辩证法"！导致极权主义的东西也产生了自由的可能性。

齐泽克：我知道他们所说的启蒙需要更多启蒙的问题。对此，他们非常清楚。我不同意哈贝马斯（在《现代性的哲学话语》中）对霍克海默和阿多诺的批判，但是我同意他的另一个并不重要的批评，即阿多诺和霍克海默对启蒙有助于解放的阐发不够充分。你有一些关于"全然的他者"（wholly other）的神秘构想。在韦尔索（Verso）出版社最近出版的一本小册子里，记录了霍克海默与阿多诺自20世纪50年代后期开始的对话，老实说，我感到它过于空洞。

我很赞同波斯顿（Moishe Postone）的主张：今天我们需要从各个层面修复的是政治经济批判。不仅是一种经济理论，对于马克思而言，它意味着更多其他的方面。

我很想说，这是一种历史的超验。马克思所发展的政治经济学批判的类型，不是用来分析某些社会领域的类型。它们是更重要的类型。它们组织起社会生活的总体。这是今天需要被修复的地方。但我不同意波斯顿的地方是，在他那里阶级划分似乎变成了无关紧要的事情。他倾向于轻视和消解阶级划分。不，好像商品拜物教是比阶级斗争更为根本的一种总体结构。我认为：在弱化阶级斗争、走向经验主义的历史事件这一方向上，他走得太快了。在这里，我更欣赏年轻的卢卡奇，在《历史与阶级意识》中，他的政治经济批判表现出清晰的非经验主义和历史超验性，与此同时，他又是完全围绕着阶级斗争来阐述的。

我们已不再拥有传统的工人阶级——我同意这一点。今天在这里（艾克学院），我要即兴指出，我们需要构建解放主体的概念，即使我们没能将其建基在传统马克思主义的工人阶级之上。你必须将资本主义发展动力之外的所谓"邪恶轴心国家"纳入其中,你还必须将失业者纳入其中,他们将成为愈加强大的一种类型。这就是任务:真正并明确地提出事业。波斯顿很接近这一点。如果除却那些冗言,能否说我们已经展示了以及在何种意义上展示了马克思的劳动价值理论?比如,我想要激怒我的朋友,他认为我应该抨击查韦斯并捍卫美国,但你决不能盲目地搬用马克思所谓的劳动价值理论。因为你必须要推断,比如今天的委内瑞拉正通过石油利益剥削美国。但是马克思在《资本论》中试图说明的是:自然资源不是一种价值资源。因此,这意味着我们要重新思考剥削的类型。

我想指出的另一点是,马克思在《大纲》中的那个著名段落中所提及的"一般智力"(general intellect),就一般的、共有的知识而言,可谓正中要害,但同时这也是马克思最糟糕的提法。因为马克思认为,当知识成为决定性的动力、成为产生社会财富的核心时,剥削劳动的资本主义逻辑以及劳动价值理论将变得毫无意义,因为它不再有效。但当马克思说由于劳动时间不再是价值的源泉因而导致资本主义毫无意义时,他听起来像是个技术决定论者。马克思没有看到的是,你可以拥有"一般智力",它作为一般的智力被以不正当的方式私有化。因此,你不能只是回到马克思。由于今天资本主义的全球化,我们必须提出如何重新思考政治经济批判的问题。这是一个伟大的任务:我还没有看到任何答案。

艾哈迈德:你所说的很多都非常接近《鸭嘴兽评论》的言论。"鸭嘴兽"的主要的口号是:"左翼已死!左翼万岁!"

齐泽克:这非常伟大!这是真正的复兴左翼的方式。因为它关涉所有左翼的类型。1968年发生的事情是复兴运动的一个模版，它使资本主义有了极大的改善。1968年之后的所有现象都表明了这一点。

艾哈迈德：《鸭嘴兽评论》在反战运动的背景下产生，因此它是对"我的敌人的敌人是我的朋友"这一逻辑的响应，也因此，它支持极右翼的伊斯兰教主义的伊拉克反叛者脱离反布什主义团体。

齐泽克：我们必须克服伊斯兰恐惧症。但我完全不同意宗教激进主义有关解放的潜力的思想。问题是为什么自由放纵与宗教激进主义两者之间的对立存在于同一体系中。自由主义产生了既不为伊斯兰教也不为如美国这样的基督教宗教激进主义所控制的一种宗教激进主义。托马斯·弗兰克（Thomas Frank）的书《堪萨斯怎么了？》就是围绕着它来谈的，虽然这不是什么严肃的理论。从传统上讲，堪萨斯曾经是最激进的州，约翰·布朗（John Brown）就出自那里。堪萨斯这个有着激进的社会需求的堡垒成为基督教宗教激进主义的中心。我不认同伊斯兰教的"正义感"等主张。有些人甚至声称，如果你批判神学，那么你就是实实在在的帝国主义者，属于敌人阵营。我不同意这一点。

艾哈迈德：但是很多左翼认同这种逻辑。

齐泽克：在这个问题上，我与反殖民主义理论大家萨米尔·阿明（Samir Amin）激烈地争执过。当我说到每个左翼分子都应该感谢从小布什那里继承的历史遗产时，他对我大加指责。我指出，具有讽刺意味的是，布什总统任期最大的成果仅仅在于把美国变成了区域性的超级大国。它现在实际上已逐渐失去真正的霸权，而它过去几乎就是全球警察。但是，具有讽刺意味的是，也许这种进展并不好。例如刚果就让美国介入其中。我想说的是，布什愚蠢地加速了所谓的多中心化进程。我们不应该仅仅指出美国如何不好。我们应该采用同样的标准，例如中国（让我们忘记西藏这个复杂的问题）在缅甸或非洲的所作所为（与专制统治者进行新殖民主义的开发合作等等）。这就是阿明愤怒的地方。危机无论何时都会存在，我们确实应该批判美国，但它不是永远的敌人。比如，看看印度及其在克什米尔的所作所为。克什米尔主要的抵抗组织已宣布放弃暴力，并说："我们会进行政治斗争"。但印度当局仍然视其为恐怖分子。这就是我要说的。我也不喜欢类似巴甫洛夫式无条件反射的那种马克思主义，即当人们说到"普遍人权"时的反应："噢，你在用敌人的语言说话！你在为帝国主义辩护"。我认为这是另一种恐怖。大多数时候是这样，但并不总是这样。我知道整个马克思主义者的游戏规则："你说的是'普遍'，但你真正所指的是白人、男性"等等。

　　但我们不要忘记，普遍性也许是我们所拥有的寻求解放的最重要工具。我非常怀疑后现代模式。而且，在这里，我和波斯顿、法兰克福学派以及其他一些人处于同一层面上，我们反对后现代口号，即每一种普遍性都是潜在的"同一性"和极权主义。我对"反抗全球资本主义"与以多元特殊性抵制全球化是殊途同归的这一点深表怀疑。我认为，围绕着普遍性这一主题来谈是非常重要的。与此同时，我几年前曾写过——它给我带来许多敌人——《多元文化主义，全球资本主义的逻辑》一文。我不同意像霍米·巴巴（Homi Bhabha）那样的新殖民主义者，他认为，在某种意义上，资本主义是普世化的，它应该消灭差异。不，资本主义是极端的多元文化主义者和文化多元主义者。为什么呢？这是美国右翼民粹主义没有"正确"回答的问题，但却是对现实问题的一种回应。他们对社会下层进行操控，其见解基本正确。我的朋友大卫·哈维（David Harvey）也指出，当今的全球资本主义不再将大都市植入第三世界国家。相反，为了更高的利益，人们把自己的国家变成殖民地。这意味着,通过外包等方式,今天美国的资本愿意牺牲美国劳工。如今,资本主义在世界上真的已经很普遍。美国资本不能被视为仅仅是美国的。我不同意我的拉丁美洲朋友关于资本主义的本质是"盎格鲁—萨克逊模式"的说法,阿兰·巴迪乌也是如此强调。资本主义确实已经很普遍,它不根植于任何文化,它也不是以欧洲为中心。持续不断的危机的影响会最终结束任何一种"欧洲中心主义"。这并不仅仅是一个好的过程。例如,存在着"拥有亚洲价值观的资本主义"——也就是说,资本主义比自由主义更有效率,并且不需要民主的存在。

艾哈迈德:我们同意这一观点。例如,鸭嘴兽支部去年夏天成立了阅读小组(这已经是第二次了),学习包括卢梭、亚当·斯密、本雅明和其他一些现在出现在自由国家的"激进的资产阶级哲学"。

齐泽克:是的,我不同意克劳德·勒福尔(Claude Lefort)的观点,比如,他认为资产阶级自由只是形式上的自由。这不是事实。激进的资产阶级自由战士们深知,真正的自由源自社会自由。他们也意识到了社会这个维度,并支持共同组织起这种权利。另一方面,对于作为形式上的民主的这种资产阶级民主的批判是完全反马克思主义的。因为马克思深知,形式从来就不只是简单的形式。要开始改变,首先要有"形式"上的改变。例如,当马克思描述资本主义发展时,首先要有对资本主义条件下生产的"形式吸纳"(formal subsumption)。这意味着,生产还是和以前一样,比如一开始只是在家里编织,接着有商家为了赚钱从他们那里购买。然后,伴随着这种形式吸纳,他们被拉进了工厂。我们应该完全放弃这种形式追随内容的偏见,即认为首先是新事物不断发展,然后才获得一种形式。不是的。

艾哈迈德：就在几年前，在反伊战运动期间，对左翼来说形成鲜明对比的是反越战运动。但今天的形势以及20世纪60年代以来左翼的机会有了怎样的改变？

齐泽克：在这里，我非常同意波斯顿的看法。例如，所有这些反伊战抗议活动从来没有试图与伊拉克的左翼联系在一起。显然，"我们应该防止这种情况的再次发生"。例如，伊拉克共产党加入了美国占领运动后的第一届政府。对我来说，这场反伊战抗议活动有着明显的局限。他们完全忽略了与伊拉克左翼的接触。通常的说法是，伊拉克人民应该自己解放自己，不需要美国的占领。但是，他们有着同样的问题，并陷入了一个僵局。伴随着对"绿区"（Green Zone，指伊拉克战争后美英等国在伊拉克首都巴格达使馆区附近建立的一个"安全区"。——译者注）的攻击的是：你会站在哪一边？自从伊拉克左翼反对美国占领以来，我还没有准备好做些什么，他们应该站在抵抗者一边。我认为这些激进的伊斯兰主义者不会永远得到支持。

这就是我认为埃及解放广场的抗议活动具有重要历史意义的地方。种族主义的西方左翼观点是，只有通过反犹太主义、宗教激进主义或民族主义才能动员阿拉伯人。但在这里，我们有世俗的民主抗议，不是反犹太人的，不是宗教激进主义的，甚至不是民族主义的。没有人被诱骗到反犹太人的思想阵线上来。他们的阵线是一贯的，这与以色列无关，这是我们的问题，是为了我们所有人的自由。穆巴拉克政权总是说犹太复国主义和犹太人是我们的敌人。不，真正的敌人是埃及军队。这具有历史性的重要意义。

对西方势力而言，支持这些运动将是非常危险的。慢慢地，在军队和穆斯林兄弟会之间将会出现分裂。请不要忘记，军队是过去穆巴拉克的军队，而且充满着特权和腐败。但是，目前埃及经济和埃及民众的生活水平正在发生严重下滑。所以,军队仍将维持其特权,而穆斯林兄弟会也将保持其意识形态霸权。这将是决定性的一战。在这里,宗教激进主义者可以获得权力。同时,我很吃惊地看到一些以色列的评论认为,这表明阿拉伯人不会实现民主。只要阿拉伯国家存在极权政权,就会有反犹太主义。唯一的机会是世俗的民主。据说在中国有这样一个趣谈,如果你真的讨厌某些人,就对他们说:"愿你生活在趣味横生的时代。"但是我在中国的时候问中国人,他们都说不知道这个说法,只有在西方世界才说这是中国人的说法。

艾哈迈德:那么资本主义又怎么样呢?你在最近的一部著作《生在末世》(2010)中援引了波斯顿对马克思的解读,波斯顿以新的方式提出了商品形式问题和主体性的问题。在反思马克思方面适合于当今发展现状的地方在哪里?要克服劳动的商品形式,需要哪一方面来担当?是政治吗?

齐泽克:这就是他们所说的电视智力竞赛节目中的那个奖金为100万美元的问题。我没有答案。但是,如果你看看像生态这样的关键问题,就会很清楚,按照福山的文章中有关自由民主的资本主义是历史的终结的说法,这是无法解决的问题。但是,我不相信一些地区性自组织社区的乌托邦。我们——夸张些说,人类——将需要大量的大规模联合机构的力量,以推动千百万人。

艾哈迈德:这如何体现劳动的商品形式?

齐泽克:我要说的是需要建立一些大型的官方机构。这是当今复杂世界中唯一的解决方法。当然,问题是如何建立起来。超过一定的数量规模,传统意义上的民主将无法有效运转。"让我们拥有普遍选举"这样的说法毫无意义。50亿人投票？那就会像《星球大战》和"银河共和国"一样。

要知道，艾茵·兰德（Ayn Rand）是正确的：金钱是实现自由的最强有力的手段或工具。她的意思是：只有双方都想要它，我们才发生交换。至少在形式上，交换双方都有所得。没有金钱，就需要恢复直接的统治手段。当然，我不接受她的前提：要么是金钱规则，要么是直接统治。尽管如此，难道没有一个恰当的点吗？人们可以批判作为一种异化形式的金钱，但我们如何才能在金钱之外、在不需要直接统治的情况下真正组织起多元的社会合作？换句话说，20世纪斯大林主义的悲剧不是恰恰在于他们试图终止市场而不是金钱吗？而结果又是什么呢？是重新开始直接统治。

我不是一个乐观的人。我认为我们现在的情况极其危险。我认为我们正在走向一个更加专制的全球种族隔离社会。传统上，对马克思而言，理想的剥削形式是通过形式上的合法自由来实现的。在理想的资本主义社会中，拥有平等的、自由的交换。但是，资本主义越来越无法再维系这一点。它不再提供自由和平等。按照吉奥乔·阿甘本（Giorgio Agamben）的理解，有些人将成为"牲人"①。新形式的种族隔离正在出现。迈克·戴维斯（Mike Davis）的《布满贫民窟的星球》描写得虽然有些天真，但是却表达了这样一种观点：我们被控制着，但在国家的控制之外还有着大量的人口。按照戴维斯的说法，有超过10亿人生活在贫民窟。我的意思不只是指贫穷。政府机构已经开始处理国内这些被遗忘的荒蛮地区的问题。从政治上来说，这些广阔的地区似乎仍然阴暗

---

① homosacer，意大利著名哲学家阿甘本用"牲人"一词表示那些被剥夺了社会联系与政治资格的人。——译者注

混乱。在这里,我注意到一个巨大的问题:我对未来的看法是什么?这是否可以继续下去?特里·吉列姆(Terry Gilliam)半喜剧化的影片《巴西》表明了这一点:它是半极权主义,但也是享乐主义。一个十足的极权主义政权,却有着私人享乐的性质。贝卢斯科尼很接近这一点,他是掌握权力的格劳乔·马克斯(Groucho Marx)。没有人关心你在私生活方面是否不正常,只要不危及政治。这里不再有典型的法西斯式的动员。

例如,反移民不是法西斯主义。法西斯主义并没有卷土重来。不,这不是概念上的思考,而是模糊的联想。这是后意识形态。传统的法西斯主义是极端的意识形态。今天的主导意识形态是"认识你自己"这种西方的佛教资本主义。它允许政治极权主义存在私人享乐。

艾哈迈德:今日的马克思主义与历史的关联性是什么?我们可以从历史人物那里学到什么,比如可以从列宁关于改变世界的思想那里学到什么?马克思主义没有失败吗?我们如何避免重复那种失败?或者,如您之前把列宁与贝克特(Samuel Beckett,"再次尝试,再次失败,在失败中进步"是其名言。——译者注)联系在一起时所指出的,归根结底,问题的关键是"再次失败"和"在失败中进步"吗?那么在这一点上,你对"成功"的预测是什么?

齐泽克:我完全同意你的看法。我已经成为贝克特阵线的自我批评者。"再次失败,而且在失败中进步。"能取得胜利是好事!我越来越厌倦了"让我们共同面对一切"这种说法,但后来事情恢复了正常。我感兴趣的是随之而来的事情。我们的日常生活是如何被影响的?对我来说,真正的革命就在于此。辛苦的工作和日常生活的乐趣是如何受到影响的?

如果从"回到列宁"这种意义上来说,我其实不是一个列宁主义者。我喜欢的是列宁完全不受传统束缚的精神和他愿意重审局势的做法。他不被教条所约束。同时,他不害怕行动。我认为很多左翼人士偷偷地享受着他们所反对的角色,并且害怕站出来。我不同意巴迪乌和其他一些人关于"政治离政府一定距离而生"的说法。我们依然把政府看作是社会管理的形式。

　　以希腊为例,它已接近分崩离析。左翼分子驻足于政府政治之外,他们不是要进行一场革命,而是有选择性地向政府施压并支持现有党派。这意味着我们尚未做好准备。

　　我认为,在列宁时代,苏联最大的失败恰恰是在内战之后。当一切都恢复正常之时,那曾经是一个美好的时代。布尔什维克面临着改革日常生活的挑战,结果他们失败了。所以,我们有满腔热情去取得胜利,但后来却遭受失败。最伟大马克思主义者是那些撰文分析失败原因的人。

　　今天的艰巨任务是避免这种情况,即拉康用一个漂亮的辞藻所说的:"对注定要失败的事业的自恋"。要知道,"我们输了,但我们输得很精彩"。你醉心于自己的失败,而更糟的是,你把失败当成了一种真实性的标志。"我们失败了,因为生活是残酷的,但看看它是多么的美妙啊。"诸如此类的话。这同样适用于1968年的革命:我们应该找到一条马克思主义或共产主义革命的道路,它无需经历资本主义所经历的那些曲折发展阶段。这是20世纪给我们的教训。这种教训是消极的:我们学会了不该做什么。这非常重要。也许我错了,但我没有看到正面的经验。我是一个悲观主义者。

　　但是,如果我们什么都不做的话,那将是一个更大的、彻底的灾难。真正的乌托邦是事物按照自己的样子不确定地发展下去。2008年的危机看似是监管缺失和个人腐败造成的。其实这场危机不同于以往。今天,我们正濒于危险的时代。我们也不可能再依靠任何传统的方式。左翼的传统总是有一种趋势:当它掌握政权时,立刻就转变为残酷的统治。如何才能打破在左与右之间的选择上(如斯大林所说)"两者都更糟"的僵局?

曼德拉非常伟大,但他还是被国际货币基金组织诱骗了。我同意这一点,但条件是,怎样进行选择?以津巴布韦的惨败而告终吗?这才是这里的真正僵局。

曼德拉不是叛徒。即使在委内瑞拉的问题上,我还是持悲观态度:查韦斯正在失去动力。这是一个真正的悲剧。由于玩弄民粹主义的把戏,他忽略了物质基础设施建设。开采石油的机器开始散架,开采的石油被迫减少。查韦斯开始将受排斥者政治化并煽动他们,但后来他陷入了传统民粹主义的陷阱。石油收入对查韦斯来说是一个祸根,因为它打开了回避问题的操作空间。但现在,他必须面对这些问题。他有足够的金钱去缓解问题,但不能解决问题。例如,委内瑞拉有很多的人才外流到哥伦比亚,从长远来看,这是一场灾难。我不信任"玻利瓦尔主义"等等所有这些传统,这些都是无稽之谈。

艾哈迈德:我对你所说的有机会重新建构完整的生活的说法很感兴趣。对于列宁,这是什么时候的事情?

齐泽克:大概是在新经济政策前后。令人感兴趣的是产生了什么后果。最悲观的解读是:斯大林政权形成了。这种解读的逻辑是,我们从经济中撤出,但不是为放弃权力,而是会加强政权。在罗斯福新政那几年,政府的官僚机构一下子扩大了。早在1923年,斯大林提名了10万名中级干部。托洛茨基愚蠢地加入了这场傲慢的游戏,并且没有注意到这一点。他认为是自己创建了红军,觉得自己有号召力。但是,据季米特洛夫的日记记载,斯大林认为托洛茨基在20世纪20年代早期更受欢迎,但斯大林控制了干部,并因此胜出。如果托洛茨基胜出,谁知道会发生什么事情呢?情况或许会不一样,谁又能说得清楚呢?我喜欢托洛茨基的是,像列宁一样,他是一个现实主义者。也许在资产阶级革命期间可以做得最出色。列宁一直为结束内战殚精竭虑,残酷的现实是,经过内战的屠杀之后,能够组织起来的工人阶级便难寻踪迹了。

(杜敏、李泉 译)

俄罗斯学者诺维科夫认为必须坚持马克思列宁主义基本理论*

俄罗斯学者诺维科夫在俄罗斯《对话》杂志1997年第7期发表了题为《马克思列宁主义仍然存在、发展并充满生机》的文章,认为马克思列宁主义没有过时,必须坚持马克思列宁主义的基本理论。现将该文主要内容介绍如下。

劳动者追求自身解放的斗争已经持续了两千多年。这一斗争在最近150年来主要是在马克思列宁主义指导下进行的,总体上是成功的。伟大的十月革命在俄国取得了胜利。法西斯主义被粉碎。世界殖民体系被摧毁。许多国家走上社会主义发展道路。社会主义萌芽在所有资本主义国家出现。但近年来共产党人及其所领导的全体劳动者在"冷战"中遭受了严重的挫折。这主要是因为劳动者无知并受到剥削者的蛊惑,后者向全世界大肆叫嚣,似乎马克思列宁主义"已经死亡了,被埋葬了"。这些言论并非什么新鲜东西。马克思列宁主义被"埋葬"过多次,但它依然"健在"。然而令人忧虑的事实是,关于马克思列宁主义死亡的谎言在共产党内部也在散布,剥削者以"冷战"结束、资本政

---

* 本文选自《国外理论动态》1998年第2期。

权永存、人民应该投降并放弃斗争的谎言使大多数劳动者受到迷惑。因此必须大大加强马克思列宁主义这一共产主义基本理论的宣传，总结人类在哲学、社会学和经济学领域创造的所有好的、科学的东西。

马克思列宁主义哲学最彻底地坚持唯物主义和辩证法，将其作为保护劳动者利益、维护世界和平的基础。这是实现人类建立公正、理智、自由和幸福的生活制度的伟大理想的真正科学的指导思想。它反映了自然发展的客观规律要求，是和任何迷信、保守，任何保护资产阶级压迫、保护资本政权观念水火不容的严谨完整的世界观。而维护剥削者利益的资产阶级意识形态则倾向于反动和唯心主义。

共产主义理论经典作家阐释的认识论具有特殊的意义。这一理论使人们在包括社会学在内的一切领域不仅能正确解释现实事物，而且能预见事物的发展，计划自己的行动，并以此取得更大的成功。严格地说，人类的一切成功都是有意识地或自觉地遵守马克思列宁主义方法的结果，而一切失败、错误则是随心所欲、不求甚解、不尊重这一方法的后果。

马克思列宁主义的第二个组成部分是社会学并首先是其基础——历史唯物主义。这一学说要求遵循国际主义原则，这一原则明确地体现在"全世界无产者，联合起来"这一口号中。马克思列宁主义的全部内容及其实质都贯穿着集体主义精神，贯穿着各国和各民族劳动者的团结精神，贯穿着世界共产主义革命必然胜利的理论，贯穿着劳动者的主要力量在于团结一致的真理。而剥削者的主要口号则是"分而治之"，但他们本身却力图联合起来，共同捍卫对世界的统治。

马克思列宁主义证明资本主义必然灭亡、人类社会必然向共产主义过渡。资本主义灭亡的进程正在全球范围内进行。关于苏联存在对劳动者的剥削的说法纯属捏造。把用于保健、教育、科学文化发展、管理、国防、扩大生产等方面的社会基金扣除看作是劳动者生产的产品的异化,这是毫无道理的。说苏联人民"装模作样地工作",这也是对他们的极大侮辱。正是苏联人民在帝国主义国家造成的最困难的条件下,利用很短时间把一个各方面都很落后的沙皇俄国变成了一个强大的、高度发达的超级大国。也正是他们把人类从法西斯奴役下解救出来。第一位宇航员出自于他们,世界上第一座核电站由他们所建。

马克思列宁主义关于阶级斗争和无产阶级专政必要性的学说是对社会学的一大贡献。在包括资本主义在内的任何阶级社会中,国家政权都是统治阶级的专政。政权或者属于剥削者,或者属于劳动者,不可能两个政权并存。根本区别在于:在资本主义制度下,少数人对劳动大众实行专政,而无产阶级专政则是多数人,即劳动群众对剥削者包括外国干涉者敌对行动实行镇压的政权。劳动者在"冷战"中失败的主要原因之一是其专政削弱了。他们被剥削者在"民主"一词上玩弄的花招所蒙骗,而在阶级社会是不可能有所有人的政权的。

马克思列宁主义创立了关于共产主义的学说,它既不是乌托邦,也不是幻想,而是建立在科学基础之上的对人类社会发展的预测。劳动者夺取政权后的主要任务在1848年首次发表的《共产党宣言》中得以表述。这一历史上最伟大的文件至今仍有现实意义。在过去的年代里《宣言》中的很多观点得到实践的证实和具体化。

某些共产党人受到歪曲马克思列宁主义社会学基础的宣传的迷惑,开始把社会主义说成是某种独立的不同于共产主义的东西,似乎苏联不曾存在任何共产主义的东西,共产主义不过是一种"空想"。诚然,马克思列宁主义没有把社会学的全部内容解释清楚,但它对这一重要科学的形成所做的一切过去是、将来永远是极有价值的,并具有重大的现实意义。

马克思列宁主义的第三个组成部分是政治经济学，即有关经济规律的科学。马克思的主要著作《资本论》正是为这一科学而作，列宁也为此作出很大贡献。

马克思指出，他毕生创立的最有价值的学说是有关劳动的两重性学说。他把这一学说称为理解整个经济的"出发点"。正是这一学说揭示了价值——这一最主要的经济范畴的本质，并回答了许多理论和实践问题。马克思特别强调价值是劳动的结果，反对"生产费用"论者为了掩盖利润的本质而用成本取代价值。马克思认为，共产主义必须建立在经济基础之上，在共产主义社会里价值及其相关的整套会计学将具有比任何时候都大得多的意义。根据马克思列宁主义的观点，经济是为共产主义斗争的主要战场，在社会发展中没有比经济更有力的杠杆，在价格上交汇着一切基本的经济问题，要保护自然、改善劳动条件和性质、增加自由时间、更充分地满足人的精神需求，使劳动成为主要是创造性的劳动。

1917年夺取了政权的俄国劳动者的革命热情以及对过去一切的仇恨过于强烈，使他们走到蛮干的地步。这在经济方面表现得尤其突出。将整个经济机制实物化并仅仅用行政命令的方法加以管理的倾向占了上风。这种倾向由于国内战争而变得越来越严重。列宁同这种虚无主义作了不屈不挠的斗争，指出夺取政权后经济成为最大的政治，劳动者因忽视经济而在经济战线上遭到了比来自高尔察克、尤登尼奇或皮尔苏茨基严重得多、危险得多的失败。列宁及其战友在1921年坚持必须从"战时共产主义"政策过渡到新经济政策。列宁强调经济核算是进行社会主义计划经济的主要方式。新经济政策的实施取得了良好的效果。它成为新社会发展的闪光时期，成为共产主义原则和理想具有活力和优势的实际证明。

剥削者十分清楚苏联的新经济政策对他们构成的威胁，开始散布苏联正在恢复资本主义的流言。包括一些共产党人在内的许多苏联人出于无知和警惕性不高向这一欺骗妥协了。史称"大转折年"的1929年决定取消新经济政策，回到"战时共产主义"政策，一切价值核算及其他经济原则都"不复存在"，自然资源以不由劳动创造为借口而不被估价，中小学不再讲授经济学知识，经济学课程在整个教育系统被取消。强制命令、肆意妄为、平均主义、惩罚镇压、官僚主义以及其他灾难开始在经济领域占统治地位。此外，国内形成了违反经济规律的局面：价格开始按成本确定，根本不考虑利润，"浪费"机制开始运行。从工作队长到部长的领导者不得不监视下属的行为，免得他们因工作出色而招致惨祸。经济杠杆由进步的强大动力变成了阻力，而这更强化了对经济的不重视态度。甚至连"经济"这一术语本身也开始不被解释为一门科学，而被当成经营本身。有名的"经济就是经济的"口号是这一态度最露骨的反映。国内局势开始逐渐恶化。法西斯进攻造成了巨大损失。很长时间国家赖以依靠的苏联人民的热情由于受到经济制度压制而逐渐丧失。

1965—1985年间进行的以经济方式进行管理的经济改革尝试及为此推行的"经济普及培训"未能战胜反共分子的挑拨。俄罗斯全体劳动者和共产党人为忽视经济规律这一马克思列宁主义重要部分已经付出、而且在继续付出巨大代价。总之，劳动者及其先锋队在自身解放的斗争中，在实现人类伟大理想的过程中，必须掌握马克思列宁主义理论这一最主要的武器。

（侯静娜　编写）

图书在版编目（CIP）数据

马克思主义综论Ⅰ/马瑞主编.
—北京：中央编译出版社，2014.12
（马克思主义研究资料/杨金海主编；23）
ISBN 978-7-5117-2453-3

Ⅰ.①马… Ⅱ.①马… Ⅲ.①马克思主义-文集
Ⅳ.①A81-53

中国版本图书馆 CIP 数据核字（2014）第 305948 号

马克思主义综论Ⅰ

出 版 人：	刘明清
责任编辑：	苗永姝
特约编辑：	翟民刚
责任印制：	尹　珺
装帧设计：	田晗工作室
排版制作：	北京宏章文化发展中心
出版发行：	中央编译出版社
地　　址：	北京西城区车公庄大街乙 5 号鸿儒大厦 B 座（100044）
电　　话：	（010）52612345（总编室）　　（010）52612335（编辑室）
	（010）52612316（发行部）　　（010）52612317（网络销售）
	（010）52612346（馆配部）　　（010）55626985（读者服务部）
传　　真：	（010）66515838
经　　销：	全国新华书店
印　　刷：	山东鸿君杰文化发展有限公司
开　　本：	787 毫米×1092 毫米　1/16
字　　数：	296 千字
印　　张：	24
版　　次：	2014 年 12 月第 1 版第 1 次印刷
定　　价：	150.00 元

网　　址：	www.cctphome.com　　邮　箱：cctp@cctphome.com
新浪微博：	@中央编译出版社　　微　信：中央编译出版社（ID：cctphome）
淘宝店铺：	中央编译出版社直销店（http：//shop108367160.taobao.com）　　（010）52612349

本社常年法律顾问：北京市吴栾赵阎律师事务所律师　闫军　梁勤
凡有印装质量问题，本社负责调换。电话：（010）55626985